Politik und Recht

Stefan Gschiegl

Politik und Recht

Studienbuch

facultas.wuv

Bibliografische Information Der Deutschen Nationalbibliothek
Die Deutsche Nationalbibliothek verzeichnet diese Publikation in der Deutschen Nationalbibliografie;
detaillierte bibliografische Daten sind im Internet unter http://d-nb.de abrufbar.

facultas.wuv, Stolberggasse 26, 1050 Wien

Umschlaggestaltung: Ekke Wolf, typic.at
Korrektorat: Julia Zacher
Satz: **BuX.** Verlagsservice, www.bux.cc
Druck: Facultas AG
Printed in Austria

ISBN 978-3-7089-0972-1

Inhalt

Einleitende Gedanken

Die Rechtsordnung im Allgemeinen und das Recht im Besonderen sind aus der Perspektive der politikwissenschaftlichen Forschung ein Teil der empirisch erfassbaren gesellschaftlichen Realitäten. Recht definiert dabei die Struktur und die Entwicklung des gesellschaftlichen Alltags und determiniert dadurch Regeln für das Leben in der Gesellschaft und somit letztlich auch für die Politik. Paradoxerweise ist dabei aber das Recht selbst Resultat eines politischen Prozesses. Die Rechtsordnung ist demnach gleichzeitig Instrument wie auch Objekt der Politik.

Dieses Buch versteht sich – so, wie es der Untertitel bereits offenlegt – als Studienbuch. Im Mittelpunkt seines Inhalts steht demnach primär die Vermittlung eines bewusst grundlegend gehaltenen Basiswissens zu dieser breiten Thematik. Dem Autor ist durchaus bewusst, dass diese Bestrebungen auf die wichtigsten Kernprobleme des Verhältnisses von Politik und Recht beschränkt bleiben müssen.

Dieses Studienbuch verfolgt somit nicht den Anspruch, eine umfängliche juristische Ausbildung für Politikwissenschaftler und Politikwissenschaftlerinnen zu offerieren. Nicht thematisiert werden daher sowohl in der Vorlesung als auch im vorliegenden Studienbuch, wie man möglichst steuerschonend ein Grundstück veräußert, wie man sich gegen ein Strafmandat wegen einer Geschwindigkeitsübertretung zur Wehr setzt oder wie man zivilrechtliche Verträge tunlichst „trickreich" abschließt.

Ziel dieses Buches soll es vielmehr sein, verschiedene theoretische Blickwinkel auf rechtliche Phänomene zu eröffnen. Dabei gilt es, über den juristischen Beobachtungshorizont hinauszugehen und das Recht und dessen Facetten in ihrer systemstabilisierenden Funktion für das politische System herauszuarbeiten. Diese knappe theoretische und kritische Analyse des Rechts und seiner Phänomene soll dabei als eine erste Zugangshilfe zu einer sozial- bzw. politikwissenschaftlichen Betrachtungsweise fungieren und dabei insbesondere die soziale Verantwortung im Umgang mit dem Recht hervorheben.

Ohne jetzt schon detailliert einem der 30 Kapitel inhaltlich vorgreifen zu wollen, sei dennoch in gebotener Knappheit die Grundstruktur des vorliegenden Studienbuches dargestellt. Im ersten Abschnitt (Kapitel 1–10) werden einführend wichtige Begriffe und Funktionen sowie bereits die eine oder andere wegweisende Rechtstheorie überblicksmäßig erörtert. Der zweite Teil (Kapitel 11–18) befasst sich danach mit den wichtigsten und zentralen Aufgaben des Rechts innerhalb eines Rechtsstaates. Im dritten Abschnitt (Kapitel 19–25) soll die gesellschaftspolitische Bedeutung wichtiger Rechtsinstitute des öffentlichen Rechts und des Privatrechts dargelegt werden, bevor abschließend (Kapitel 26–30) über das ambivalente Verhältnis von Recht und Gerechtigkeit, die wohl älteste rechtsphilosophische Fragestellung, räsoniert werden soll.

1 Der Begriff des Rechts – eine erste zarte Annäherung

1.1 Der Versuch einer Definition des Rechts

Recht ist überall. Was wir auch tun, wie wir es auch drehen und wenden, wir können uns ihm nicht entziehen. Unser gesamtes Staatswesen, unsere existierende Gesellschaftsform basiert auf rechtlichen Grundlagen. Sogar der scheinbar rechtsfreie Raum der Privatsphäre ist nur deshalb möglich, weil wiederum rechtliche Rahmenbedingungen existieren, die die normfreie Ungezwungenheit der privaten Freiheitsräume aufrechterhalten. Jeder ist in irgendeiner Weise an das Recht gebunden. Sogar die souveränen Rechtsstaaten selbst sind durch diverse völkerrechtliche Verträge an rechtliche Bestimmungen gebunden.

Das Recht stellt also für das menschliche Zusammenleben in einem Gemeinwesen eine unentbehrliche Konstante dar. Die Tendenz der Verrechtlichung nahezu aller Lebensbereiche ist dabei keineswegs zu leugnen. Moderne Gesellschaften scheinen dabei einen nahezu unstillbaren Hunger nach neuen Rechtsnormen entwickelt zu haben. Doch die hohe Erwartungshaltung, welche dem Recht teilweise entgegengebracht wird, kann nicht immer auch vollends erfüllt werden. Es kommt tagtäglich zu Enttäuschungen. So ist zum Beispiel die Empörung groß, wenn man vor Gericht zieht und dann – obwohl man die Gerechtigkeit sicher auf seiner Seite vermeint – einen Gerichtsprozess verliert. Nicht selten ist dann der Unterlegene vom jeweiligen Gericht oder gar von der ganzen Rechtsordnung enttäuscht. Man erachtet sodann das Gesetz selbst als ungerecht oder glaubt, dass jedenfalls bei der Rechtsanwendung gegen die Prinzipien der Gerechtigkeit verstoßen wurde. Die Frage nach dem Verhältnis von Recht und Gerechtigkeit taucht seit dem Beginn des menschlichen Zusammenlebens immer wieder auf und wurde deshalb auch als eines der ersten großen Themen der Rechtsphilosophie auserkoren (vgl. auch Kapitel 26–30).

Da also das Recht einen notwendigen und essentiellen Bestandteil des menschlichen Zusammenlebens darstellt, sollte Klarheit darüber bestehen, was das Recht eigentlich ist. Jeder von uns besitzt zumindest eine ungefähre, diffuse Vorstellung davon. Wir begegnen ihm ja auch nahezu tagtäglich, wenn wir etwa einen Kaufvertrag abschließen, die Berechtigung zum Führen eines Kraftfahrzeuges erwerben wollen oder an einer Hochschule immatrikulieren möchten. Wenn wir aber konkret danach fragen, was den Wesenskern, das verbindende Element aller Rechtsvorschriften darstellt, kurzum, was das Recht ist, so verfällt man nur allzu rasch in Ratlosigkeit. Es übersteigt einfach unser natürliches Vorstellungsvermögen, die Dimensionen des Rechts und seine Auswirkungen beschreiben zu wollen. Jedoch sollte man dabei nicht in Trübsinn verfallen. Bereits große Rechtsphilosophen und Rechtsdenker sahen sich mit einem ähnlichen Dilemma konfrontiert. Der britische Rechtsphilosoph H.L.A. Hart hat etwa in seinem berühmten rechtsphilosophischen Werk der „Der Begriff des Rechts" das Recht einem metaphorischen Vergleich mit einem Elefanten unterzogen: „Wenn ich einen Elefanten sehe, kann ich ihn erkennen, aber ich kann ihn nicht definieren." (Hart 1973, 28)

Das vermeintlich allumfassende Wissen, aber die gleichzeitigen Nöte bei probaten Klärungsversuchen, das Recht betreffend, stellten auch schon den aufklärerischen Denker Immanuel Kant vor nicht unerhebliche Schwierigkeiten:

> „Diese Frage möchte wohl den Rechtsgelehrten, wenn er nicht in Tautologie verfallen, oder, statt einer allgemeinen Auflösung, auf das, was in irgend einem Lande die Gesetze zu irgend einer Zeit wollen, verweisen will, ebenso in Verlegenheit setzen, als die berufene Aufforderung: Was ist Wahrheit? den Logiker, Was Rechtens sei (quid sit iuris), d.i. was die Gesetze an einem gewissen Ort und zu einer gewissen Zeit sagen oder gesagt haben, kann er noch wohl angeben; aber, ob das, was sie wollten, auch recht sei, und das allgemeine Kriterium, woran man überhaupt Recht sowohl als Unrecht (iustum et iniustum) erkennen könne, bleibt ihm wohl verborgen, wenn er nicht eine Zeitlang jene empirischen Prinzipien verläßt, die Quellen jener Urteile in der bloßen Vernunft sucht (wiewohl ihm dazu jene Gesetze vortrefflich zum Leitfaden dienen können), um zu einer möglichen positiven Gesetzgebung die Grundlage zu errichten. Eine bloß empirische Rechtslehre ist (wie der hölzerne Kopf in Phädrus' Fabel) ein Kopf, der schön sein mag, nur schade! daß er kein Gehirn hat. [...] Das Recht ist also der Inbegriff der Bedingungen, unter denen die Willkür des einen mit der Willkür

des andern nach einem allgemeinen Gesetze der Freiheit zusammen vereinigt werden kann." (Kant 1977, 38)

Kant spricht hier einen wesentlichen Mangel an, dem viele Versuche einer Rechtsdefinition bereits erlegen sind. Beim Versuch, das Recht in zufriedenstellender Weise definieren zu wollen, setzen Definitionsversuche bereits einen nicht näher präzisierten Rechtsbegriff voraus. Es gilt nach Kant, einen Oberbegriff zu finden, der das Recht als eine mögliche soziale Verhaltensnorm von anderen, wie etwa Sitte oder Moral, abgrenzt. Vorausgreifend kann festgehalten werden, dass Kant eine wechselseitige Einschränkung der Willkürfreiheit als die Voraussetzung zur Aufrechterhaltung des sozialen Friedens erblickt (vgl. im Detail Kapitel „Der Kategorische Imperativ als Ausdruck von Moralität im Recht bei Immanuel Kant").

Eine für alle allgemeingültige Definition des Rechtsbegriffs erscheint demnach schwierig. Er ist sowohl abhängig von geschichtlichen und räumlichen Kontexten wie auch von dem jeweiligen methodischen Standpunkt der jeweiligen sozialwissenschaftlichen Disziplin. So wird ein „Zivilrechtler" dem Recht eine gänzlich andere Funktion und Definition verleihen als beispielsweise ein Politikwissenschaftler. Als ein wesentliches Mitgestaltungselement der gesellschaftlichen Realitäten ist das Recht sicherlich eng mit sozioökonomischen, historischen und zivilisatorischen Faktoren verwoben und stets durch sich ändernde Interessenlagen einem permanenten Wandel unterworfen. Es ist sohin nahezu unmöglich, einen probaten Rechtsbegriff zu erschaffen, der überzeitlich und allörtlich für sich Gültigkeit reklamieren kann und dennoch nicht zu unbestimmt oder abstrakt gefasst ist. Zu den wesentlichen Funktionen des Rechts zählt zweifelsohne aber die Fähigkeit, für das menschliche Zusammenleben einen äußeren Ordnungsrahmen vorzugeben.

1.2 Drei mögliche Definitionsversuche des Rechts vorweg

Bevor nun eine nähere analytische Untersuchung des Rechtsbegriffs versucht werden soll, werden zunächst einmal drei mögliche Rechtsdefinitionen angeführt. Zweck dieser Gegenüberstellung von verschiedenen Definitionen des Rechts soll es sein, dem Leser die – trotz Unterschiedlichkeiten in der Formulierung – vorhandenen Ähnlichkeiten der angestellten Rechtsdefinitionen vor Augen zu führen.

> „Recht ist der Inbegriff der vom Staat garantierten allgemeinen Normen zur Regelung des menschlichen Zusammenlebens und zur Beilegung zwischenmenschlicher Konflikte durch Entscheidungen." (Horn 2004, 4 f.)

Diese erste Definition stammt vom deutschen Rechtslehrer Norbert Horn, der den Rechtsbegriff stark mit den gesellschaftspolitischen Funktionen des Rechts (vgl. Kapitel „Die gesellschaftspolitischen Funktionen des Rechts“) erklärbar machen möchte.

> „Recht ist (1) eine zwangsfähige Ordnung sozialer Regeln, die (2) von autorisierten Personen aufgrund entsprechender Befugnisse erzeugt wurden, wobei (3) die Ordnung insgesamt dem Vorteil aller Betroffenen dienen muss." (Höffe 1987, 168 f.)

Dieser zweite Klärungsversuch stammt von dem Politikwissenschaftler Otfried Höffe, der vor allem den Entstehungsakt sowie die staatliche Garantie des Rechts betont.

> „Recht ist in seinem wesentlichen Kern eine Menge von sozialen Normen, (1) deren Wirksamkeit zumindest im Großen und Ganzen durch organisierten Zwang garantiert wird, (2) deren Anwendung und Erzeugung auf Ermächtigung beruht und (3) deren Anspruch auf Verbindlichkeit die Überzeugung ihrer Legitimität voraussetzt." (Koller 1997, 40 f.)

Die dritte und letzte hier angeführte Möglichkeit, sich dem Begriff des Rechts nähern zu können, stammt von Peter Koller, der als empirischer Sozialforscher auch die Bedingung einer notwendigen Legitimität in seine Definition des Rechts integriert.

All diese hier angeführten Definitionen bleiben jedoch vorerst ein Abstraktum. Sie sind inhaltlich nicht besonders aussagekräftig, vor allen Dingen, wenn man die hohe Erwartungshaltung berücksichtigt, die dem Recht für das gesellschaftliche Zusammenleben zugewiesen wird. So besagen all diese Definitionen nichts über jene Grundwerte, wie z.B. Eigentumsgewährung, Freiheitssicherung oder Rechtssicherheit, die durch eine effektive Rechtsordnung geschützt werden sollen. Auch die Frage des (notwendigen) Gerechtigkeitsbezuges von Recht, die eine der grundsätzlichsten und ursprünglichsten Fragen der Rechtstheorie darstellt, wird von all diesen Definitionen ausgespart. Und hier zeigt sich nahezu paradigmatisch das Dilemma bei diesem Unterfangen, das Recht so definieren zu wollen. Jede wissenschaftliche Disziplin, jede methodische Herangehensweise artikuliert andere Wünsche und Präferenzen an das Recht. Weite Definitionen, die so konzipiert sind, dass sie nahezu auf alle Rechtsordnungen angewandt werden können, leiden daher zwangsläufig und notorisch am Makel der Unvollständigkeit.

1.3 Gemeinsame Elemente und Dimensionen des Rechtsbegriffs

Die Schwierigkeiten, die sich bei der Rechtsdefinition auftun, ergeben sich daraus, dass jede dieser Rechtsdefinitionen unterschiedlichste Elemente zu verbinden versucht. Der Rechtsbegriff weist dabei drei Dimensionen auf, die es zunächst einmal näher zu ergründen gilt.

Zunächst einmal ist das Recht eine normative Ordnung. Es beschreibt dabei nicht die tatsächliche Vielfalt des pluralistischen gesellschaftlichen Zusammenlebens, sondern gibt gegenteilig in einer normativen Weise vor, wie dieses zu sein hat. Die Sprache des Rechts ist deshalb die Sprache des Sollens. Diese Sollensordnung ist von allgemeiner Gültigkeit, autoritativ und auch verbindlich. Die staatliche Rechtsordnung ist dabei dadurch charakterisiert, dass ein Souverän, also eine hoheitliche und oberste Instanz, Rechtsregeln erlässt. Diesen Rechtsregeln wird dann durch die Androhung von Zwangsgewalt Rechtsverbindlichkeit verliehen.

In einem weiteren Schritt kann man dem Recht die Attribute logisch, systematisch und rational zuweisen. Das Recht beansprucht dabei für sich selbst, ein logisches, folgerichtiges, widerspruchsfreies und inhaltlich geschlossenes System von Rechtsbegriffen und Rechtssätzen zu sein. Rechtsbegriffe müssen daher relativ präzise und genau formuliert werden. Rechtssätze ihrerseits verbinden einen sehr abstrakt und generell gehaltenen Tatbestand mit einer ebenso generell gefassten Rechtsfolge. Rechtssatz und Rechtsfolge stehen dabei in einem konditionalen „Wenn-Dann-

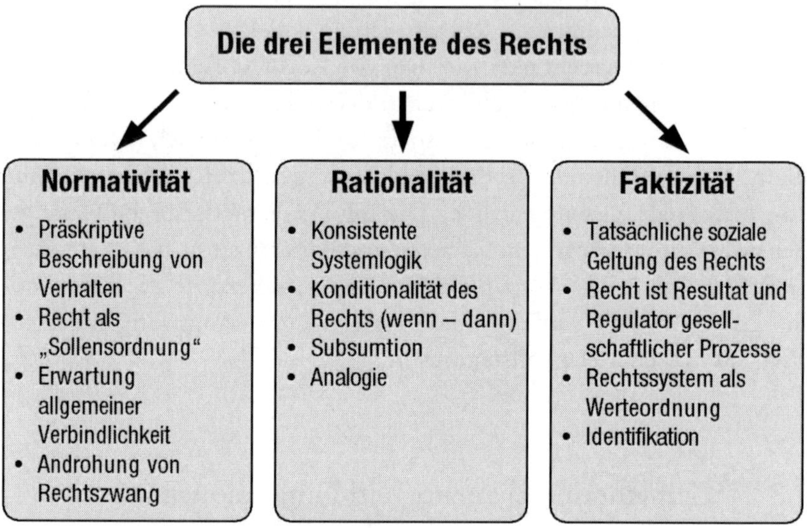

Abb. 1: **Die drei Elemente des Rechts**

Verhältnis". Wenn ein Tatbestand sämtliche Tatbestandselemente erfüllt, so tritt automatisch eine Rechtsfolge ein. Diese Anwendung des Rechts nennt man Subsumtion.

Schließlich besitzt das Recht auch Faktizität. Die Rechtsordnung als ein System von Regeln besitzt innerhalb der gesellschaftlichen Strukturen tatsächliche und faktische Geltung. Dem Recht wird also im Allgemeinen Respekt entgegengebracht. Zwischen dem Recht und der gesellschaftlichen Wirklichkeit bestehen demnach wechselseitige Verbindungen. Das Recht fungiert dabei als Steuerungsmittel der Gesellschaft, das in die Gesellschaft hineinwirkt und diese damit zu regulieren versucht. Recht ist aber auch das zeitgebundene Resultat gesellschaftlicher Verhältnisse und Ausdruck sozialer Beziehungen, die sich in diesem widerspiegeln. Da das Recht aktuelle gesellschaftliche Wertvorstellungen reflektiert, leistet es auch einen Beitrag zur gesellschaftlichen Identitätsstiftung.

1.4 Zur inneren Struktur des Rechts

1.4.1 Objektives und subjektives Recht

Wenn man ganz allgemein von und über das Recht zu philosophieren beginnt, so kann damit zweierlei gemeint sein.

Meint man mit Recht zum Beispiel das Unternehmens- oder Erbrecht, spricht man von der absoluten Gesamtheit aller existenten Normen eines Rechtsinstitutes. Man meint damit das Recht im objektiven Sinn. Man verwendet also die Begrifflichkeit des objektiven Rechts zur Beschreibung allgemeingültiger Normen.

Ganz anders kann Recht verstanden werden, wenn man sein Anwendungsgebiet auf eine konkrete Rechtssache bezieht. A hat den Kaufpreis für eine Ware bezahlt und fordert deshalb die Ausfolgerung dieser Ware. B hat C geschädigt; dieser begehrt deshalb die Zahlung von Schadenersatz. Der Terminus „Recht" meint in diesem Kontext nicht die gesamte Rechtsordnung, sondern eine konkrete Befugnis des Einzelnen, einen Anspruch, den ein Rechtssubjekt gegenüber einem anderen formuliert. Diese Befugnisse und Ansprüche, die man als subjektives Recht bezeichnet, müssen ihrerseits aber aus der Rechtsordnung, also dem objektiven Recht, ableitbar sein.

1.4.2 Materielles und formelles Recht

Materielle Rechtsvorschriften sind solche Vorschriften, die Rechte und Pflichten der einzelnen Rechtssubjekte regeln. Materielle Normen befassen sich demnach mit den jeweiligen Inhalten des menschlichen Zusammenlebens. Materielle Regeln bestimmen daher, unter welchen Voraussetzungen jemand bestraft oder unter welchen Umständen ein Vertrag angefochten werden kann.

Das formelle Recht normiert demgegenüber die Verfahren zur Rechtsdurchsetzung vor den dafür zuständigen staatlichen Behörden. Formelles Recht dient der Realisierung von materiellen Rechtsvorschriften. Das formelle Recht regelt dabei je nach Rechtsmaterie die Zuständigkeiten der Gerichte oder Verwaltungsbehörden. Zum formellen Recht sind demnach die Zivilprozessordnung, die Strafprozessordnung sowie die Verwaltungsverfahrensgesetze zu zählen.

1.4.3 Zwingendes und dispositives Recht

Zwingende Rechtsnormen können durch autonome Gesetzgebung nicht unanwendbar, also von den einzelnen Vertragsparteien abbedungen werden. Wird dennoch etwas Abweichendes vereinbart, so sind diese Vertragsinhalte zur Gänze oder teilweise nichtig. Innerhalb der zwingenden Rechtsnormen muss noch eine weitere Differenzierung vorgenommen werden. So sind bei absolut zwingenden Normen keinerlei Abweichungen erlaubt. Relativ zwingende Normen – welche vor allen Dingen im Arbeitsrecht anzutreffen sind – gestatten hingegen eine Abweichung zugunsten des von der Rechtsordnung Begünstigten (z.B. Arbeitnehmer).

Dispositives Recht lässt dagegen sämtliche abweichenden Regelungen zu. Vertragsparteien können dabei von den Gesetzesinhalten abweichen und andere Inhalte rechtswirksam vereinbaren. Man spricht in diesem Kontext auch von nachgiebigem oder abdingbarem Recht. Dispositives Recht gelangt vor allen Dingen im Privatrecht im Rahmen der Privatautonomie zur Anwendung. Obwohl dem dispositiven Recht obligatorische Wesenszüge fremd sind, nehmen sie dennoch eine zentrale Rolle in der Rechtsordnung ein. So ergänzt dispositives Recht unvollständige Verträge, hilft bei deren Interpretation und indiziert eine gewisse Richtigkeitsgewähr; zeigt also letztendlich auf, was sich der Gesetzgeber unter einem Interessenausgleich aller am Rechtsgeschäft Beteiligten vorstellt.

1.4.4 Gebots- und Verbotsnormen, Ermächtigungs- und Erlaubnisnormen

Die nächste Kategorisierung fokussiert die inhaltliche, aber nicht materielle Ausrichtung einer Norm. Gebotsnormen verpflichten dabei zu einem Tun oder einem Unterlassen. Sie sind häufig im Verwaltungsrecht anzutreffen.

Verbotsnormen akzentuieren demgegenüber die Untersagung eines bestimmten menschlichen Verhaltens. Verbotsnormen können ihre Wirkung jedoch nur dann vollends zur Entfaltung bringen, wenn ihnen auch eine Ermächtigungsnorm zur Seite gestellt wird, welche den Verwaltungsbehörden eine Bestrafung ermöglicht. Eine Verbotsnorm, deren Übertretung keine gehörige rechtliche Sanktion nach sich zieht, läuft aufgrund ihrer Nichtbeachtung Gefahr, zu einer sog. „lex imperfecta“ zu verkommen.

Ermächtigungsnormen befähigen einzelne Organe oder Personen zur Erzeugung oder zur Aufhebung von Normen. Ein klassisches Beispiel ist die im Verfassungsrecht festgeschriebene Möglichkeit der Normerzeugung in einem Gesetzgebungsverfahren. Aber auch die Durchführung von Vollzugshandlungen (z.B. im Sinne der Strafvollzugsordnung) ist unter die Rubrik der Ermächtigungsnormen zu subsumieren.

Schließlich gibt es auch noch eine weitere inhaltliche Dimension von Normen, und zwar jene der Erlaubnisnormen. Die Erlaubnis zu einem bestimmten menschlichen Verhalten kann dabei unmittelbar auf einer generellen Norm (z.B. Gesetz) beruhen, aber etwa auch erst durch die Erlassung eines Bescheides eingeräumt werden.

1.4.5 Privatrecht und öffentliches Recht

Rechtsnormen werden mittlerweile seit Jahrhunderten in zwei inhaltliche Gruppen eingeteilt, nämlich in Vorschriften des öffentlichen Rechts und des Privatrechts. Diese Differenzierung ist deshalb so essentiell, da für die Vollziehung dieser unterschiedlichen Rechtsmaterien entweder Verwaltungsbehörden (öffentliches Recht) bzw. ordentliche Gerichte (Privatrechtssachen) berufen sind. Bei der Abgrenzung wird im Wesentlichen darauf abgestellt, ob ein mit Hoheitsgewalt ausgestattetes Rechtssubjekt in Ausübung seiner Hoheitsgewalt beteiligt ist oder nicht. Da die Unterscheidung zwischen öffentlichem Recht und Privatrecht wohl die wichtigste der gesamten Rechtsordnung darstellt und auch hohe praktische Relevanz besitzt, wird dieser Differenzierung an anderer Stelle (vgl. Kapitel „Über das Wesen und die Funktion von Rechtsinstituten") mehr Platz gewidmet.

1.5 Das supranationale Recht der Europäischen Union

Das Recht der Europäischen Union unterscheidet sich qualitativ vom Rechtsbestand anderer Rechtsordnungen. Es hat supranationalen Charakter und qualifiziert die Europäische Union selbst als supranationale Organisation. Neben der Möglichkeit der Fassung von Mehrheitsbeschlüssen bilden die nachstehenden Strukturprinzipien die zentralen Merkmale dieser Supranationalität.

1.5.1 Autonome Geltung und unmittelbare Anwendbarkeit

Das Unionsrecht gilt in den Mitgliedsstaaten unmittelbar und bedarf als solches keinerlei transformativen Aktes. Da es sohin unmittelbar und autonom gilt, kann und hat es von den Organen der einzelnen Mitgliedsstaaten angewandt zu werden. Unionsrecht und staatliches Recht sind daher wechselseitig eng miteinander verwobene Rechtsordnungen.

1.5.2 Vorrang vor dem staatlichen Recht (Anwendungsvorrang)

Der wohl die innerstaatliche Rechtsordnung am intensivsten berührende Einfluss manifestiert sich am sog. Anwendungsvorrang. Der Anwendungsvorrang ist dabei nichts anderes als eine Kollisionsregel für den Fall, dass für einen Lebenssachverhalt jeweils eine staatliche Rechtsnorm wie auch eine Rechtsnorm der Europäischen Union (dies trifft vor allen Dingen die unmittelbar anzuwendenden EU-Verordnungen) angewandt werden könnten. Nach einem wegweisenden Judikat des Europäischen Gerichtshofes (EuGH, Costa/ENEL, Slg 1964, 1253) hat das gesamte Unionsrecht in einem solchen Fall unmittelbaren Vorrang vor dem innerstaatlichen Recht.

Dem Unionsrecht widersprechende Rechtsnormen treten dabei allerdings nicht außer Kraft; sie dürfen lediglich im Konfliktfall nicht mehr zu Anwendung gelangen. Die Beurteilung, wann ein solcher Konfliktfall vorliegt, haben die jeweiligen rechtsvollziehenden Verwaltungsorgane selbstständig vorzunehmen (Inzidentzuständigkeit der staatlichen Behörden). Im Zweifelsfall muss über den Inhalt und die Anwendbarkeit von Unionsrecht eine Vorabentscheidung beim Europäischen Gerichtshof eingeholt werden.

1.5.3 Unionskonforme Interpretation von staatlichem Recht

Jedes innerstaatliche Recht ist im Sinne und im Einklang mit dem Unionsrecht auszulegen. Der Judikatur des Europäischen Gerichtshofes entspricht es, dass von den rechtsvollziehenden Organen zum Teil sehr extensive Auslegungsvarianten herangezogen werden sollen, die teilweise einer inhaltlichen Umformulierung zumindest nahekommen.

1.5.4 Die Umsetzungspflicht und die gemeinsame Verantwortlichkeit des Staates

Das Unionsrecht bedarf aufgrund seiner generellen Charakteristik noch der näheren Ausführung durch staatliche Rechtsvorschriften. Wer aber der Adressat von ausführungsbedürftigem Unionsrecht im jeweiligen Mitgliedsstaat ist, bestimmt wiederum die innerstaatliche Rechtsordnung. Dabei stellt sich die evidente Frage, welche Gebietskörperschaft und welches Organ für die Umsetzung von Unionsrecht zuständig ist. Die Zuständigkeit ergibt sich dabei aus der innerstaatlichen Kompetenzverteilung.

Im möglichen Fall der Säumigkeit bei der Durchführung von Unionsrecht (dies gilt insbesondere für EU-Richtlinien) von einem Bundesland geht die Kompetenz der Durchführung in Österreich auf den Bund über, wenn diese Säumigkeit vom Europäischen Gerichtshof festgestellt worden ist. Dies ist auch deshalb konsistent, weil die Europäische Union bundesstaatenblind ist und nur der jeweilige Mitgliedsstaat im Zuge des Vertragsverletzungsverfahrens vom Europäischen Gerichtshof zur Verantwortung gezogen werden kann.

1.6 Der Rechtswissenschaft über die Schulter geblickt

Die Rechtswissenschaft zählt wie die Politikwissenschaft zu den Sozialwissenschaften. Manch einer bezeichnet sie als Schwesterdisziplinen, was aufgrund ihrer großen inhaltlichen Nähe sowie ähnlichen Betrachtungsobjekten und Forschungsinteressen durchaus legitim erscheint.

Jede Wissenschaft wird durch ihren Erkenntnisgegenstand und ihre Arbeitsmethoden bestimmt. Als Gegenstand der Rechtswissenschaften gilt die Erforschung des Rechts mit dem Ziel von erläuternden Darstellungen und Kritiken, die aus Gesetzesauslegung und Argumentationen resultieren. Diese Behandlung, Erforschung und Darstellung des Rechts samt ihrer Methoden wird als Rechtsdogmatik bezeichnet.

Die Rechtsdogmatik, als zentrale Disziplin der Rechtswissenschaften, verfolgt daher die Aufgabe, die geltenden Rechtsvorschriften in einem übersichtlichen System zusammenzufassen und den Inhalt der Rechtsordnung mithilfe der Auslegung beschreiben zu wollen. Gegenstand der Rechtswissenschaft ist demnach die Behandlung des positiven Rechts, welches sich in einer demokratischen Rechtsordnung aus sämtlichem staatlichen Recht zusammensetzt. Auch außer Kraft getretenes Recht wirkt noch in die Gegenwart fort, da es aus jeder Epoche noch zahlreiche Rechtsverhältnisse gibt, die bis zum heutigen Tage in Rechtsgeltung sind. Diesen ist die damals aktuelle Rechtsordnung zugrunde zu legen. Insoweit bleibt auch das außer Kraft getretene Recht Teil der geltenden Rechtsordnung und somit Gegenstand von Rechtswissenschaften und Rechtsanwendung.

Für eine vollständige Erfassung von Zweck und Sinn des geltenden Rechts erscheint es oftmalig angebracht, über die engen Grenzen der Rechtsdogmatik hinauszublicken. Möchte man dabei auf historische Erfahrungswerte Bezug nehmen, die sich aus dem Jahrhunderte währenden Umgang mit dem Recht als wesentlichem Teil unserer gesellschaftlichen Kultur herauskristallisieren konnten, muss man auf die Rechtsgeschichte als eines der großen Grundlagenfächer der Rechtswissenschaften zurückgreifen.

Forschungsgegenstand der Rechtsphilosophie ist die Erforschung des Wesens, Ursprungs und Geltungsgrundes des Rechts. Die Rechtsphilosophie orientiert sich daher an Rechtswerten, die für das Leben in einem vernünftigen Gemeinwesen wichtig und unerlässlich sind, wie etwa Freiheit und Gleichheit, aber auch Gerechtigkeit. Die Rechtsphilosophie antwortet daher nicht nur auf Fragen über den Ursprung des Rechts oder wie die Regeln für ein Leben unter diesen Grundwerten beschaffen zu sein haben, sondern unterbreitet ihrerseits Vorschläge für die zukünftige Konzeption und Ausgestaltung von Recht. Die Rechtsphilosophie geht also über die bloß deskriptiv gehaltene Rechtsgeschichte hinaus.

Die Rechtssoziologie berücksichtigt die gesellschaftlichen und wirtschaftlichen Voraussetzungen des Rechts. Sie vertritt die Ansicht, dass sich der Gegenstand der Rechtswissenschaft nicht alleine in der Analyse von Rechten und Normen erschöpfen kann, sondern in der permanenten Wechselwirkung zwischen Recht und Gesellschaft zu suchen ist. Die soziale Wirklichkeit, das Sein des Rechts ist nicht in Gesetzbüchern, sondern vielmehr in dem unabhängig zu betrachtenden, aus der Gesellschaft entstandenen, gelebten Recht zu suchen.

2 Vom Verhältnis des Rechts zu seinen sozialen Umwelten

2.1 Politik und Recht

Wichtige Neuerungen beginnen oft an den Grenzen der Disziplinen. Am Grat zwischen Politik- und Rechtswissenschaft bestanden stets und bestehen nach wie vor kreative Kontroversen, nicht nur um die Beziehungen von Politik und Recht zueinander, sondern auch um jene der entsprechenden Wissenschaften mit- und oftmals gegeneinander.

Neben einer stark ausgeprägten Selbstbezogenheit existieren zwischen Politik und Recht Verbindungen und evidente Spannungsverhältnisse. Denn einerseits ist die Politik durch die rechtlich vorskizzierten Handlungsspielräume determiniert, andererseits übernimmt sie im demokratischen Verfassungsstaat die Rolle der zentralen Schöpferin von Recht. Ziel des politischen Prozesses ist, die Auffassungen der politischen Majorität (natürlich mit grundrechtlichen Einschränkungen) in verbindliche Rechtsnormen zu gießen. Das Recht bildet dabei die notwendige und bis auf Weiteres abschließende Antwort eines möglicherweise kontroversen politischen Prozesses. Es soll schlussendlich der Bürgerin und dem Bürger die erforderliche Klarheit über die staatlich intendierte Antwort auf unterschiedlichste Lebenssachverhalte vermitteln und ihnen die getroffenen und kodifizierten politischen Entscheidungen klar vor Augen führen. Durch die Festlegung des politischen Prozesses in einer Rechtsnorm kommt es zu einer Entlastung der Politik, die sich nach dem einen Prozedere der Normgenerierung wieder anderen und weiteren Agenden zuwenden kann. Insofern stellt das Recht – trotz aller Unterschiede – in letzter Konsequenz keinen Gegensatz zur Politik dar. Es ist, wie Dieter Grimm meint, Gleiches, allerdings in einem anderen Aggregatzustand: „Recht ist geronnene Politik." (Grimm 1969, 502)

Für eine genauere Analyse des Verhältnisses von Politik und Recht müssen zunächst einmal die realen Machtverhältnisse in einem Staat offengelegt werden. Denn sowohl die Politik als auch das Recht tangieren Fragen von Macht und Herrschaft. Macht ist dabei seit jeher eine der wichtigsten und zentralen Kategorien der politikwissenschaftlichen Forschung; ja, Macht- und Ideologiekritik sind Kernkompetenz der Politikwissenschaft schlechthin. Denn in Gesetzgebung und Gesetzesanwendung manifestieren sich nicht allein juristisch zu beantwortende Rechtsfragen, etwa der Legistik oder der Jurisdiktion, sondern Rechtsfragen sind vor allem Machtfragen. Solange der Ausübung staatlicher Herrschaft keinerlei Schranken gesetzt sind, kann kein Konflikt zwischen Politik und Recht entstehen. So ist etwa in autoritären Systemen das Recht der Politik zwingend und kategorisch untergeordnet und wird immer vom Willen der jeweiligen Herrschenden abhängig gemacht. In demokratischen Verfassungsstaaten entfaltet sich demgegenüber gerade in der Analyse von Macht- und Herrschaftsverhältnissen das kritische Potential der Politikwissenschaft im Vergleich zur eher formalistisch anmutenden Rechtswissenschaft. Dabei gibt die Entwicklung des Rechts einen Maßstab dafür ab, in welche Richtung sich Politik und Gesellschaft orientieren, wie Herrschaft sowie die Gewähr und Begrenzung von Freiheitsrechten ausgeübt werden.

Unter dem genannten Aspekt der Macht eröffnet sich für die wissenschaftliche Erforschung des Rechts ein klares politologisches Terrain. Aber die Emanzipation der Politik- von der Rechtswissenschaft hatte gerade im deutschsprachigen Raum eine nicht unproblematische Abkoppelung zugunsten einer konträren und nicht-normwissenschaftlich orientierten Ausrichtung der Politikwissenschaft zur Folge:

> „Eine vermeintlich kritische Politikwissenschaft überlässt daher alles, was irgendwie mit (Verfassungs-)Recht zu tun hat, den Juristen, die in ihrer Betrachtung normativer Fragen von ‚Staat', ‚Verfassung' und ‚Demokratie' zumeist über eine ganz spezifische Sicht der Dinge verfügen – und reproduziert mit diesem ‚blinden Fleck' gerade die obrigkeitsstaatliche Attitüde der Trennung von Politik und ‚unpolitischem' Recht." (van Ooyen 2006, 7)

Doch Recht ist niemals unpolitisch, und gute Politik(-wissenschaft) ist niemals ohne Rechtskenntnisse zu betreiben. Es ist Aufgabe einer inter- und transdisziplinär zusammenarbeitenden Politik- und Rechtswissenschaft, die rechtspolitischen Implikationen für das demokratische Zusammenleben aufzuzeigen. In der Politikwissenschaft besteht jedoch im deutschen Sprachraum und in Österreich im Besonderen ein Defizit, das nicht nur hausgemacht ist, sondern das die Rechtswissenschaft mit ihrer betont formalistischen und von der rechtspositivistischen Schule geprägten Herangehensweise (mit)verursacht hat. Niklas Luhmann bringt dieses treffend auf den Punkt:

> „Auch die Rechtswissenschaft befasst sich mit der Realität des Rechts – aber nicht mit einer sozialen, sondern mit einer symbolischen Realität. Sie betrachtet das Recht als eine Sinnkonstellation für sich. Aus diesem sinnhaft-symbolischen Kontext des Rechts sind die sozialen Realitäten, sind die gesellschaftlichen Bedingungen, Entstehungsursachen und Wirkungen nicht ausgeschlossen; sie bleiben im Sinnhorizont auch der Rechtswissenschaft sichtbar und zugänglich, aber sie sind in ihm nur in einer bezeichnenden Verdichtung und Verkürzung enthalten, nämlich nur, soweit sie für die Entscheidung von Rechtsfragen relevant sind." (Luhmann 1972, 354)

2.2 Recht und Gesellschaft

Das Recht ist integraler Bestandteil der gesellschaftlichen Gesamtkultur. Diese Einsicht eröffnet uns das Verständnis dafür, dass zwischen Recht und Gesellschaft permanente Wechselwirkungen und Beziehungsgeflechte existieren. Diese Wechselwirkungen zwischen dem Recht und allen in der auf die Gesellschaft einwirkenden sozialen Kräfte, wie der Politik, der Moral, der Religion oder auch der Ökonomie, konnte bereits von Montesquieu in seinem berühmten Opus „Vom Geist der Gesetze" herausgearbeitet werden, wo er bereits den Umstand der Herausbildung allgemeiner Gesetzmäßigkeiten beschrieben hat, die sich aus den eben genannten gesellschaftlichen Faktoren bilden konnten. Auf der anderen Seite wird es heute allgemein anerkannt, dass Gesetze, wenn sie beabsichtigen, langfristig die gewünschten Wirkungsweisen zu entfalten, grosso modo mit den Lebensverhältnissen und den Einstellungen der Bevölkerung in Übereinstimmung zu bringen sind.

Dass dies nicht immer der Fall ist, soll folgendes Beispiel darlegen: Im Zuge staatlicher Transformationsprozesse in den Ostblockstaaten und auch in der Dritten Welt wurden mit einer ungeheuren Rasanz Gesetze und rechtsstaatliche Institutionen in großem Umfang nach dem Vorbild der entwickelten westlichen Staaten eingeführt. Zum einen lag darin sicherlich ein wesentlicher und entscheidender Schritt zur Initiierung von Modernisierungsprozessen. Zum anderen lässt sich auch in einer Retrospektive konstatieren, dass die effektive Durchsetzung des Rechts immer dort auf Hindernisse gestoßen ist, wo das Recht nicht auf tatsächliche soziale Lebensverhältnisse, Traditionen und Mentalitäten Rücksicht genommen hat.

Moderne Gesellschaften weisen einen enormen Appetit nach neuen Normen auf. Dieser gesteigerte Regelungsbedarf führt zwangsläufig zur Unübersichtlichkeit des Rechtssystems. Dennoch verfolgt jedes Gesetz bestimmte gesellschaftspolitische Ziele. Es will innerhalb der Gesellschaft bestimmte Reaktionen hervorrufen, die das Zusammenleben der Bürger beeinflussen können und sollen. Der Zweck einer rechtlichen Regelung ist daher auch für ihr Verständnis der Rechtsnorm von entscheidender Bedeutung. Leider findet man die rechtspolitischen Absichten, die sich hinter einem Gesetz verbergen, zumeist in den oftmalig nur schwer auffindbaren Gesetzesmaterialien. Wichtige Gesetzesvorhaben werden aber zumindest durch ein umfangreiches Begutachtungsverfahren sowie durch mediale Berichterstattung begleitet.

Das Gesetzgebungsverfahren in einem demokratischen Rechtsstaat möchte daher entweder bewahrend oder aber auch gestaltend in das Leben der Gesellschaftsmitglieder eingreifen. Gerade die in Reformvorhaben intendierte Umgestaltung sozialer Lebensverhältnisse (getarnt etwa durch eine Reform des Steuersystems) kann für den sozialen Frieden durchaus gefährlich sein, da mit einer Umgestaltung zumeist Eingriffe in bestehende Rechtspositionen einhergehen oder andere Freiheitsrechte eingeschränkt werden sollen.

Generelle Steuerungstendenzen durch das Recht im Sinne einer gesellschaftlichen utopischen Umgestaltung werden nach dem Scheitern des Sozialismus nicht mehr propagiert. Der Gedanke der generellen, absoluten Steuerung der Gesellschaft durch das Recht ist aufgrund der historischen Erfahrungswerte unattraktiv geworden. Unsere immer komplexer werdenden Gesellschaften würden darüber hinaus die Steuerungskapazitäten zentral agierender Regierungsstellen bei Weitem übersteigen. Das hat uns das Scheitern der Planwirtschaft schon vor einigen Jahrzehnten vor Augen geführt.

Dennoch ist der Umgestaltungs- und Steuerungsgedanke durch das Recht eine der wesentlichen Triebfedern der politischen Parteien und somit – falls sie gewählt werden sollten – auch des demokratischen Gesetzgebers. Begrenzte Umgestaltungs- und Steuerungsambitionen sind zur Bewahrung wesentlicher Rechtswerte, wie Sicherheit, Freiheit und Rechtsfrieden, dringend geboten, denn die bloße Bewahrung eines Status quo durch das Recht ist angesichts der sich rapid wandelnden Weiterentwicklungen der modernen Gesellschaften ebenso unrealistisch. Zur Bewahrung der soeben genannten Rechte ist es vielmehr essentiell, dass der Gesetzgeber in begrenztem Umfang in die gesellschaftlichen Abläufe gestalterisch eingreift, um letztlich existente gesellschaftliche Freiheitsräume bewahren zu können (vgl. hierzu ausführlich das Kapitel „Die gesellschaftspolitischen Funktionen des Rechts").

Dieses Faktum lässt sich auch anhand einiger Beispiele belegen. Ein wesentlicher Teil des wirtschaftlichen Erfolgs der Marktwirtschaft liegt in den Umstand begründet, dass zu große Machtakkumulationen einzelner Konzerne vermieden werden sollen. Hier greift das Kartellrecht beispielsweise ein, um die Freiheit des Wettbewerbs weiterhin gewährleisten zu können. Auch die umfangreiche Arbeitnehmer- und Konsumentenschutzgesetzgebung wird immer weiter ausgedehnt, um die Freiheitsräume bzw. das Eigentum einzelner Personen zu schützen.

2.3 Recht und Sitte

Sitten stellen von Menschen laufend geübte, also übliche äußere Verhaltensweisen dar, in denen jedoch selbst keine Rechtsausübung gesehen wird. Sitten sind also Weltanschauungen über richtige Verhaltensweisen, die gesellschaftlich anerkannt sind und auch überwiegend durch die Mitglieder der Gesellschaft befolgt werden.

Ein Verstoß gegen Sitten bleibt allerdings auch nicht ohne jegliche Sanktion. Zu unterscheiden gilt es dabei zwischen rechtlich unbeachtlichen Sitten und rechtlich beachtlichen Sitten. Wer rechtlich unbeachtliche Sitten (z.B. Regeln der Höflichkeit, das Prinzip der Fairness, gewisse Kleiderordnungen zu gesellschaftlichen Anlässen, das Essen mit Messer und Gabel usw.) missachtet, der braucht nicht mit Sanktionen der Staatsgewalt zu rechnen. Wer gegen diese eingeübten und anerkannten Verhaltensweisen verstößt, läuft dagegen Gefahr, die Achtung und den Respekt seiner Mitmenschen zu verlieren und hat dadurch gesellschaftliche und geschäftliche Nachteile in Kauf zu nehmen. Die Verletzung sittlicher Regeln führt daher zu einer missbilligenden Haltung der Gesellschaft, die ihrerseits wiederum einen sozialen Druck ausübt, sich regel- und sittenkonform zu verhalten.

Das Gesetz sieht jedoch daneben auch rechtlich beachtliche Sitten vor. Verkehrssitten und Handelsbräuche etwa können für die Auslegung und Interpretation von Gesetzen bedeutsam sein. Bisweilen verweist der Gesetzgeber selbst auf bestehende Gewohnheiten und Gebräuche.

Die wohl bekannteste positivrechtliche Verankerung der Sitten findet sich in der „Guten Sitten-Klausel“ des § 879 Abs. 1 ABGB wieder. Ein Verstoß gegen die Guten Sitten führt zur Nichtigkeit des Rechtsgeschäftes. Die Guten Sitten sind ungeschriebenes Recht, das eine materielle Orientierungshilfe bei der Auslegung des positiven Rechts darstellt. Die Guten Sitten sind diesbezüglich eine idealtypische Generalklausel, deren Konkretisierung durch die rechtsanwendenden Organe mittels Auslegung und Gesetzesanalogien stattfindet. Den Prinzipien der Billigkeit und der Gerechtigkeit sind in diesem Zusammenhang besondere Bedeutung zu schenken. Aufgrund der subjektiven Sichtweisen auf diese außerhalb der Rechtsordnung verortete Werteordnung und ihre relative zeitliche Kontextualisierung ist so mancher Interpretationsversuch der Guten Sitten umstritten. Sittenwidrig können dabei der Missbrauch von Übermachtverhältnissen oder aber auch eine missbräuchliche Rechtsausübung sein.

2.4 Recht und Moral

Wie das Recht behandelt auch die Moral eine durch das Medium der Sprache vermittelte Sollensordnung. Aufgrund des säkularen Verständnisses einer pluralistischen Gesellschaft fehlt jedoch der Moral die Allgemeinverbindlichkeit, denn sie bezieht sich primär auf soziale und nicht so sehr auf staatliche Ordnungsstrukturen. Weiters ist die Moral nur für einen kleinen Teilbereich der Gesellschaft, typischerweise für einzelne Gruppen, auf einer freiwilligen Basis verbindlich; d.h. unmoralisches Verhalten ist isoliert betrachtet als solches nicht verboten. Es zieht seinerseits keinerlei zwingende Sanktionen nach sich.

Bei der Moral geht es also um eine wertende Evaluierung eines Verhaltens, das entweder gebilligt oder missbilligt wird. Dabei sind subjektive Moralempfindungen rechtlich belanglos. Vielmehr geht es um Rechts-

oder Sozialmoral, die moralische Anforderungen an das Recht stellen können.

Die Gebote der Moral sind somit primär Forderungen des eigenen Gewissens. Wer also moralisch handelt, tut dies nicht aufgrund von Sanktionsdrohungen, sondern da er das von ihm gesetzte unmoralische Verhalten nicht mit seinem eigenen Gewissen vereinbaren kann.

2.5 Recht und Wirtschaft

Das Verhältnis von Recht und Wirtschaft wird von zwei zuwiderlaufenden Postulaten bestimmt. Die eine Forderung, die ihre Anfänge im liberalen Rechtsstaatsverständnis findet, lautet, dass das Recht die Eigengesetzlichkeit der wirtschaftlichen und ökonomischen Ordnung zu respektieren hat. Die andere Forderung geht dahin, dass ökonomische Gesichtspunkte durch das Recht so gesteuert werden sollen, dass diese bestmöglich dem Wohl der Allgemeinheit nutzen und dienlich sein können. Die hohe Kunst der Gesetzgebung besteht sohin darin, möglichst beiden Forderungen Rechnung zu tragen.

Richten wir unsere Aufmerksamkeit zunächst auf die immanente Eigengesetzlichkeit und die Eigenlogik der Wirtschaft, die von Angebot und Nachfrage bestimmt ist. Der Markt trifft Entscheidungen, welche Güter produziert werden und welche Herstellungsverfahren dabei zur Anwendung gelangen sollen. Die Wirtschaft ist dabei das Gebiet menschlicher Tätigkeit, das dem planvollen Umgang mit für die Menschen knappen Gütern im ökonomischen Sinne (Waren, Dienstleistungen, Rohstoffe usw.) dient. Die Lehre der Volkswirtschaft versucht nunmehr seit den bahnbrechenden Werken eines Adam Smith (1723–1790), die Gesetzmäßigkeiten dieser Tätigkeiten zu erforschen. Dabei sind diese Gesetzmäßigkeiten nicht normativ zu interpretieren, sondern vielmehr in Richtung realer Begebenheiten und Regelhaftigkeiten, mit denen sich der Mensch konfrontiert sieht, um planvoll und rational zu wirtschaften.

Die Rechtsordnung berücksichtigt aber auch ethische Prinzipien, die trotz aller ökonomischen Gesetzmäßigkeiten durchgesetzt werden sollen. Werden diese ethischen Grundsätze, deren Antithese wohl im rücksichtslosen Gewinnstreben zu suchen sein wird, von der Rechtsordnung nicht angemessen bedacht, so läuft auch diese Gefahr, ungleich und ungerecht zu werden. Es gilt demnach, zwischen diesen ethischen Prinzipien und den grundsätzlichen Regelmäßigkeiten der Ökonomie abzuwägen.

Der Markt – so die Ansichten der Ökonomie – ist der beste und auch effizienteste Verteilungsmechanismus für die Produktionsfaktoren, Güter, Einkommen usw. Die Rechtsordnung soll diese Mechanismen nach Tunlichkeit nur unterstützen, keinesfalls jedoch in ungebührlichem Ausmaß durch staatliche Interventionen stören. Diesen Grundsätzen folgt die Wirtschaftsgesetzgebung auch über weite Strecken. Unterstützung und Förderung, etwa zum Erhalt oder zur Schaffung neuer Arbeitsplätze, knüpfen dabei regelmäßig an die Mechanismen des Marktes an. Es werden für Unternehmer bestimmte Anreize (Subventionen, Steuervorteile oder Ähnliches) gesetzt, um damit die Entscheidungen der Unternehmer begünstigend zu beeinflussen. Die sozialethischen Zielvorstellungen des Gesetzgebers stimmen in diesen Fällen mit den betriebswirtschaftlichen Plänen der Unternehmer überein. Ein solches Instrument war beispielsweise auch die Forcierung von Kurzarbeitsverhältnissen während der letzten Finanz- und Wirtschaftskrise.

Auf der anderen Seite darf das unternehmerische Handeln bestimmten ethischen Grundsätzen nicht zuwiderlaufen. So verfolgt Werbung naturgemäß den Zweck, Aufmerksamkeit für das zu bewerbende Produkt zu erzeugen. Dennoch sind dem Werber durch verschiedene Gesetze Grenzen gesetzt. So darf Werbung nicht grundrechtlich geschützte persönliche oder religiöse Gefühle des Einzelnen verletzen.

Der Markt bietet also nicht dieses Ausmaß an Freiheit, das er so gerne suggeriert. Die Rechtsordnung determiniert dabei die elementarsten Grundvoraussetzungen für das Funktionieren von Märkten. Dies wären zum einen die Gewährleistung der Handlungsfreiheit der einzelnen Personen und zum anderen der Schutz des privaten Eigentums. Diese Grundwerte werden ebenso durch grundrechtliche Garantien geschützt.

Neben diesen grundrechtlichen Garantien hat das Recht noch die schwierig zu bewältigende Aufgabe, möglichst für eine optimale Allokation der Ressourcen Sorge zu tragen, um damit Wohlfahrtsgewinne zu ermöglichen. Dazu sollen die ökonomischen (Transaktions-)Kosten möglichst minimiert werden. Ein Rechtsinstitut, welches zu einer Minimierung dieser Kosten erheblich beiträgt, ist das Schadenersatzrecht. Jeder Schaden ist zunächst einmal volkswirtschaftlich, aber natürlich auch betriebswirtschaftlich nicht wünschenswert. Die Formulierung umfangreicher und für das Privatrecht erstaunlich detaillierter Schadenersatzregelungen veranlasst die Teilnehmer, im allgemeinen Handelsverkehr präventiv erhöhte Sorgfaltspflichten walten zu lassen. Das Schadenersatzrecht folgt in diesem Zusammenhang der Prämisse, dass derjenige die Haftung zu tragen hat, der diesen Schaden mit dem geringsten ökonomischen Aufwand hätte verhindern können. Das sind zum größten Teil die Verursacher der Schäden. Die Haftungspflicht kann aber auch denjenigen treffen, der für Schutzbestimmungen verantwortlich ist und diese Verpflichtung nicht eingehalten hat.

Wissenschaftstheoretisch wird das Verhältnis von Recht und Wirtschaft in der sog. Analyse des Rechts (engl. „Law and Economics") betrieben. Individuen sollten aus vielen Handlungsparadigmen jene auswählen, die ökonomisch am sinnvollsten erscheinen. Das Recht soll daher mithilfe von Kriterien der Effizienz und der Optimierung analysiert und bewertet werden. Aufgabe der Ökonomie muss es demnach sein, individuelle Handlungsüberlegungen zu einem sinnvollen Gesamtkonzept zu aggregieren, das der ökonomischen Logik der Optimierung des gesamtwirtschaftlichen Nutzens folgt. Das Recht hat sich bei der Regulierung von sozialen Verhältnissen ebenfalls und notwendigerweise mit diesen ökonomischen Rahmenbedingungen auseinanderzusetzen.

Die ökonomische Analyse des Rechts geht dabei vom Menschenbild des „Homo oeconomicus" aus, der sich durch rationales Verhalten auszeichnet. Er entscheidet sich bei mehreren Handlungsoptionen für diejenige mit dem besten Kosten-Nutzen-Verhältnis. Auch bei rechtlich relevanten Handlungsweisen geht es dem „Homo oeconomicus" um die Maximierung seines Nutzens. Er übt daher den Rechtsgehorsam nicht aus moralischen Gründen oder Gerechtigkeitserwägungen aus, sondern weil und insoweit ihm das Recht im Unterschied zu rechtswidrigem Verhalten den größtmöglichen Nutzen bietet. Ob es sich also für den einzelnen empfiehlt, das Recht einzuhalten oder nicht, ist alleine eine Frage der größten subjektiven Nutzenserwartung, die aus der jeweiligen Handlungsoption resultiert.

Die Ökonomie kennt sohin keinen anderen Rationalisierungsmaßstab als den gesamtwirtschaftlichen Nutzen. Dieses Grundparadigma wurde auch dem sog. „Kaldor-Hicks-Kriterium" zugrunde gelegt. Nach diesem Kriterium ist diejenige Handlung oder Maßnahme des Gesetzgebers vorzuziehen, die dazu führt, dass Begünstigte auch dann noch einen Vorteil haben, wenn sie die Benachteiligten dieser gesetzlichen Regelung entschädigen müssten. So müssen etwa Schutzzölle abgeschafft werden, wenn durch den Freihandel die Vorteile der Begünstigten die Nachteile der Verlierer, in deren Rechtspositionen nachteilig eingegriffen wird, überwiegen, d.h., wenn letztlich der volkswirtschaftliche Gesamtnutzen für die Gesellschaft gesteigert wird.

3 Die gesellschaftspolitischen Funktionen des Rechts

3.1 Zur Wichtigkeit von Rechtsfunktionen für das politische System

Das Recht ist das zentrale Entscheidungssystem im Rechtsstaat für soziale Sachverhalte und Konflikte, die nach materiellen Regeln in vorgeschriebenen rechtsstaatlichen Verfahren einer Lösung zugeführt werden sollen. Recht und Staat sind dabei keine Werte für sich, sondern gelangen zu diesen erst im Rahmen ihrer Funktionen.

Die Rechtsordnung übernimmt – zumeist implizit – unzählige Aufgaben für das Staatswesen und somit auch das politische System in seiner Gesamtheit und ermöglicht damit erst das zwischenmenschliche Dasein im Staatsapparat. Das Recht lässt durch seine Funktionen den Staat zum Rechtsstaat werden. Die Ausdifferenzierung in einzelne Funktionen wird im Schrifttum allerdings zumeist nur als Randnotiz wahrgenommen. Gerade aber diese wichtigen Funktionen begründen erst die wichtige Stellung des Rechts innerhalb des Staates, weshalb im Rahmen dieses einführenden Studienbuches der Politikwissenschaft der Darstellung dieser Rechtsfunktionen ein eigenständiges Kapitel gewidmet werden soll. Vorauszuschicken gilt jedoch dabei, dass das Recht seine Aufgaben nur dann zufriedenstellend erfüllen kann, wenn es im Großen und Ganzen auf einem gesellschaftlichen Wertefundament basiert. Durch diesen Anerkennungsakt wird dem Recht Legitimität verliehen, wie im Kapitel „Recht im Spannungsfeld von Legitimität, sozialer Wirksamkeit und Rechtsgeltung“ noch aufzuzeigen sein wird – ein grundlegendes Fundament für dessen Gültigkeit.

3.2 Sicherung des inneren gesellschaftlichen Friedens

Die vielleicht grundlegendste Funktion des Rechts, welche auch bereits von den antiken griechischen Denkern wie Platon und Aristoteles erkannt wurde, ist wohl die Sicherung des innergesellschaftlichen Friedens. Der Rechtsstaat fungiert dabei als der Garant für die Aufrechterhaltung sowohl des äußeren (etwa durch die Abwendung militärischer Bedrohungsszenarien oder neuerdings auch die Bekämpfung von terroristischen Angriffen) sowie des inneren Friedens (Hintanhalten von kriminellen Handlungen). Zu diesem Zweck wird die Gewalt im Staat monopolisiert. Man spricht in diesem Kontext vom Gewaltmonopol (vgl. Kapitel „Über das Gewaltmonopol und die Gewaltenteilung"). Dieses erfährt jedoch in einem demokratischen Rechtsstaat entscheidende Einschränkungen, einerseits durch die Gewaltenteilung, andererseits auch durch die Gesetzmäßigkeit der Verwaltung sowie durch die staatlich garantierten Grundrechte. Durch das Verbot individueller physischer Gewaltanwendung bei der Durchsetzung eigener Rechtspositionen ist es essentiell, dass der Staat seinen Bürgern ein geregeltes Verfahrenswesen offeriert, in dem Konflikte, sei es zwischen dem Staat selbst und seinen Bürgern sowie zwischen den Bürgern ausgetragen und einer Lösung zugeführt werden können (Konfliktlösungsfunktion des Rechts). Daneben dient das materielle Recht bereits aber auch der Konfliktvermeidung, indem es einzelne potentielle Konfliktszenarien vorwegnimmt und bereits im Voraus Interessengegensätze präventiv zu regeln versucht (Konfliktvorbeugungsfunktion des Rechts). Beide Funktionen können ihre Wirkungsbreite jedoch nur dann vollständig zur Entfaltung bringen, wenn sie auf vom Rechtsstaat zu gewährleistende Rechtssicherheit referenzieren können.

Wenden wir unsere Aufmerksamkeit zunächst der Konfliktlösungsfunktion des Rechts zu. Das Verbot der Ausübung von Selbstjustiz (Selbsthilfe ist nur in ganz engen gesetzlichen Grenzen gestattet) bedingt – wie bereits erwähnt – rechtsstaatliche Verfahren. Entscheidungen der Rechtsprechungsorgane legitimieren sich allerdings nicht nur aus diesem Umstand, sondern auch daraus, dass der Richter in seinen von ihm geführten Verfahren um einen Interessenausgleich bemüht sein sollte. Grundlage der Entscheidungen der rechtssprechenden Organe sind dabei aber nicht persönliche Präferenzen, sondern einzig und alleine das materielle Recht, dem – wie gleich noch aufzuzeigen sein wird – ja bereits eine inhärente Interessenabwägung innewohnt.

Ziel solcher Verfahren ist also nicht bloß die Beseitigung des Konflikts, sondern eine für alle Seiten akzeptable Lösung desselben. Entscheidungen sollten daher nicht bloß aufgrund der dahinterstehenden Zwangsmaßnahmen befolgt werden, sondern auch deshalb, weil sie von den Konfliktparteien als gerecht erachtet werden. Dazu soll auch eine umfassende und möglichst verständliche Urteilsbegründung seitens der rechtssprechenden Organe dienen, die auf die jeweiligen Argumente der Verfahrensparteien eingeht, diese (be)wertet und hernach dem Urteilsspruch zugrunde legt. Diese Chance wird im Gerichtsalltag jedoch nur allzu oft leichtfertig vertan.

Normen des materiellen Rechts wohnt ein bereits erwähnter generalisierter Interessenausgleich inne, welcher Konflikte bereits im Vorfeld zu verhindern versucht. Dafür muss klar ersichtlich sein, welche Rechte und Pflichten sich aus der jeweiligen Situation ergeben können. Konflikte selbst treten zumeist immer nur dann zutage, wenn das Recht unklar bzw. unpräzise geregelt ist, dem Betroffenen nicht bekannt ist oder er sich bewusst oder aber auch unbewusst schlichtweg darüber hinwegsetzt.

Die Bedingungen des Rechtsinstitutes des Mietrechtes sind beispielsweise der Versuch, die Interessenlagen des Mieters bzw. der Vermieters bereits im Vorfeld auszugleichen. Die Vorschriften des Baurechts trachten ihrerseits nach einem Ausgleich zwischen dem Eigentümer des Grundstücks, der das Interesse verfolgt, sein Grundstück nach Möglichkeit nach seinem Gutdünken nutzen zu können, sowie den Wünschen seiner Nachbarn, die beispielsweise an der Einhaltung eines gewissen Bauabstandes bzw. einer bestimmten Bauhöhe interessiert sind. Daneben treten im Baurecht noch die Interessen der Allgemeinheit auf den Plan, die ein Verbot einer gewissen Nutzung aus Gründen der überörtlichen Raumplanung vorsehen können.

Dieses Unterkapitel abschließend sei noch erwähnt, dass in demokratischen Verfassungsstaaten den Gesetzgebern die abschließende Kompetenz eingeräumt ist, sowohl als ungerecht empfundene Verfahrensschritte als auch als ungerecht erachtete Rechtspositionen in adäquater Weise abzuändern.

3.3 Erwartungssicherheit

Zum Vergesellschaftlichungsprozess zählt unter anderem auch, dass sich die einzelnen Gesellschaftsmitglieder aufeinander verlassen können müssen. Das impliziert gleichzeitig eine Reduktion des Risikos. Niemand geht vorweg davon aus, dass ihn ein anderer schädigen möchte. Es wird vorausgesetzt, dass einzelne Gesellschaftsmitglieder untereinander kooperieren können und dies auch wollen. Daraus ergibt sich, dass die Verhaltensweisen des anderen für das Vis-à-Vis antizipierbar und kontrollierbar werden und die Möglichkeit bzw. Neigung zur Willkür tendenziell gering gehalten wird. Wir treten also in ein Interaktionsverhältnis einander entsprechender und sich ergänzender Verhaltenserwartungen zu unseren Mitmenschen ein. Diese Verlässlichkeit in Bezug auf die Berechenbarkeit der Mitmenschen hat auch mit Rechtsgehorsam zu tun. So mag es zwar kurzfristig attraktiv und vorteilhaft erscheinen, sich nicht an die Gesetze halten zu müssen, doch wird diese Gesetzesilloyalität entweder durch die Rechtsordnung selbst (etwa durch zu verhängende Strafen) sanktioniert oder es kommt zu einem massiven Vertrauensverlust, der sich bei möglichen künftigen Rechtsgeschäften, etwa im Bereich des Wirtschaftslebens, erheblich nachteilig auswirken kann.

3.4 Reduzierung von Entscheidungsdruck

Der immer komplexer werdende Lebensalltag konfrontiert uns wie auch unsere Mitmenschen mit zahlreichen kognitiven Herausforderungen. Der Mensch ist in den seltensten Fällen auf derartige Reizüberflutungen vorbereitet. Um davor nicht zu kapitulieren, haben sich die Menschen schon seit Beginn der Menschheitsgeschichte auf die Suche nach einem Ausweg für dieses Dilemma gemacht und diesen in der Internalisierung von Routinevorgängen gefunden. Es stellte sich nämlich keineswegs als praktikabel heraus, bei der Lösung von Problemen jeglicher Art immer bei „Null“ anzufangen und nicht auf jene Handlungsalternativen zurückzugreifen, die sich bereits im Umgang der Menschen untereinander bewähren konnten. Würden wir uns nicht dieser Routinevorgänge bedienen, so wären wir binnen kürzester Zeit aufgrund unserer beschränkten (kognitiven) Ressourcen handlungsunfähig.

An dieser Stelle kommt das Recht ins Spiel und bietet uns seine Hilfe an. Recht offeriert dabei Handlungsvorschläge, die zumeist auf bewährte und erprobte Verhaltensmuster zurückgreifen. Durch die Reduzierung eines Übermaßes an Entscheidungsdruck werden Kapazitäten für jene Entscheidungen freigegeben, bei denen reifliche Überlegungen geboten erscheinen bzw. bei denen Alternativen einer sorgsamen Abwägung bedürfen. Diese Funktion des Rechts begegnet uns alltäglich, wiewohl wir sie kaum wahrnehmen. Man denke dabei etwa an den simplen Kauf von Lebensmitteln. Müssten wir neben der eigentlichen Transaktion Ware – Geld noch sämtliche andere Vertragsbestandteile, wie z.B. Gewährleistungsansprüche, Gerichtsstandvereinbarungen oder die Abfuhrobliegenheit der Umsatzsteuer an das Finanzamt mitausverhandeln und könnten dabei nicht auf bewährte Inhalte von Gesetzen zurückgreifen, würden wir rasch in Verlegenheit geraten.

Die möglichen Auswirkungen dieser Rechtsfunktion werden uns immer wieder auch dann vor Augen geführt, wenn jemand sich mit einer fremden Lebenswelt konfrontiert sieht. Ein Migrant etwa, der aufgrund politischer Verfolgung gezwungen wurde, seine eigene Lebenswelt hinter sich zu lassen, findet sich nur in den seltensten Fällen ohne fremde Hilfe ad hoc mit den für ihn nicht bekannten Spielregeln der Rechtsordnung zurecht.

3.5 Verhaltenskoordination durch das Recht

Zu dem Zeitpunkt, zu welchem Menschen den Entschluss gefasst haben, ihr Leben nicht mehr isoliert, sondern in Form menschlichen Zusammenlebens bestreiten zu wollen, bedurfte das zwischenmenschliche Verhalten einer Koordination. Seit den antiken griechischen Vordenkern wie Platon und Aristoteles erfolgt diese Verhaltenskoordination unter zwei Prämissen. Zum einen muss eine friedvolle Koexistenz möglich sein und zum anderen müssen soziale Verhaltensnormen so ausgestaltet sein, dass sie möglichst effektiv formuliert sind, d.h., dass die Realisierung individueller Ziele tunlichst gefördert und nicht verhindert wird. Diese Aufgabe übernimmt in modernen Gesellschaftsformen das Recht.

Illustrationsbeispiele für diese gesellschaftliche Funktion gibt es unzählige. Ein oftmalig strapaziertes, dennoch aber äußerst treffendes Beispiel für die Verhaltenskoordinationsfunktion des Rechts bietet die Straßenverkehrsordnung. Unfälle und das Versinken in Chaos werden lediglich dadurch verhindert, dass es allgemein bekannte Regeln darüber gibt, auf welcher Straßenseite gefahren werden muss, über die Beachtung von Vorrangregelungen und Geschwindigkeitsbeschränkungen usw. Solche Regelungen für ein kooperatives Miteinander finden sich aber in nahezu allen Formen der arbeitsteiligen Welt wie auch bei der gemeinsamen Nutzung öffentlicher Güter, sei es nun in kleinen (z.B. die Verpflichtung der Schneeräumung) oder in größeren Kontexten (Fischfangquoten in bestimmten Bereichen der Weltmeere).

3.6 Das Recht als Garant der Sicherung individueller Freiheit

Zu den elementarsten Funktionen des Rechts zählt auch die Gewährleistung eines möglichst weit konzipierten individuellen Freiheitsraumes, dessen Schutz vor Übergriffen anderer durch ein verfassungsmäßig garantiertes Grundrechtsregime sowie eine ausdifferenzierte Grundrechtsjudikatur gewährleistet wird. In demokratischen Verfassungsstaaten wird der Schutz der persönlichen Freiheit durch die Möglichkeit der aktiven Teilnahme und Teilhabe durch politische Grundrechte ergänzt. Der Freiheitsgedanke tangiert dabei nahezu sämtliche Rechtsinstitute sowohl des öffentlichen als auch des Privatrechts.

Als ein Beispiel für ein Rechtsinstitut des öffentlichen Rechts kann das Strafrecht genannt werden. Dieses schützt uns aufgrund von Strafandrohungen vor rechtswidrigen Übergriffen anderer in unsere Rechtsgüter. So ist es dabei jedermann untersagt, die körperliche Integrität seiner Mitmenschen zu gefährden oder deren Eigentum zu schädigen. Im Verwaltungsrecht etwa wird das staatliche Handeln strikt an das Recht gebunden (man spricht dabei von der Gesetzmäßigkeit des Verwaltungshandelns). Das besondere Verwaltungsrecht enthält seinerseits wiederum unzählige Schutzbestimmungen, die dazu ihren Beitrag leisten sollen, unser Leben eine Spur ungefährlicher zu gestalten (z.B. durch Etablierung von Qualitätsstandards bei Lebensmitteln).

Das Privatrecht wiederum leistet einen wesentlichen Beitrag zur rechtlichen Ausgestaltung unserer individuellen Freiheitsräume. Durch die im Zivilrecht vorhandene Leitmaxime der Privatautonomie wird jedes Individuum in die Lage versetzt, Rechtsbeziehungen zu anderen einzugehen sowie selbstständig Rechtsgeschäfte abschließen zu können. Bei schuldhaften Verletzungen der eigenen Rechtspositionen kann Schadenersatz gefordert werden. Bei drohenden bzw. immer wiederkehrenden Verletzungen kann man bereits im Vorfeld Unterlassungsklagen anstrengen.

Im Bereich des Zivilrechts enthält sich der Staat über weite Strecken der Normierung zwingender Rechtsvorschriften und verleiht den eigenverantwortlich getroffenen Entscheidungen Rechtswirksamkeit. Diese zeigt sich unter anderem im Umstand, dass innerhalb der Privatautonomie getroffene Entscheidungen mit den Mitteln des Rechts, vor allen Dingen durch die Zurverfügungstellung von Gerichtsverfahren, eingefordert werden können. Die im Zivilrecht häufig existenten subsidiären Regelungen (das sind die Gesetzesbestimmungen, welche dann zur Anwendung gelangen, sollten gewisse Inhalte nicht in einem Vertrag ausbedungen worden sein) dürfen dabei keinesfalls als Restriktion der Privatautonomie verstanden werden. Sie sind als Behelfe zu verstehen, die die Konzentration auf die wichtigen Vertragsinhalte ermöglichen sollen. Die Privatautonomie findet allerdings dort ihre Grenzen, wo die Gefahr besteht, dass der wirtschaftlich Stärkere den wirtschaftlich Schwächeren zu übervorteilen versucht. Dies verhindert die Rechtsordnung, indem sie die Handlungsfreiheit des wirtschaftlich Stärkeren durch zwingende, nicht abzubedingende Regelungen (wie z.B. das Gebot der Guten Sitten) einschränkt.

In demokratischen Verfassungsstaaten wird die Freiheit jedoch nicht nur von unseren Mitmenschen potentiellen Bedrohungsszenarien ausgesetzt, sondern auch vonseiten des Staates, der von Zeit zu Zeit sein Gewaltmonopol überstrapazierend auslegt oder – wie uns auch die Geschichte bedauerlicherweise immer wieder schmerzhaft vor Augen geführt hat – nur allzu oft missbraucht (z.B. zur vermeintlichen Aufrechterhaltung der inneren Sicherheit).

Dem entgegenwirkend konnten sich Systeme von Freiheitsgarantien und Kontrollinstitutionen entwickeln, die in ihrem wirkungsvollen Zusammenspiel die staatliche Machtfülle einzudämmen versuchen. Zunächst sind in diesem Kontext die Grundrechte zu erwähnen, die als zentrale Elemente des Rechtsstaates unantastbare Bereiche individueller Freiheitsräume garantieren. Daneben tritt das Prinzip der Gewaltenteilung, das durch eine Aufteilung der verschiedenen Staatsaufgaben auf die Organe der Legislative, der Exekutive und der Judikative eine Machtreduktion sowie eine wechselseitige Kontrolle der Machtausübung intendiert.

Auch der generelle Gesetzesvorbehalt – d.h., der Eingriff seitens des Staates in die subjektive Rechtsstellung des Bürgers darf sowohl durch die Verwaltungsorgane als auch die Rechtsprechung nur erfolgen, wenn dies auf einer gesetzlichen Ermächtigung basiert – dient der Vorhersehbarkeit sowie die Berechenbarkeit staatlichen Handelns. Schließlich zählt zu dieser Systemlogik noch ein zentraler Grundsatz jeglichen Verwaltungshandelns, und zwar jener der Verhältnismäßigkeit. Staatliche Eingriffe sind immer nur dann rechtmäßig, wenn die Intensität des Eingriffes mit dem beabsichtigten Erfolg in keinem unangemessenen Verhältnis steht. Zur Zielerreichung haben die Verwaltungsorgane stets das mildeste Mittel zu wählen.

Zu den durch das Recht gewährten Freiheitsgarantien ist auch die Rechtssicherheit zu zählen. Das Recht muss klar formuliert sein, den Bürgern bekannt oder zumindest zugänglich gemacht und für diese auch vorausberechenbar sein. Die Rechtssicherheit wird daher immer dann potentiell gefährdet, wenn die Gesetzeslage unklar bzw. unübersichtlich konzipiert ist, wenn es zu raschen und häufigen Novellierungen des Gesetzesbestandes kommt oder wenn sich die Rechtsprechung in ihren grundsätzlichen Rechtssätzen allzu häufig ändert.

3.7 Die Integrationsfunktion des Rechts

Die Organisation und der Aufbau der Gesellschaft innerhalb eines Staates werden (u.a. auch durch die noch später eingehend zu erörternde Systemlehre) mit lebendigen Subsystemen bzw. Organismen verglichen. Durch das Recht konzipierte Organisationseinheiten emanzipieren sich im Laufe der Zeit und leisten damit auch ihren Beitrag für das konfliktfreie Zusammenwirken der Menschen, indem es zu einer kontinuierlichen Verzahnung verschiedenster Handlungen unterschiedlichster Akteure kommt. Dabei spielt die Transmission verschiedener Werte und Leitideen durch das Recht eine ganz entscheidende Rolle. Die Definition von gemeinsamen gesellschaftlichen Werten, die häufig – nicht jedoch in Österreich – an prominenter Stelle im Verfassungsrang anzutreffen sind, führt zu einem gesellschaftlichen Minimalkonsens und schließlich zu so etwas wie einer ähnlich vertretenen Weltanschauung. Das individuelle Agieren wie auch das kollektive Interagieren unter diesen Wertprämissen sorgen für einen innerlichen gesellschaftlichen Zusammenhalt. Besonders augenscheinlich wird das Vorhandensein dieses inneren gesellschaftlichen Zusammenhaltes immer dann, wenn normabweichendes Verhalten von der Gesellschaft unter Sanktion gestellt wird.

Dieser Grundgedanke spielt etwa bei der Legitimation des Rechtsinstitutes des Strafrechts eine entscheidende Rolle. So werden Verstöße und Vergehen gegen einzelne Rechtsgüter, wie etwa die körperliche Integrität, Vermögen, Ehre usw., durch einen umfangreichen Strafrechtskatalog geahndet, der wiederum aktuelle gesellschaftliche Wertvorstellungen reflektiert. Dies ließ den französischen Soziologen Émile Durkheim sogar zu dem Schluss kommen, dass jedem geahndeten Verbrechen aufgrund des immanenten Strafzweckes der Generalprävention eine gesellschaftlich nützliche Funktion innewohnt. Als ein anderes Beispiel sei in diesem Zusammenhang der europäische Integrationsprozess genannt. Ziel der zunächst primär ökonomisch und nunmehr auch in zunehmendem Ausmaße politisch motivierten rechtlichen Konstitutionalisierungsschritte war es u.a., Barrieren abzubauen und die menschlichen Lebensverhältnisse so miteinander zu verflechten und anzugleichen, dass sich auf Basis einer möglichst homogenen und friedvollen Gesellschaft so etwas ähnliches wie ein europäischer Wertekanon entwickeln kann. Diese Förderung eines gesellschaftlichen Zusammengehörigkeitsgefühls innerhalb der europäischen Bevölkerung stellt die politischen Eliten aktuell vor große Herausforderungen.

Gerade das Beispiel der europäischen Integration beweist eindrucksvoll, dass das Recht zwar wichtig ist, es aber dennoch nicht die gesamte Last der Integration zu schultern vermag. Integration kann durch Recht zwar durchaus stimuliert werden, jedoch bedarf es letztlich des bewussten Zusammenwirkens der Menschen und deren Integrationswilligkeit zur Schaffung gemeinsamer Identitäten und Werte.

Der Integrationsfunktion des Rechts begegnen wir nicht nur auf der Ebene der Europäischen Union, sondern bei sämtlichen gesellschaftlichen Gruppierungen – vom Staat bis hin zu der Organisation der freiwilligen Feuerwehr. Sie alle berufen sich auf einen gemeinsamen Wertekodex, den man übernehmen muss, möchte man in dieser Gruppierung Aufnahme finden. In der gemeinsamen Verfassung schließlich definiert eine Gesellschaft für sich jenen Ordnungsrahmen, der auch dafür Sorge trägt, dass die doch heterogenen Gruppen und Schichten (früher hätte man hierzu Klassen gesagt) der Gesellschaft zusammengehalten werden und miteinander koexistieren können.

3.8 Gewährleistung der rechtlichen Gleichheit

Individuelle Freiheit verlangt für ihre Umsetzung auch die rechtliche Beschränkung der eigenen Freiheitsräume, denn es ist nun einmal eine der wichtigsten Aufgaben der Rechtsordnung, eine größtmögliche Gleichheit für sämtliche Rechtssubjekte zu ermöglichen. So ist die Gewährleistung von rechtlicher Freiheit eine der zentralsten Grunddeterminanten der Rechtsordnung schlechthin. In einem Schritt wird rechtliche Gleichheit schon dadurch zu erzielen versucht, dass das Recht die Form genereller Regeln einnimmt. So werden zunächst einmal alle Fälle gleichbehandelt, welche den jeweiligen Sachverhaltsmerkmalen entsprechen. Jedermann wird durch das Gesetz gleichbehandelt; es darf keine Ausnahme zugunsten bzw. zulasten Einzelner bei der Anwendung des Rechts gemacht werden. So finden sich die Gleichheitspostulate in nahezu allen Verfassungen an prominenter Stelle. Die dadurch erzielte Gleichheit ist allerdings nur formaler Natur, da dieser allgemeine Grundsatz (so u.a. Art. 7 B-VG „Alle Staatsbürger sind vor dem Gesetz gleich" oder auch ähnlich Art. 3 Abs. 1 des deutschen Grundgesetzes „Alle Menschen sind vor dem Gesetz gleich") nur diejenigen Fälle gleichbehandelt, die den jeweilig gesetzlich normierten Kriterien entsprechen. Dies hinderte jedoch Gesetzgeber nicht, gesetzliche Regelungen zu erlassen, die per se eine allgemeine Ungleichheit zum Inhalt hatten und somit ungleiche bzw. ungerechte Rechtspositionen für lange Zeit einzementieren.

So existierte trotz des grundsätzlichen Bekenntnisses zum Gleichheitsgrundsatz jahrhundertelang eine Steuerprivilegierung für den Klerus und den Adel. Auch das erst mühsam errungene Frauenwahlrecht kann als ein Beispiel für die materielle Ungleichbehandlung trotz formaler Rechtsgleichheit herangezogen werden.

3.9 Das Recht als Instrumentarium für sozialen Ausgleich und soziale Sicherung

Wie soeben deutlich gemacht worden ist, ist alleine mit der Durchsetzung bloßer formeller Gleichheit demnach noch nichts Entscheidendes erreicht. In viel größerem Ausmaß übernimmt der Staat und somit auch dessen Rechtsordnung heutzutage Verantwortung für soziale Existenzsicherung. Dies war allerdings nicht immer so. Vor allen Dingen im 19. Jahrhundert, also in der Phase der Etablierung des bürgerlichen Rechtsstaates, wurden dem Recht primär die Funktionen der Absicherung des inneren Friedens und des Schutzes von Freiheit und Eigentum zugewiesen. Es wurde im Zeitalter des Liberalismus die Ansicht vertreten, dass unter der Voraussetzung der Rechtsgleichheit sich eine rationale und funktionsfähige ökonomische Ordnung entwickeln würde können. Diese freien Marktmechanismen sollten besser als eine zentrale staatliche Planung für eine adäquate Güterverteilung und somit für einen gesamtgesellschaftlichen Wohlstand Sorge tragen. Wie uns die Geschichte aber lehrte, brachte dies vor allem für die Industriearbeiterschaft ein System menschenunwürdiger Ausbeutung der Arbeiterklasse mit sich. Die rechtliche Autonomie des einzelnen Arbeitnehmers wurde reduziert auf die Möglichkeit, entweder den von den Unternehmern diktierten Vertragsbestimmungen zuzustimmen oder – drastisch ausgedrückt – zu verhungern.

Heutzutage basiert der Sozialstaat auf einem umfangreichen, hochausdifferenzierten und in sich verzahnten rechtlichen Regelwerk, das vor allem, aber nicht nur, in den Sozialversicherungssystemen, also in der Absicherung der Altersversorgung sowie in der Kranken- und Unfallversicherung zum Ausdruck kommt. Die Aktivitäten des Sozialstaates entfalten sich auch neben den eigentlichen Säulen der Sozialversicherungssysteme. Hierzu zählen beispielsweise die vielfältigen Formen der Sozialhilfe, die Arbeitnehmerschutzgesetzgebung, das Arbeitslosengeld, die Lehrlingsförderung, die Möglichkeit zu Eltern- und Bildungskarenz, der Mieterschutz, die Wohnbauförderung, Familienförderungsmaßnahmen, Kindergeld sowie Einrichtungen und Leistungen im Gesundheitssektor. Diese Liste ließe sich noch beliebig fortsetzen. All diese Beispiele sollen zum Ausgleich von sozialen Ungleichheiten beitragen und zu einer Chancengleichheit innerhalb gesellschaftlicher Strukturen führen.

Auch die Leistungen der Daseinsvorsorge dienen der sozialen gesellschaftlichen Absicherung. So wurden zentrale Leistungen der elementarsten Grundbedürfnisse vom Staat erbracht, da deren zufriedenstellende und vor allen Dingen kostengünstige Zurverfügungstellung auf privatwirtschaftlicher Basis nicht ausreichend erschienen ist. Jahrzehntelang wurden Dienste wie die Versorgung mit Wasser, Elektrizität oder Gas, die Abfallbeseitigung, das öffentliche Verkehrswesen sowie Telekommunikations- und Postdienste von staatlichen bzw. staatsnahen Unternehmungen betrieben. Die Folge hiervon waren groß aufgeblähte Verwaltungsapparate, die letztlich ihren ursprünglichen Zweck nicht mehr gewährleisten konnten, nämlich das günstige Anbieten dieser Leistungen. Deshalb setzte vor einiger Zeit eine teilweise vom Staat selbst initiierte Deregulierungswelle ein, um durch mehr Wettbewerb wiederum zu Kosten- und somit auch zu Preisreduzierungen zu gelangen, die den Konsumenten spürbar entlasten sollten.

Welche Rolle vermag aber dabei das Recht einzunehmen? Der Sozialstaat bzw. das Sozialstaatsprinzip, das in Deutschland auch im Grundgesetz verankert worden ist, vermag den gesellschaftlichen Frieden nur so lange aufrechtzuerhalten, wie die Umverteilung von sozialen Gütern wenigstens für den überwiegenden Teil der Bevölkerung auf einem akzeptablen Niveau gehalten werden kann. Dies ist unter anderem deshalb vonnöten, da lediglich durch die formelle Rechtsgleichheit vorhandene faktische Ungleichheiten bestätigt werden könnten. Es galt somit, den formalen Rechtsstaat zum sozialen Rechtsstaat auszubauen. Nunmehr kann man das Sozialstaatsprinzip als notwendige Ergänzung des Rechtsstaatsprinzips erachten. Die Bewältigung sozialstaatlicher Aufgaben und die Verminderung sozialer Ungleichheiten basieren auf rechtlichen Grundlagen, die als Organisationsgarantien von sozialer Sicherheit fungieren und somit auch einen Beitrag zur gesellschaftlichen Teilhabe und Teilnahme beisteuern.

Die mehrheitliche Übernahme sozialer Aufgaben führte unter anderem dazu, dass ein großer Teil der staatlichen Etats zur Finanzierung des Sozialstaats verwendet wird. Die Umverteilung findet durch Transferleistungen im Rechtsstaat statt und sichert damit einer Vielzahl von Menschen ihre existentiellen Lebensgrundlagen. Nichtsdestotrotz steht der Sozialstaat aktuell an den Grenzen seiner Leistungsfähigkeit. Leistungsreduktionen sowie das Vermeiden von Missbrauch der sozialen Leistungen stehen heute im Mittelpunkt des politischen Diskurses. Trotz allem werden die großen Errungenschaften des modernen Sozialstaates zur Absicherung von Existenzgrundlagen vieler Menschen und somit auch für den gesellschaftlichen Frieden selbst von seinen größten Gegnern nicht ernsthaft bestritten.

Nichtsdestoweniger gehen solche Elemente einer Umverteilungspolitik naturgemäß mit veritablen Entscheidungs- und Durchsetzungskonflikten einher. Diese Konflikte sind schon deshalb in einer gewissen Weise vorprogrammiert, da bei einer Umverteilung ja begriffsnotwendig jemandem etwas weggenommen werden muss, um ein Nullsummenspiel erzielen zu können. Das typische und auch wirkungsvollste Instrumentarium für die Umverteilungspolitik in einem demokratischen Verfassungsstaat ist dabei die progressive Einkommenssteuer.

3.10 Die Steuerung gesellschaftlicher Prozesse

Wie soeben bei der inhaltlichen Ausgestaltung des Sozialstaatsprinzips aufgezeigt wurde, begnügt sich das Recht nicht nur damit, statuierte Freiheitsräume zu generieren bzw. reaktiv im Nachhinein neue gesellschaftliche Entwicklungen zu reglementieren. Nein, Recht agiert nicht nur reaktiv auf gesellschaftliche Fortschritte, es vermag diese zeitweise auch auf probate Weise ein klein wenig mitzugestalten, um somit bestimmte gesellschaftliche Gruppen zu schützen bzw. zu fördern. So gibt es zeitweise den normativen Ordnungsrahmen für den Umgang mit begrenzten natürlichen Ressourcen sowie den Herausforderungen, mit denen uns der technische Fortschritt Tag für Tag konfrontiert. So versucht der Staat, immer mehr Lebensbereiche, die früher der Selbstregulierung überlassen blieben, zu regulieren, um damit in die durch den rapiden Wandel verursachten neuartigen Problemstellungen planend und steuernd einzugreifen.

Die proaktive und planende Steuerung mithilfe des Rechts wird von den politischen Akteuren seit längerem zur Steuerung – besser zur Entgegensteuerung – von Konjunkturzyklen, der Regulierung des freien Wettbewerbs, der Regulierung der Raumordnung oder aber auch für Umweltschutzmaßnahmen verwendet. Aber es stellen sich auch völlig neuartige Herausforderungen an das Recht. Rechtsinstitute – wie z.B. das Internetrecht, das Bioethikrecht oder die mehr oder weniger gelungenen Versuche, mit gesetzlichen Restriktionen die unberechenbaren Finanzmärkte zu regulieren – sind permanenten Reformbestrebungen unterworfen, die ihrerseits zu einer Dynamisierung des Rechts bzw. der Rechtsordnung geführt haben. Die Steuerungsfunktion wie -kapazität des Rechts wird diesbezüglich aber zum Teil überstrapaziert, da die Beständigkeit und somit auch die Vorhersehbarkeit dieses Normenkomplexes zwangsläufig darunter zu leiden hat. Allzu offensiv praktizierte Regelungstendenzen durch das Recht können somit zu einer Entfremdung von Recht wie auch dessen Schöpferin, der Politik, beitragen.

4 Über die Verschiedenheit der Rechtsquellen

4.1 Zur Begrifflichkeit der Rechtsquelle

Spricht man in der juristischen Alltagspraxis von dem Begriff der Rechtsquelle, so meint man damit primär die Quellen, aus denen man die Rechtskenntnis schöpft. Man spricht dabei – möchte man dies näher ausführen – von Rechtserkenntnisquellen. Dies kann zum Beispiel ein Bundes- oder Landesgesetzblatt oder auch eine Sammlung von Gerichtsentscheidungen sein. Rechtsquellen in der rechtstheoretischen Perspektive fragen aber vielmehr nach dem ureigentlichsten Ursprung des Rechts. Wo, wie oder durch wen entsteht Recht, welche Faktoren verleihen dem Recht seine absolute Geltungskraft als verbindlicher Maßstab für das menschliche Verhalten?

Die zwei großen Antipoden, die es dabei in erster Linie zu beachten gilt, sind zum einen das Naturrecht und zum anderen das positive Recht. Diese dialektische Differenzierung geht auf die auch im Kapitel „Der Rechtspositivismus – eine Antithese zur Gerechtigkeit?“ noch näher zu erörternde Fragestellung zurück, ob die Gerechtigkeit und auch die Moral ein notwendiges inhaltliches Kriterium für das positive Recht darstellen oder nicht. Die klassische Naturrechtslehre stimmt dem zu, da sie davon ausgeht, dass Gerechtigkeit und Moral, an denen sich das positive Recht zu orientieren habe, außerhalb der von den Menschen veränderbaren Ordnungsrahmen des positiven Rechts als unveränderliche Naturgesetze existieren würden. Aber alles der Reihe nach.

4.2 Das Naturrecht

Die später noch kurz darzustellenden Variationen des Naturrechts sehen im Recht eine natürliche und moralisch begründete Ordnung. Neben dem Naturrecht existiert auch das positive Recht, das aber gemäß dem Naturrecht zu entwickeln ist und damit auch dem Wesen des Naturrechts zu entsprechen hat. Das Naturrecht fungiert als Richtschnur und als Ordnungsmaßstab für das positive Recht. Es besitzt dabei auch eine große moralische Konnotation. Denn was den Menschen natürlich ist, geht zumeist auch mit den Kriterien der Moral konform. Das Recht enthält daher notwendigerweise auch moralische Elemente. Zusammenfassend bestimmt also die traditionelle Naturrechtslehre „die Natur des Rechts als ein gleich bleibend vorgegebenes Sittengesetz, das unabhängig von staatlicher Rechtssetzung existiert und der Willkür des gesetzgeberischen Willens Grenzen setzt". (Kunz/Mona 2006, 51)

Die Naturrechtslehre ist natürlich in sich auch äußerst vielschichtig. Für die Zwecke dieser Abhandlung genügt jedoch, auf zwei grundlegende Varianten der Naturrechtslehre hinzuweisen, welche auch für eine gewisse chronologische Entwicklung bezeichnend sind. Das traditionelle Naturrecht erblickt im Recht deshalb eine sinnvolle Gesellschaftsordnung, weil sie von der allumfassenden Weisheit eines metaphysischen Gottes entspringt. Diese Ansicht reicht dabei von der frühen Antike bis weit in unsere Zeitrechnung, bis zu Augustinus ins 5. Jahrhundert nach Christus, hinein.

Die zweite hier zu erörternde Variante versteht das Naturrecht in seiner Deutungsweise als Vernunftrecht. Der Mensch legt seine passive Erdulder- und Beobachterrolle ab und erkennt durch seine Vernunftfähigkeit und -begabung selbst die fundamentalen Grundsätze der Moral und der Gerechtigkeit und richtet sein eigenes Handeln demgemäß aus. Durch dieses aktive Rollenverständnis des Menschen bei der Bestimmung seiner rechtlichen Natur wird dieser selbst aufgewertet. Er wandelt sich von einem Objekt zu einem Subjekt innerhalb der Naturrechtsdoktrin.

Beiden großen Theorieströmungen gemein ist jedoch, dass naturrechtliche Wertprinzipien dem allgemeinen positiven Recht übergeordnet sind. Dem Naturrecht widersprechendes positives Recht verliert seinen Rechtscharakter und büßt damit auch seine Gültigkeit als Ordnungsinstrumentarium des sozialen Alltages ein.

Was aber ist der Inhalt des Naturrechts? Wie weist die menschliche Natur den Weg zu der daraus abgeleiteten Erkenntnis? Das Naturrecht nahm in den unterschiedlichen Epochen jeweils unterschiedliche Gestalten an. Es wurden mit dem Naturrecht über weite Strecken die Unterlegenheit der Frau wie auch die Sklaverei legitimiert. Andererseits gilt das Naturrecht auch als das Gedankenfundament der Grund- und Menschenrechtslehre.

4.3 Das antike Naturrecht

Bereits die antiken Griechen erkannten, dass das menschliche Verhalten bestimmten Prädispositionen und Gesetzmäßigkeiten folgt. Diese galten nicht nur als ungeschriebene Leitlinien des individuellen Verhaltens, sondern auch als Richtschnur für eine richtige und gerechte staatliche Herrschaftsausübung. Gesetze und Normen waren daher den Gesetzen der Natur und daraus abgeleiteten Naturprinzipien nachempfunden. Die Regeln der Natur sowie die Gesetze der Gesellschaft werden dabei als eine ineinander fließende Einheit verstanden. Auch der Mensch selbst ist Teil dieses größeren Systems der Natur.

Das antike Naturrecht fordert für sich selbst universelle zeitliche und örtliche Geltung und ist somit den positiven Gesetzen, also jenen Gesetzen, die von einer politischen Autorität geschaffen worden sind, übergeordnet. Aus diesem hierarchischen Über- und Unterordnungsverhältnis kann abgeleitet werden, dass das Naturrecht darüber befindet, ob einzelne positive Normen für die Rechtsunterworfenen moralisch bindend sind oder eben nicht. Das Naturrecht ist somit Leitlinie für das positive Recht und ersetzt letzteres überall dort, wo das positive Recht dem Naturrecht nicht entspricht. Das antike Naturrecht geht daher über das individuelle moralische Rechtsempfinden hinaus und fungiert als richtungsweisendes Element der Rechtsgestaltung.

Die wohl bekannteste antike Analyse der Naturrechtslehre stammt vom römischen Philosophen und Rhetor Cicero (106–43 v. Chr.), der in seiner Theorie stark von den Lehren der Stoiker beeinflusst wurde. Das Naturrecht bleibt auch in der stoischen Ansicht Ciceros immer noch ein unveränderliches, göttliches Ideal, doch ist es der (selbst-)reflektierende Mensch, der durch seine Vernunft befähigt ist, die Grundsätze der natürlichen Ordnung näher zu bestimmen. Cicero formuliert selbst in gewohnter rhetorischer Brillanz:

> „Das wahre Gesetz aber ist die richtige Vernunft, die mit der Natur in Einklang steht und für alle Menschen gilt. Es ist unveränderlich und ewig, [. . .]. Wer ihm nicht gehorcht, flieht vor sich selber und verleugnet das Wesen des Menschen. Aber eben dadurch erleidet er die schwerste Strafe, auch wenn er allen anderen Strafen entgeht." (Cicero, Über die Gesetze)

Die Beschreibung Ciceros über das wahre Recht (lex vera) ist gleichsam logisch wie hierarchisch strukturiert. Das positive Recht fundiert dabei auf der höchsten der Natur innewohnenden Vernunft. Dem zwischengeschaltet ist zum einen das ewig göttliche Weltgesetz (lex aeterna), welches durch das allgemeingültige Naturrecht (lex naturalis) konkretisiert und spezifiziert wird. Das Naturrecht in der lex-vera-Konzeption gliedert sich demnach in drei Stufen und ist dem menschlichen positiven Recht strikt übergeordnet.

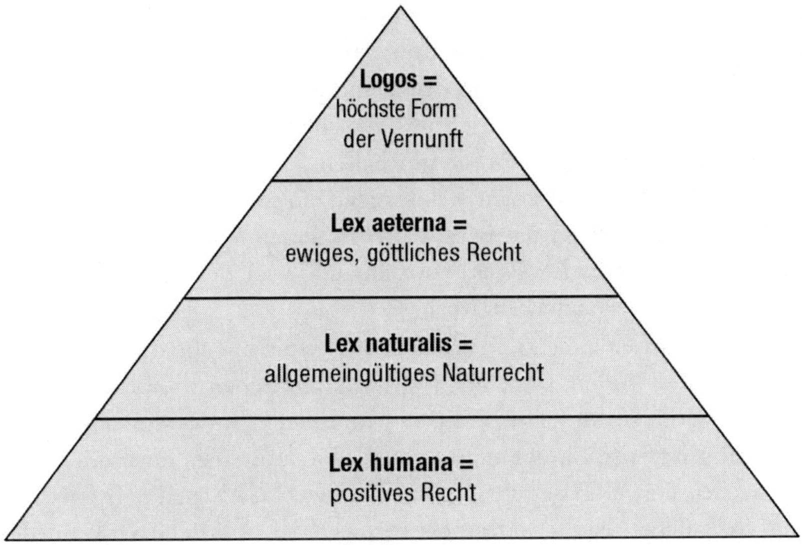

Abb. 2: **Die Hierarchie des Rechts bei Cicero**

Die über dem positiven Recht gelegenen Rechtsarten sind dem Menschen und seinen Handlungsspielräumen entzogen. Das vom Menschen form- und gestaltbare positive Recht hingegen kann nur dann für sich Geltung und auch Gültigkeit beanspruchen, wenn es mit dem höherstehenden Naturrecht konform geht. Da jeder Mensch von Natur aus vernunftbegabt ist, besitzt auch jeder das Einsichtsvermögen, das Naturrecht und dessen Prinzipien rational erfassen zu können. Deshalb beansprucht auch das gesamte Naturrecht für sich Allgemeingültigkeit.

Die Lehren Ciceros verbinden mit der Berücksichtigung der menschlichen Vernunftbegabtheit in einer visionären Weise Elemente der antiken Naturrechtslehre und des wesentlich später zu Zeiten der Aufklärung betonten Vernunftrechts.

4.4 Die christliche Naturrechtslehre

In der christlichen Naturrechtslehre des frühen Mittelalters wird die Natur nicht mehr im Sinne der Vernunft interpretiert, sondern vielmehr als göttliche Schöpfungsordnung. Recht als göttliche Schöpfungsordnung findet seine Legitimation daher einzig und alleine aus natürlich vorgegebenen sittlichen Prinzipien. Aufgrund der Erbsünde hat der Mensch dem christlichen Naturrecht, das mit dem geschriebenen Recht ident ist, absolut und unwidersprochen Beachtung zu schenken. Positive Gesetze, die im Widerspruch zum natürlich-göttlichen Recht stehen, haben keine Rechtsgeltung. Sie sind korrupt und gegen ein solch korruptes Recht ist auch Widerstand gestattet. Es ist daher in der christlichen Naturrechtslehre kein unmoralisches Recht vorstellbar. Ein solches wäre nämlich per definitionem überhaupt kein Recht.

Die Menschen haben sich daher dem diesseitigen christlichen Naturrecht zu unterwerfen, um einen tugendhaften Lebenswandel führen zu können, damit sie im Jenseits Erlösung im Reiche Gottes finden können. Die Erlösung ist somit der angestrebte Lohn dafür, dass man sein Leben gemäß den Gesetzen der christlichen Naturrechtslehre ausgerichtet hat. Der christliche Glaube, oder besser gesagt die politische Doktrin des Christentums, determiniert sohin letztlich den Inhalt der Gesetze.

Allen irdischen und staatlichen Gebilden ermangelt es sohin im Gegensatz zur göttlich-kosmischen Ordnung grundsätzlich und fundamental an Gerechtigkeit. Dieser Zustand menschlichen Daseins war jedoch keinesfalls gerechtfertigt noch auf Dauer rechtfertigbar.

4.5 Das vernunftbasierte Naturrecht der Neuzeit

In der Neuzeit fand ein grundsätzlicher Paradigmenwechsel des Begriffes der Natur statt. Natur wurde dabei nicht mehr als gottgegebene vorstrukturierte Ordnungsform, wie im christlichen Naturrecht, angesehen, sondern als eine wertfreie Beschreibung logischer und kausaler Zusammenhänge. Die Natur wurde damit empirisch erfassbar, greifbar und erklärbar. Das Vernunftrecht wird als säkularisiertes Naturrecht bezeichnet, da es einzig und allein mit der menschlichen Vernunft und nicht länger – wie noch das mittelalterliche Naturrecht – mit der christlichen Offenbarungslehre begründet wurde.

Ein wesentlicher Wegbereiter der Säkularisierung des Naturrechts in Richtung Vernunftrecht war der niederländische Völkerrechtsgelehrte Hugo Grotius (1583–1645). In seinem wegweisenden Werk „De iure belli ac pacis" leitet er die Existenz der Staaten aus der für alle Völker und Einzelpersonen bindenden Autorität der Naturrechtslehre ab, die auch abseits des göttlichen Willens existiert.

Das änderte selbstredend auch das Selbstverständnis des Menschenbilds als vernunftbegabtes und sozial orientiertes Gemeinwesen. Dies gelangt beispielsweise in § 16 des Allgemeinen Bürgerlichen Gesetzbuches von 1811 (ABGB) zum Ausdruck: „Jeder Mensch hat angeborene, schon durch die Vernunft einleuchtende Rechte und ist daher als Person zu betrachten." Ein weiteres Beispiel für das vernunftrechtliche Fundament der modernen Rechtsordnungen stellt Art. 1 des deutschen Grundgesetzes dar: „Die Würde des Menschen ist unantastbar. Sie zu achten und zu schützen ist Verpflichtung aller staatlicher Gewalt."

Somit wurden im 17. und 18. Jahrhundert die theologischen metaphysischen Konzepte verworfen und an ihre Stelle die „natürliche Vernunft" gesetzt, die nunmehr bei der Ausarbeitung der Rechtssysteme befolgt werden sollte. In dieser Ära wurden erstmalig ethische Grundsätze des Rechts sowie allgemeine Rechtsprinzipien kodifiziert. Die Idee der Menschenrechte begann sich langsam zu entwickeln und erhielt Einzug in diverse Verfassungsordnungen des bürgerlichen Rechtsstaates. Das bis dahin geltende römische Recht erfuhr durch das Vernunftrecht quasi eine notwendige Ergänzung und Erweiterung. Das Vernunftrecht bildete auch die theoretische Grundlage für die feinsäuberliche Herausarbeitung rechtstechnischer Begrifflichkeiten. So wurden erstmals die Rechtsinstitute des Eigentums, des Vertrags oder des Rechtsgeschäfts in akribischer Weise systematisiert. Damit ergab sich ein neuartiges Rechtsgerüst, das noch heutzutage die Grundlage der modernen Rechtsdogmatik darstellt.

Das vernunftorientierte Naturrecht gilt auch heute noch als ein Komplementärbegriff zum geltenden Recht. Dies wird später bei der Behandlung der Radbruchschen Formel (vgl. Kapitel „Das Verhältnis von Recht und Gerechtigkeit bei Gustav Radbruch“) nochmals ausführlich zu erörtern sein.

4.6 Das Gewohnheitsrecht als ursprünglichste Form des positiven Rechts

Die ursprünglichste Form der Rechtssetzung von positivem Recht ist die Rechtsbildung durch Tradition. Es handelt sich dabei um Rechtsquellen, die aufgrund ihrer Bewährtheit seit langem und über Generationen hinweg tradiert wurden. Man befolgt solche Regeln aus Gewohnheit, ohne sich über den Grund der Rechtsbefolgung eingehender Gedanken zu machen. Man unterstellt dem Gewohnheitsrecht, dass sich dieses aus Sitte und Brauchtum heraus zu Rechtssätzen verdichtet hat. Die Grenze zwischen sittlichen Regeln und dem Gewohnheitsrecht ist somit eine betont fließende. Jedoch wird auch das Gewohnheitsrecht dem positiven Recht zugeordnet, da es ja von Menschen für Menschen geschaffen worden ist.

Gewohnheitsrecht war ursprünglich nicht gesetzlich determiniert und konnte deshalb zumeist auch recht schwer konkretisiert und festgestellt werden. Im Mittelalter gab es etwa gesatztes Recht nur im kirchlichen Bereich (Codex Iuris Canonici) und später dann zunehmend auch in den Städten. Im übrigen Land wurden lediglich einzelne Rechtsverhältnisse mittels Urkunden festgehalten. Die breite Bevölkerung lebte nach dem Gewohnheitsrecht, das erst nach und nach durch private Aufzeichnungen (in sog. Rechtsbüchern) verschriftlicht worden ist.

Für die Qualifikation eines sittlichen Brauches als Gewohnheitsrecht sind letztlich zweierlei Faktoren ausschlaggebend. Zum einen muss es sich um einen über einen längeren Zeitraum erstreckenden Brauch handeln (zeitlicher Faktor) und zum anderen muss die Ausübung dieses Brauches von der Überzeugung getragen sein, dass damit tatsächlich Recht befolgt wird (opinio iuris). In Abgrenzung zum Gesetzesrecht ist der aus einer Rechtsüberzeugung befolgte Brauch nicht, wie etwa das Gesetz, durch einen bewussten Willensakt entstanden, sondern ist vielmehr Produkt und Ergebnis einer länger andauernden Praxis.

Das Gewohnheitsrecht nimmt heutzutage im kontinentaleuropäischen Recht nur mehr eine sehr subsidiäre Bedeutung ein. Ein Hauptgrund dabei liegt in der Charakteristik des Gewohnheitsrechts selbst begründet. Da es lange Zeit ja nahezu unverändert angewandt wurde, ist es per definitionem relativ statisch. Das Gewohnheitsrecht ist daher nicht dazu geeignet, soziale Prozesse planvoll steuern zu können. Es sieht sich daher außerstande, den sich rasch wandelnden, äußerst komplexen Lebensalltag einer segmentierten Gesellschaft und deren Herausforderungen regeln zu können.

Dieser Vorrang des gesatzten positiven Rechts wird auch dadurch begründet, dass in aktuellen Rechtsordnungen die Geltung des Gewohnheitsrechts von der Anerkennung des Gesetzes abhängig gemacht wird.

Ein Beispiel für die sog. Gestattungstheorie findet sich beispielhaft in § 10 ABGB: „Auf Gewohnheiten kann nur in den Fällen, in welchen sich das Gesetz explizit darauf beruft, Rücksicht genommen werden." Bei der ursprünglich angewandten Übungstheorie wäre hingegen eine solche Anerkennung durch den Gesetzgeber keine Geltungsvoraussetzung für das Gewohnheitsrecht.

Heutzutage wurde das Gewohnheitsrecht weitgehend durch das Gesetzesrecht abgelöst und konnte seinerseits nur noch in Nischen der Rechtsordnung, wie etwa im Unternehmensrecht oder auch im Völkerrecht, fortbestehen oder sich weiter fortentwickeln. Gewohnheitsrecht ist heutzutage noch im Bereich der Lückenfüllung und als Interpretationshilfe in der Rechtsanwendung von einiger Bedeutung.

4.7 Das positive Recht als gesatztes, kodifiziertes Gesetzesrecht

Das gesatzte Recht ist in den heutigen Rechtsordnungen die mit Abstand bedeutendste Rechtsquelle. Das heutige Aussehen des Rechts als allgemeine, generelle und auf Sozialgestaltung ausgerichtete Normen erscheint heute nahezu selbstverständlich. Die Kodifikation von Normen war dabei aber eine relativ späte Errungenschaft der Menschheitsgeschichte. Erst im späten Mittelalter machte man sich daran, Gesetze zu systematisieren und in zunehmender Weise zu kodifizieren. Zunächst hatte das gesatzte Recht nur untergeordnete, subsidiäre Bedeutung. Das Gesetz fungierte zunächst als Verbesserung und Ergänzung des traditionellen Rechtsbestandes, um vor allen Dingen strittige und kontroversielle Punkte bereinigen zu können. Die großen Kodifikationswellen setzten erst wesentlich später, vor allen Dingen gegen Ende des 18. bis zur Mitte des 19. Jahrhunderts, mit der Errichtung (demokratischer) Verfassungsstaaten ein.

Das moderne Recht ist demnach also positives Recht. Unter positivem Recht im engeren Sinne versteht man, dass es in einem förmlichen Rechtssetzungsakt von einem politisch legitimierten Gesetzgeber erzeugt worden ist und es im Großen und Ganzen soziale Wirksamkeit für sich reklamieren kann.

Der Siegeszug des gesatzten Rechts hat dabei vielfältige Gründe. Zum einen ist das positive Gesetz eine mögliche Ausdrucksform von staatlicher Souveränität, da mit und im abänderbaren positiven Recht Entscheidungen autoritative und verbindliche Kraft verliehen wird. Mehr als aus diesen Souveränitätserwägungen war der Siegeszug des positiven Rechts durch gesellschaftspolitische Faktoren bestimmt. In der Neuzeit kam es zu einer Dekonstruktion althergebrachter gesellschaftlicher Entitäten (Großfamilie, Stände, Zünfte). Es kam zu einem Aufschwung der Städte, zur Entstehung überregionaler Märkte und zu einer gänzlichen Umstellung von der Tausch- zu einer geldbasierten Volkswirtschaft. Besonders stark veränderte jedoch die Gesellschaftsstruktur das verstärkte Aufkommen arbeitsteiliger Produktionsweisen und damit verbunden sozialer Lebensbedingungen. Es kam zu einer Segmentierung der Gesellschaft nach bestimmten Klassen (Bürgertum, Arbeiter, Bauern...) und zu einer Ausdifferenzierung bestimmter Funktionsbereiche (wie Wirtschaft, Kultur und Ökonomie).

Durch den technischen Fortschritt und die komplexer werdenden Sozialbeziehungen wurden an die Konfliktlösungskapazität des Rechts erhöhte Anforderungen gestellt. Mit der Zunahme des Mobilitätsbedürfnisses innerhalb der Gesellschaft war es notwendig geworden, reaktive Instrumentarien zu ergründen, um diese sich rasch ändernden Gegebenheiten strukturell regulieren zu können. Es war daher nicht mehr ausreichend, sich auf den althergebrachten tradierten Rechtsbestand zu berufen. Das Recht musste die Möglichkeit bieten, in soziale Verhältnisse punktuell und schnell eingreifen zu können. Das neu erworbene Verständnis von positivem Recht, soziale Ordnungsverhältnisse bewusst und zweckgerichtet steuern zu können, hatte eine systematische Neuordnung ganzer Rechtsinstitute (z.B das Zivilrecht, das Strafrecht, die Verfahrensrechte) zur Folge, die auch dem Gedanken der Rechtssicherheit Rechnung tragen sollte.

Letztlich war die Positivierung des Rechts auch ein Gebot der Rechtsstaatlichkeit. Das Handeln der Staatsorgane sollte nur mehr auf Grundlage von positivem Recht möglich sein. In Abkehr zur absolutistischen Bevormundung sollte nunmehr geschriebenes Recht auch Grundrechte beinhalten, die die Freiheit und Gleichheit der Normunterworfenen statuieren. Dieser Grundgedanke wurde im 20. Jahrhundert mit dem sozialen Wohlfahrtsstaat sogar noch erweitert, der nicht nur vom Rechtsstaat die Absicherung rechtsstaatlicher Garantien verlangte, sondern auch proaktive und sozialgestalterische Elemente.

4.8 Die Rechtsprechung als Rechtsquelle?

4.8.1 Zwischen Rechtsanwendung und Rechtsschöpfung

Die Entscheidungen der Gerichte sind als Rechtsanwendung zu charakterisieren und nicht als ein Akt der Rechtsschöpfung, denn die Rechtsprechung ist in ihrem Tun und Handeln an den Wortlaut der Gesetze gebunden. Darüber hinaus haben gerichtliche Entscheidungen immer auch nur konkrete Verbindlichkeit für die jeweilige Rechtssache.

Jedoch ist dies nur ein Teil der Wahrheit. Wäre die Rechtsanwendung ein rein deduktiver Vorgang, also würde die Tätigkeit des Richters allein darin bestehen, dass er zu jedem Sachverhalt die anzuwendenden Normen erforscht, so wäre dies auch unproblematisch. Jedoch bringen Urteile zugleich auch generelle Gesichtspunkte über die Anwendung der jeweiligen Norm zum Ausdruck. Denn die richterliche Tätigkeit ist ein höchst komplexes Unterfangen. Zum Teil ist sie natürlich im klassischen Sinne rechtsanwendend. Zum anderen ist jeder Urteilsspruch auch zugleich und in gewisser Weise ein durchaus schöpferischer Akt, da das Gesetz durch den Urteilsspruch inhaltlich angereichert, konkretisiert und durch einzelne Fallvarianten abgebildet wird. Dieser schöpferische Akt beruht dabei aber keineswegs auf einem Akt reiner Willkür. Er ist vielmehr unbedingt und essentiell notwendig, damit der Richter seine Tätigkeit zufriedenstellend ausüben kann. Denn Gesetze sind deshalb von allgemeinem Wesen, damit sie möglichst breit zur Anwendung gelangen können. Dieses abstrakte Wesen der Normen führt zu einer Differenz zwischen den Tatbestandsmerkmalen und den Lebenssachverhalten, die unter diese subsumiert werden. Die Konkretisierung durch einen Urteilsspruch führt daher in notwendiger Weise zu einer inhaltlichen Anreicherung der Gesetze.

Ein weiterer, entscheidender Grund für den schöpferischen Akt der Gerichtsbarkeit ist die zeitliche Kluft, die zwischen der Normerlassung und der Rechtsanwendung liegt. Die Gesellschaft und gesellschaftliche Wertvorstellungen sind im Wandel begriffen und so wandelt sich auch der Bedeutungsgehalt von an sich gleichbleibenden generellen Normen. Unterschiedliche historische Kontexte und neu geschaffene Gesetzesmaterien bedingen somit zwangläufig eine andere Gesetzesauslegung.

Beispiele hierfür bieten etwa das Allgemeine Bürgerliche Gesetzbuch von 1811 mit seinen unzähligen Generalklauseln (wie etwa die Guten Sitten) oder aber auch die einzelnen Grundrechtsbestimmungen des Staatsgrundgesetzes von 1867. Sätze wie „Eigentum ist unverletzlich" fordern ja gerade eine nähere Interpretation durch die Gerichtsbarkeit heraus.

4.8.2 Über die generelle Verbindlichkeit von Präjudizien

In der täglichen Gerichtspraxis nehmen Präjudizien zumindest einen ebenso wichtigen Platz ein wie generelle Gesetzesnormen. Ein Präjudiz stellt dabei eine bereits getroffene Gerichtsentscheidung eines oberen Gerichtes dar, die mit dem zu urteilenden Fall große Ähnlichkeiten besitzt oder sogar gleich sein kann. Da naturgemäß kein Fall dem anderen bis auf die Ebene einzelner Sachverhaltsmerkmale im Detail gleicht, müssen Ähnlichkeitsgesichtspunkte in allen relevanten Sachverhaltsmerkmalen vor der Rechtssprechung herausgearbeitet werden. In der Praxis kann daher das Auffinden eines richtigen Präjudizes bzw. dessen leitender Entscheidungsgründe das rechtssprechende Organ durchaus vor eine schwierige Aufgabe stellen. Deshalb werden Entscheidungsregeln und Leitsätze von Präjudizien – vor allen Dingen der oberen und obersten Gerichtshöfe – gesammelt und in den einschlägigen Fachzeitschriften ausführlich diskutiert. Daneben werden von den rechtsprechenden Gerichten allgemein rechtliche Gesichtspunkte, die für den konkreten Einzelfall entscheidend gewesen sind, in sog. Leitsätze zusammengefasst, welche später für die künftige Rechtsprechung Maßgeblichkeit erlangen können.

Was sind aber die Gründe, weshalb in einem demokratischen Rechtsstaat das Heranziehen von Präjudizien geduldet wird? Wie bereits dargelegt worden ist, ist das Ausformulieren von Präjudizien sowie deren Verwendung und Zugrundelegung in diversen Urteilen durchaus ein rechtsschöpferischer Akt, der in einer Demokratie normalerweise nur dem Gesetzgeber zugestanden wird. Zum einen soll durch die Verwendung von Präjudizien eine gewisse Gleichbehandlung der Rechtssachen sichergestellt werden. Ähnlich gelagerte Fälle sollen nach Möglichkeit auch ähnliche Urteile und Entscheidungen nach sich ziehen. Dies entspricht auch einem gewissen gesunden Rechtsempfinden und erscheint auch aus Gründen der Gerechtigkeit geboten zu sein. Eine größtmögliche Gleichbehandlung der Fälle indiziert auch eine gewisse Vorhersehbarkeit der Rechtsprechung und stellt somit auch ein wesentliches Element der Rechtssicherheit dar. Aber auch aus Praktikabilitätsgründen scheint der Rückgriff auf Präjudizien geboten zu sein. Die Richter – vor allen Dingen in den unteren Instanzen – sind primär berufen, den Sachverhalt mit der gebotenen Sorgsamkeit zu erheben, was aufgrund der unterschiedlichen Vorbringen der Parteien oftmals ein langwieriges und schwieriges Unterfangen darstellt. Die Verwendung von Präjudizien führt dabei zu einer Entlastung der rechtssprechenden Organe, da sie die oft komplexen rechtlichen Interpretationen von bereits entschiedenen Fällen für ihre Rechtssache heranziehen können.

4.8.3 Präjudizien in der österreichischen Rechtsordnung

In Österreich haben Präjudizien Leitliniencharakter, sie besitzen allerdings nicht die gleiche normative Bindungskraft wie Gesetze. Verbindlichkeit wird ihnen über die argumentative Überzeugungskraft der Entscheidungsbegründung zuteil. Der zur Entscheidung berufene Richter kann sich nicht einfach – ohne genaue Darlegung – über ein Präjudiz hinwegsetzen, sondern er muss dafür eine genaue und penible Argumentation anführen. Einige Gerichte sehen darüber hinaus noch besondere Präsenzbestimmungen vor. So sieht § 8 OGH-Gesetz etwa vor, dass bei einer Entscheidung einer Rechtsfrage von grundsätzlicher Bedeutung (also bei der Formulierung eines Präjudizes) bei einem Abgehen von der ständigen Rechtsprechung des Obersten Gerichtshofes oder von der in dieser Rechtsfrage zuletzt ergangenen Entscheidung (kurzum beim Abgehen von einem vorhandenen Präjudiz) der Oberste Gerichtshof in einem um sechs Mitglieder verstärkten Senat zu befinden hat.

Dies bedeutet allerdings im Umkehrschluss, dass Präjudizien zunächst einmal ex ante eine gewisse Richtigkeitsvermutung entgegengebracht wird. Diese dem Präjudiz inhärente Richtigkeitsvermutung delegiert die

Begründungslast auf denjenigen, der von diesem Präjudiz abgehen möchte und legt ihm damit die Argumentationslast auf.

4.8.4 Das angloamerikanische System des Common Law

Das angloamerikanische Rechtssystem unterscheidet sich in seiner Struktur und seinem Aufbau wesentlich vom traditionellen kontinentaleuropäischen. Das angloamerikanische System des Common Law setzt sich aus einem dichten Netz von unzähligen Gerichtsentscheidungen zusammen, wobei für weite Rechtsgebiete, vor allem des Privatrechts, Gesetze nicht vorhanden sind. Während in der kontinentaleuropäischen Tradition die Rechtsfortbildung vorrangig durch Gesetzesrecht betrieben wird, basiert das angloamerikanische Rechtssystem bis zum heutigen Tage auf dem Richterrecht (auf dem sog. System des Case Law). Recht wird dabei durch Entscheidungen in Rechtsfällen ge- und weitergebildet. Dem geschriebenen Gesetz kommt daneben nur subsidiäre und ergänzende und neuerdings in zunehmendem Maß korrigierende Bedeutung zu. Diese Vorstellung des Rechts als ein Produkt der Entscheidungspraxis von Rechtsanwendern ist grundlegend für die angloamerikanische Rechtskultur. Dennoch nimmt auch in den Ländern des Common Law heute die Bedeutung des von einem Gesetzgeber geschaffenen Gesetzesrechts zu.

Das Recht des Common Law setzt sich aus einer großen Kompilation von verschiedenen Rechtsfällen, sog. Präzedenzfällen, zusammen. Präzedenzfälle sind bereits entschiedene Fälle, die für die Beurteilung künftiger Fälle als bindend erachtet werden. Ähnlich gelagerte Fälle sollen aus Gründen der Rechtssicherheit auch ähnlich entschieden werden. Aus diesen Präzedenzfällen werden leitende Rechtssätze („stare decisis") destilliert. Diese entfalten bindende Wirkung für das Gericht gegenüber den eigenen zukünftigen Entscheidungen. Des Weiteren sind die Gerichte an den „stare decisis" von bestimmten ihnen übergeordneten Gerichten gebunden. Entscheidungen hierarchisch gleich geordneter Gerichte haben Orientierungsfunktion und können aufgrund ihrer Überzeugungskraft wirken, haben aber keine zwingende Rechtsverbindlichkeit.

Möchte ein Richter jedoch einem leitenden Rechtssatz eines Präzedenzfalles nicht vollinhaltlich Folge leisten, so hat er alle wesentlichen rechtlich relevanten Gründe zwischen dem von ihm zu urteilenden Fall und dem Präzedenzfall herauszuarbeiten. Die Modifikation bzw. die Abänderung der Präzedenzfälle erfolgt nach der Methodik des sog. „distinguishing", die entscheidend zur Fortbildung und zur Verfeinerung des Rechts beiträgt.

Kommt der Richter hingegen zur Ansicht, der vorliegende Präzedenzfall ist sachlich nicht mehr gerechtfertigt und auch mit der Methode des „distinguishing" nicht mehr fortzuentwickeln, so kann er dieses Präjudiz endgültig verwerfen und seine Entscheidung anderwärtig begründen. Diese Methode der neuen Rechtsbildung nennt man „overruling".

Dieses „overruling" darf aber nicht als politisch motivierter Akt angesehen werden. Richter im angloamerikanischen System sehen sich viel eher als Bewahrer allgemeiner Rechtsprinzipien. Ein „overruling" kann daher aus Gründen der Unpraktikabilität der Entscheidungsregeln, neuer Auslegungsmöglichkeiten von Rechtsprinzipien oder einer Änderung der wesentlichen Entscheidungsgrundlagen, auf denen der Präzedenzfall beruht, geboten erscheinen. Die Möglichkeit des „overruling" ist dabei inhaltlich durch das Vertrauensschutzprinzip begrenzt.

Bei der Ausformulierung von Präzedenzfällen vor allen Dingen oberer Gerichtshöfe besteht für einzelne Richter auch die Möglichkeit, konkurrierende und abweichende Meinungen abzugeben. Richter, die zwar mit dem Ergebnis übereinstimmen, dieses jedoch anders begründen, haben mit der „concurring opinion" die Möglichkeit, ihre Entscheidungsgründe offenzulegen. Die Abgabe einer „dissenting opinion" eröffnet dem Richter, der bei einer Abstimmung unterlegen ist, die Gelegenheit, Umstände aufzuzeigen, auf die sich ein künftiges „overruling" stützen kann. Die Stärke der Bindungswirkung eines Präzedenzfalles hängt daher auch von der Anzahl und der Qualität der konkurrierenden oder abweichenden Rechtsmeinungen ab.

5 Struktur und Aufbau der Rechtsordnung

5.1 Der Stufenbau der Rechtsordnung

Die Gesamtbetrachtung der Rechtsordnung macht erkenntlich, dass einzelne Rechtsnormen in verschiedene Rangstufen hierarchisch und somit vertikal unterteilbar sind. Die rechtstheoretischen Grundlagen dafür bietet der sog. Stufenbau der Rechtsordnung, dessen Lehre auf die beiden Rechtstheoretiker Adolf Julius Merkl (1890–1970) sowie Hans Kelsen (1881–1973) zurückgeht, die ihrerseits beide Begründer der „Wiener Schule des Rechtspositivismus" gewesen sind.

Adolf Julius Merkl zeigte in seinen Arbeiten zum Stufenbau der Rechtsordnung auf, dass jeder Rechtsakt sowohl rechtserzeugende als auch rechtsvollziehende Elemente aufweist. So setzt ein Urteil innerhalb des vom Gesetz determinierten Rahmens Recht und vollzieht dieses nicht nur. Ein einfaches Gesetz vollzieht auch das Verfassungsrecht, da es innerhalb der von der Verfassungsordnung vorgegebenen Rahmenbedingungen erlassen wurde. Merkl bezeichnete dieses Faktum als „Janusköpfigkeit" oder „doppeltes Rechtsantlitz" eines jeden Rechtsaktes. Innerhalb des positiven Rechts gilt es somit, in exakter Weise zwischen Rechtssetzung und der Vollziehung zu unterscheiden.

Die Lehre vom Stufenbau der Rechtsordnung ist ein eigentlich sehr simpel gehaltenes theoretisches Modell, dessen immanente Aufgabe es ist, verschiedene Gruppen und Schichten von Rechtsnormen und deren Beziehungsgeflecht untereinander innerhalb eines Rechtssystems beschreiben zu wollen. Ergebnis dieser theoretischen Untersuchungen ist dabei der Umstand, dass die Rechtsordnung als ein hierarchisch gegliedertes System von über- und untergeordneten Rechtsnormen verstanden wird. Nimmt man nunmehr die österreichische Rechtsordnung zur Hand, so könnte eine hierarchische Darstellung derselben in etwa wie in Abbildung 3 aussehen:

Die Überlegungen und Funktionsweisen des Stufenbaus der Rechtsordnung sollen anhand des nachstehenden Beispiels verdeutlicht werden.

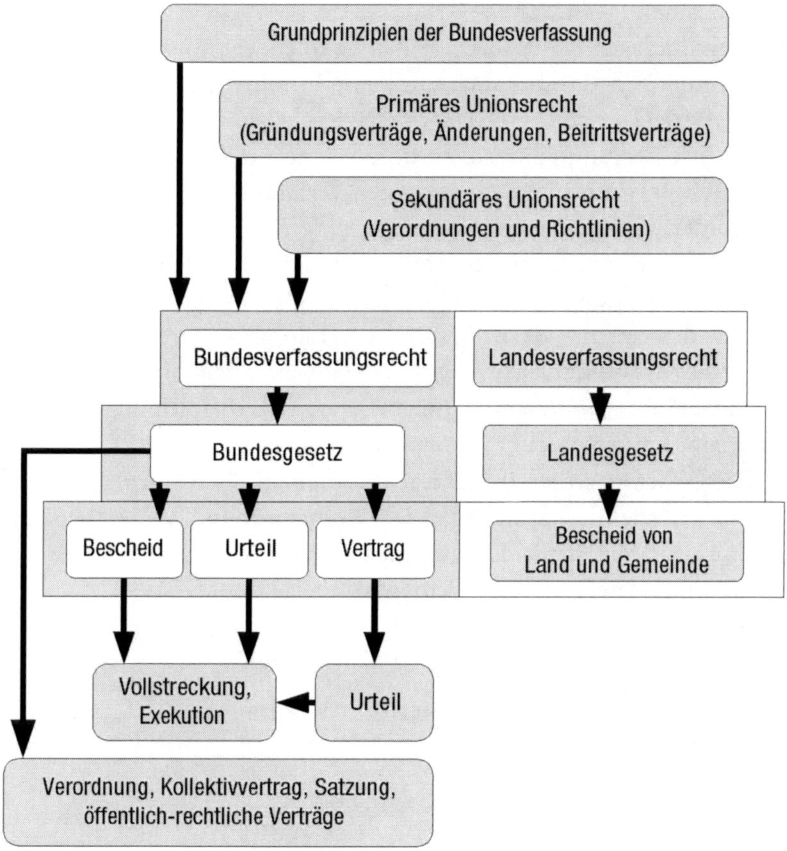

Abb. 3: **Der Stufenbau der Rechtsordnung**

Beginnen wir unser Anschauungsbeispiel auf der untersten hierarchischen Ebene. Aufgrund von Zahlungsunfähigkeit bzw. -willigkeit kommt es zu einer Fahrnispfändung durch einen Exekutionsbeamten (Gerichtsvollzieher). Diese Fahrnispfändung ist ein Exekutionsakt, der auf einem Gerichtsbeschluss gründet, mit dem die Vollstreckung bewilligt worden ist (Exekutionsbewilligung). Rechtliche Grundlage dieser Exekutionsbewilligung ist dabei ein sog. Exekutionstitel. Ein Exekutionstitel wiederum ist die Folge eines Urteiles in einem Zivilprozess, durch die der Verpflichtete zur Begleichung einer Geldschuld bzw. zur Ausfolgerung einer Sache aufgefordert wird. Das Gerichtsurteil wiederum basiert nicht auf dem Gutdünken und der Willkür eines Rechtsprechungsorganes, sondern auf verschiedenen gesetzlichen Grundlagen: zum einen auf materiellen Rechtsgrundlagen (in unserem Fall etwa in erster Linie jene des Privatrechts), zum anderen aber auch auf Rechtsvorschriften über Prozesse und Verfahren der Gerichtsbarkeit (formelles Recht). Diese Gesetze wiederum führen ihre Legitimität darauf zurück, dass sie durch die zuständigen Gesetzgebungsorgane in den vorgesehenen Verfahren ordnungsgemäß erlassen worden sind. Die rechtlichen Grundlagen für die Organisation, das Verfahren und die materiellen Bindungen des Gesetzgebers sind Gegenstand des Verfassungsrechtes. Über diesem Verfassungsrecht steht in Österreich der gesamte Rechtsbestand der Europäischen Union, der aufgrund des Anwendungsvorranges ebenfalls materielle und formelle Bedingungen für die gesamte innerstaatliche Rechtsordnung enthalten kann, sowie die sog. Grundprinzipien der Bundesverfassung.

Dieses demonstriert in nahezu paradigmatischer Form die Zusammenhänge, die der Stufenbau der Rechtsordnung veranschaulichen möchte. Das Verhältnis der einzelnen Rechtsnormen zueinander kann wiederum genauer analysiert werden.

5.2 Die Zusammenhänge im Stufenbau der Rechtsordnung

Die Lehre vom Stufenbau der Rechtsordnung erschöpft sich nicht in der bloßen Darstellung des Rechts in einem Stufenbau, sondern impliziert auch das Aufzeigen immanenter Zusammenhänge zwischen den verschiedenen Normen und Stufen. So existieren insgesamt drei logische Zusammenhänge zwischen den Normen von höherer und niedrigerer Rangstufe innerhalb des Stufenbaus der Rechtsordnung.

Erstens ist in diesem Kontext der eher formelle Entstehungszusammenhang zu benennen. Die höherrangige Norm gibt dabei die Erzeugungsbedingungen sowohl materiell (festgelegt etwa durch eine Kompetenzordnung) als auch formell (im Sinne der Vorskizzierung des Erzeugungsweges) vor. Innerhalb dieses Entstehungszusammenhanges haben diese normerzeugenden Organe trotz ihrer Normgebundenheit einen Ermessenspielraum, den sie auch ausschöpfen können, solange sie dabei nicht der höheren Norm zuwiderhandeln.

Die tendenziell eher materielle Dimension innerhalb der Theorie des Stufenbaus der Rechtsordnung nimmt dabei der Bedingungs- und Inhaltszusammenhang ein. Die höherrangige Norm hält dabei die inhaltlichen Grundsätze für die rangniedrigere Norm parat. Resultat dieses Zusammenhanges ist folglich, dass die einzelnen Normen umso konkreter und spezialisierter formuliert sind, je rangniedriger sie sind. Die Steigerung dieses Konkretisierungsgrades bedingt eine Zunahme sowohl der Anzahl als auch der Komplexität der Rechtsnormen.

Der letzte Zusammenhang, nämlich jener der Derogation, korreliert eng mit der Frage nach der Geltung von Rechtsnormen. Derogation meint dabei die Aufhebung eines Rechtssatzes durch einen jeweils anderen. Dabei konnten sich in der juristischen Methodenlehre drei Derogationsregeln durchsetzen:

- Das höherrangige Gesetz hebt das niedrigerrangige Gesetz auf (lex superior derogat legi inferiori).
- Das spätere Gesetz hebt das frühere auf (lex posterior derogat legi priori).
- Das speziellere Gesetz hebt das allgemeinere auf (lex specialis derogat legi generali).

Neben dieser eher technisch anmutenden Unterscheidung kann eine Derogation für den Rechtsanwender einmal leichter und ein anderes Mal weniger leicht auszumachen sein. Leichter erkenntlich ist dabei die formelle Derogation, in der der Normgeber einzelne Normpassagen expressis verbis aufhebt und durch eine novellierte Fassung ersetzt. Diese formelle Derogation stellt dabei den Normalfall dar. Daneben existiert auch heute noch eine materielle Derogation, indem es zu inhaltlichen Änderungen des Rechtsbestandes kommt, ohne dass dies ausdrücklich gekennzeichnet ist. Dies stellt den Rechtsanwender zumeist vor weitaus größere Probleme.

5.3 Verschiedene Gattungen des Rechts

Beschäftigt man sich mit dem Recht innerhalb eines Rechtsstaates, so wird man schnell erkennen können, dass es nicht bloß ein uniformes, gleichförmiges Recht gibt. Nein, die Rechtsordnung besteht – wie der Stufenbau der Rechtsordnung bereits aufgezeigt hat – vielmehr aus einem verwobenen Neben- und Miteinander unterschiedlichster Normenqualitäten, die einmal genereller gefasst und ein anderes Mal wiederum sehr individueller Natur sein können.

5.3.1 Grundprinzipien der Bundesverfassung

Aus dem Bundesverfassungsgesetz (B-VG) und den anderen verfassungsrangigen Normen neben dem B-VG wurden von der rechtswissenschaftlichen Literatur und der Verfassungsgerichtsbarkeit eine Reihe von Grundprinzipien der Verfassung, die sogenannten „Baugesetze“, herauskristallisiert. Da diese grundlegenden Prinzipien nicht formal als solche in der Verfassung kenntlich gemacht sind, eröffnet sich ein weites Feld der Interpretation und der Auseinandersetzung. Den Interpretationsrahmen bilden dabei in materieller Hinsicht Überlegungen zu den grundlegenden Staatszielen und in formeller Hinsicht das Kriterium, inwiefern eine Änderung der betreffenden Norm eine Gesamtänderung der Bundesverfassung bedeuten würde, die ja in Österreich eine obligatorische Volksabstimmung nach Art. 44 Abs. 3 B-VG verlangen würde.

Die Grundsätze des Verfassungsrechts, die ihrerseits nicht geändert werden können, ohne aus der Verfassung etwas anderes, gänzlich Neues zu machen, sind im geschriebenen Verfassungstext nirgends aufgelistet, sondern mussten, wie bereits erwähnt, durch Lehre und Judikatur entwickelt werden. Unbestritten als Prinzipien der österreichischen Bundesverfassung gelten: das demokratische Prinzip (Österreich ist eine demokratische Republik, ihr Recht geht vom Volk aus), das republikanische Prinzip (der Rechtsstaat als Sache des Volkes), das bundesstaatliche Prinzip (Föderalismus), das rechtsstaatliche Prinzip (Legalitätsprinzip) und das Prinzip der Trennung der Staatsfunktionen, das auch als gewaltentrennendes Prinzip bezeichnet wird. Oft wird auch noch ein liberales Prinzip (Grundrechtsgarantien) genannt. In letzter Konsequenz entscheidet, wie erwähnt, der Verfassungsgerichtshof darüber, ob eine Verfassungsänderung eine Gesamtänderung im Sinn des Art. 44 Abs. 3 B-VG darstellt oder nicht.

5.3.2 Das Unionsrecht

Prinzipiell muss bei der Klassifizierung des Unionsrechts zwischen primärem und sekundärem Unionsrecht differenziert werden. Primäres Unionsrecht inkludiert dabei alle Gründungsverträge der EG und der EU, die vertraglichen Änderungen und Ergänzungen sowie sämtliche Beitrittsverträge. In Ermangelung einer eigenständigen Verfassung der EU wird die Kompilation aus diesen Verträgen als primäres Unionsrecht bezeichnet und erfüllt insofern zwei zentrale Funktionen einer Verfassung. Erstens definiert es aus materieller Sicht den Aufbau und die Kompetenzen der einzelnen Organe und zweitens fungiert das primäre Unionsrecht als ein Maßstab für die Rechtmäßigkeit des sekundären Unionsrechts. Zum Primärrecht zählen auch die allgemeinen Rechtsgrundsätze, die in ständiger Rechtsprechung durch den EuGH entwickelt worden sind. Neben den in Kapitel 1.5 erwähnten Kriterien der Supranationalität sind dies insbesondere rechtsstaatliche Prinzipien, wie die Verhältnismäßigkeit, das Prinzip der Rechtssicherheit und der Grundsatz der Gesetzmäßigkeit der Verwaltung. Da es lange Zeit keinen verbindlichen Grundrechtekatalog in der Europäischen Union gab, zählten zu diesen allgemeinen Rechtsgrundsätzen auch die vom EuGH mediatisierten und in Anlehnung an die Europäische Menschenrechtskonvention abgeleiteten Grundrechte.

Das sekundäre Unionsrecht bezeichnet jene Normen, die von den Organen der Europäischen Union zur näheren Konkretisierung erlassen worden sind. Die wichtigsten Rechtsquellen sind die an einen allgemeinen Adressatenkreis gerichteten Richtlinien und Verordnungen. Darüber hinaus gibt es in Form der „Sonstigen Rechtsakte" mehr oder minder individuelle Entscheidungen.

Verordnungen haben allgemeine Gültigkeit und sind mit all ihren Teilen verbindlich. Sie gelten unmittelbar in jedem Mitgliedsstaat. Richtlinien hingegen bedürfen der Transformation durch den jeweiligen Mitgliedsstaat, weshalb diese auch die Adressaten der Richtlinien sind. In einer Richtlinie werden verbindliche Ziele definiert, deren Umsetzung jedoch den innerstaatlichen Akteuren überlassen wird. In Österreich orientiert man sich bei der Umsetzung an der innerstaatlichen Kompetenzverteilung. Richtlinien setzen für ihre Umsetzung regelmäßig Fristen. Sollte der jeweilige Staat säumig sein und die Frist verstreichen lassen, so sind Richtlinien nach der Rechtsprechung des EuGH von den nationalen Behörden unmittelbar anzuwenden, sofern zwei weitere Voraussetzungen gegeben sind: Die Richtlinie muss in ihrer Formulierung hinreichend genau sein und es muss sich um eine für den Einzelnen gegenüber dem Staat begünstigende Regelung handeln.

Nach der Rechtsprechung sowohl des EuGH (Rs C-11/70, Internationale Handelsgesellschaft) als auch des österreichischen Verfassungsgerichtshofes (etwa VfSlg 15.427/1999) besitzt das gesamte Unionsrecht Anwendungsvorrang vor der gesamten nationalen Rechtsordnung. Nach überwiegender Auffassung wirkt jedoch dieser Vorrang des Unionsrechts nicht gegenüber den sog. Grundprinzipien der Verfassung. Nach Ansicht

Theo Öhlingers fungieren diese Grundprinzipien als „Integrationsschranken“. Würde es daher zu einer Abänderung oder Berührung eines der Grundprinzipien kommen, so wäre eine obligatorische Volksabstimmung durchzuführen. Ohne eine solche wäre dieses Unionsrecht als absolut nichtig zu qualifizieren und von den österreichischen (Verwaltungs-)Organen nicht anzuwenden.

Österreichische Staatsorgane haben indes im Rahmen ihrer Tätigkeit sowohl die innerstaatlichen Rechtsvorschriften als auch jene des Unionsrechts anzuwenden. Österreichisches Recht und Unionsrecht sind zwar als jeweils eigenständige und autonome Rechtsordnung zu charakterisieren, die aber eng miteinander verwoben und verschränkt sind und deren reibungsloses und koordinatives Funktionieren durch den Anwendungsvorrang des Unionsrechts gewährleistet ist.

5.3.3 Einfaches Bundes- und Landesverfassungsrecht

Bundesverfassungsrecht steht im Rang unter den europarechtlichen Rechtsnormen. Verfassungsrecht inkludiert die rechtliche Grundordnung des Staates, normiert den Weg der staatlichen Willensbildung durch das Gesetz, enthält Mechanismen der rechtlichen Kontrolle und enthält Grundrechte, die dem Gesetzgeber Schranken auferlegen.

Das Landesverfassungsrecht erhält seine Legitimation aus dem bundesstaatlichen Aufbau der österreichischen Rechtsordnung. Die Länder haben bei der Erlassung landesverfassungsrechtlicher Bestimmungen auf die Vorschriften der Bundesverfassung Bedacht zu nehmen. Es kommt ihnen somit nur eine relative Verfassungsautonomie zu.

5.3.4 Bundes- und Landesgesetze

Sowohl der Bund als auch die Länder verfügen über die Kompetenz, einfache Bundes- oder Landesgesetze erlassen zu können. Bundes- und Landesgesetze bilden dabei die wesentlichsten normativen Grundlagen für die vollziehende Tätigkeit von Gerichten und Verwaltungsbehörden.

Ein Bundesgesetz wird unter Einhaltung des in der Verfassung vorgesehenen Gesetzgebungsverfahrens in einem Zusammenwirken von National- und Bundesrat beschlossen und im Bundesgesetzblatt kundgemacht. Landesgesetze sind vom Landtag zu beschließen und im Landesgesetzblatt zu veröffentlichen.

In Österreich gilt dabei der Grundsatz, dass Bundesgesetz Landesgesetz bricht, nicht. Bundesgesetze stellen im Stufenbau der Rechtsordnung gleichwertige Gesetze neben den Landesgesetzen dar. Sollten Kompetenzstreitigkeiten auftreten, so ist der Verfassungsgerichtshof als Kompetenzgerichtshof aufgerufen, eine Entscheidung zu treffen.

5.3.5 Verordnungen

Verordnungen sind als generelle Rechtsvorschriften zu definieren, die ihrerseits von Verwaltungsbehörden innerhalb ihres Wirkungsbereiches erlassen werden dürfen und nach außen hin für die Rechtsunterworfenen verbindliche Wirkungsweisen entfalten. Verordnungen dienen zumeist der Gesetzespräzisierung (Durchführungsverordnungen). Aufgrund des gesetzespräzisierenden Charakters von Verordnungen werden diese in Abkehr vom reinen Prinzip der Gewaltentrennung auch der Gesetzgebung zugeordnet. Um Außenwirksamkeit zu erlangen, müssen Verordnungen gehörig und gesetzmäßig kundgemacht worden sein. Verstößt eine Verordnung gegen das Gesetz, so ist diese wegen Gesetzwidrigkeit aufzuheben.

5.3.6 Individuelle Rechtsakte

Zu den individuellen Rechtsakten zählen u.a. Bescheide, Urteile und Beschlüsse, mit denen Verwaltungsbehörden oder Gerichte bestimmen, was im konkreten Einzelfall rechtens sein soll. Individuelle Beschlüsse dürfen dabei nur auf Grundlage der Gesetze erlassen werden.

5.3.7 Vollstreckung

Die letzte Stufe im Stufenbau der Rechtsordnung stellt die Konkretisierung des Rechts durch Vollstreckungsakte dar. Vollstreckungsakte sind dabei keine Rechtsnormen im eigentlichen Sinn, sondern vielmehr faktische Handlungen, mit denen dem rechtlich Gesollten zum Durchbruch verholfen werden soll. Stimmt der Verpflichtete der Erfüllung des Gesollten nicht auf freiwilliger Basis zu, so kann dieser durch Zwang bzw. Zwangsandrohung dazu veranlasst werden.

6 Die Komplexität der Rechtsanwendung – ein kurzer Ausflug in das Tagesgeschäft der Juristen

6.1 Die Rechtsanwendung oder die juristische Kunst der Subsumtion

Recht ist kein Objekt der Ästhetik. Es wurde geschaffen, um angewandt zu werden. Leider ist Recht jedoch in den seltensten Fällen selbsterklärend. Die vielfältigen Anwendungsmöglichkeiten des Rechts ist Inhalt der sog. juristischen Methodenlehre, deren rechtsdogmatische Überhöhung in der Praxis den Nichteingeweihten oftmals so einige Rätsel aufgibt.

Dennoch ist der Vorgang der Rechtsanwendung das zentrale Verbindungsglied zwischen der Rechtsnorm und empirischen Sachverhalten des sozialen Daseins.

Recht anzuwenden, bedeutet demnach nichts anderes, als einen konkreten Fall, also einen Sachverhalt, der sich im tatsächlichen Leben so zugetragen hat, unter die Sollensanforderungen einer Rechtsnorm zu stellen. Dieser Vorgang, dass also ein Sachverhalt die Merkmale eines Tatbestands erfüllt, bezeichnen die Juristen als Subsumtion. Erst nachdem der Sachverhalt endgültig feststeht, ist es möglich, die anzuwendende Rechtsfolge zu bestimmen, denn die Rechtsfolge setzt die Erfüllung des Tatbestands zwingend voraus. Die Anwendung des Rechts präsentiert sich demnach auf den ersten Blick als eine Aneinanderreihung logischer Schlüsse, wie Abbildung 4 auch zu vermitteln versucht.

Die Wirklichkeit erweist sich indes als nicht ganz so simpel.

1. In der allgemeinen Rechtspraxis erweist sich nicht das Auffinden der jeweiligen Norm, sondern vielmehr die Feststellung des konkreten Sachverhalts als die größte Problematik. Denn bei der Feststellung des Sachverhalts steht oftmalig eine Parteienbehauptung einer anderen diametral gegenüber. Parteienangaben erweisen sich demnach als teilweise unvollständig oder gar unrichtig. Über strittige Tatsachen sind von den Parteien Beweise anzubieten, die dann vom Richter aufzunehmen und ei-

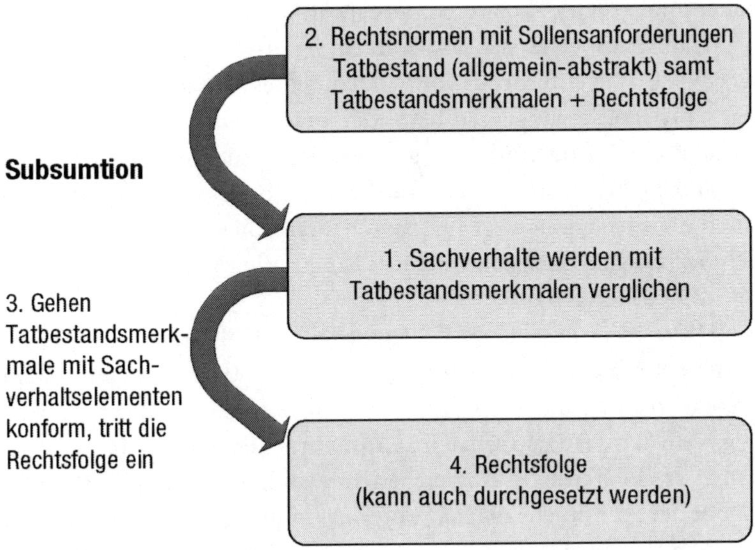

Abb. 4: **Die juristische Methode der Subsumtion**

ner kritischen Würdigung zu unterziehen sind. In diesem Zusammenhang sind auch Beweislastregeln relevant. Misslingt den Beweispflichtigen der Beweis, so kann dies zum Verlust des Zivilprozesses führen. Es gilt also, aus einer konkreten Lebenssituation die juristisch wesentlichen Elemente herauszuarbeiten.

Beispiel: Der alkoholisierte Autofahrer A verursacht einen Unfall und verletzt den Unfallgegner B schwer. Das Auto des B erleidet dabei einen Totalschaden.

2. Der gesetzliche Tatbestand beschreibt mittels generalisiert formulierter abstrakter Tatbestandsmerkmale jene Lebenssituationen, für die die Rechtsordnung einzelne Rechtsfolgen anordnen möchte. Die Suche nach dem einen Tatbestand erweist sich dabei als durchaus schwierig. In den seltensten Fällen reicht eine isolierte Rechtsnorm, um den Tatbestand rekonstruieren zu können. Besonders diffizil wird die Sache dann, wenn sich der Gesetzgeber Generalklauseln bedient. Unbestimmte Rechtsbegriffe, wie die „Guten Sitten", wichtige Gründe, besonders gefährliche Verhältnisse usw. delegieren das Auffüllen dieser Wertungslücken an die Rechtsprechung. Dies macht auch die verantwortungsvolle Tätigkeit des

Richters erklärbar und rechtfertigt den Umstand, dass Richter nach fachlicher und sozialer Kompetenz auszuwählen sind.

Unser Beispiel hat dabei sowohl eine strafrechtliche als auch eine zivilrechtliche Tangente. Strafrechtlich handelt es sich dabei um eine fahrlässige Körperverletzung unter besonders gefährlichen Verhältnissen. Allein schon dieser Tatbestand muss aus zwei Rechtsnormen, nämlich aus Tatbestandsmerkmalen der § 81 und § 88 StGB, zusammengesetzt werden. Auch die Erstattung des Fahrzeugschadens sowie das von A zu leistende Schmerzensgeld basiert auf mehrere Paragraphen des Schadenersatzrechts (§§ 1295 ff. ABGB).

3. Die Herkulesaufgabe der juristischen Tätigkeit besteht darin, den mitgeteilten Sachverhalt richtig zu verstehen und dazu den passenden Tatbestand zu eruieren, unter den der jeweilige Sachverhalt subsumiert werden kann. Da der Sachverhalt im Laufe eines Rechtsfalles sich auch ändern kann, ist ein ständiges Abgleichen von Sachverhalt und Tatbestand ein Gebot der Stunde, ehe die Subsumtion endgültig gelungen ist. Oft werfen nämlich erst einzelne Besonderheiten eines Sachverhalts bestimmte Interpretationsfragen zum Tatbestand auf.

Der Richter hat daher das Recht zu finden; er darf sich einer Entscheidung nicht entschlagen. Obwohl der Rechtsbestand qualitativ und quantitativ immer mehr in Zunahme begriffen ist, ist die Lückenlosigkeit des Rechts eine Fiktion. Das Leben ist dermaßen vielgestaltig, dass dem Gesetzgeber gar nichts anderes übrig bleibt, als die Komplexität und Heterogenität des Lebensalltags mit allgemeinen Generalklauseln zu regeln. Die dem Richter überantwortete Aufgabe der Anpassung der Gesetze an den Einzelfall wird deshalb immer verantwortungsvoller.

4. Als konkrete Rechtsfolge bezeichnet man schließlich die Anordnung des Gesetzgebers, bei Vorliegen eines tatbestandsmäßigen Verhaltens Konsequenzen zu ziehen. Durch die Erfüllung eines Tatbestandes entstehen sohin diverse Rechte und Pflichten, die ihrerseits wiederum mit den entsprechenden Maßnahmen durchzusetzen sind.

6.2 Die hohe Kunst der Gesetzesinterpretation

6.2.1 Interpretation als Ermittlung des Gesetzeszwecks

Rechtsnormen werden den Normunterworfenen im Gewand und mit den Mitteln der Sprache mitgeteilt. Sprachliche Formulierungen können allerdings trotz größter legistischer Bemühungen ungenau und auch mehrdeutig sein. Dies ist vor allem der Allgemeinheit in der Formulierung von generell-abstrakten Gesetzestexten geschuldet. Die Auslegungslehren der Rechtswissenschaft können ihrerseits auf eine lange Tradition bis zu den Ursprüngen des römischen Rechts zurückblicken.

Ziel der Interpretation ist es, den objektiven Willen des Rechtssetzers zu ermitteln, wie er sich aus dem Wortlaut der Norm, dem Sinneszusammenhang und der Systematik des Gesetzesverortung ergibt. In Gerichtsverfahren treten regelmäßig Diskrepanzen zwischen dieser objektiven Interpretation und der von den Parteien betriebenen subjektiven Gesetzesinterpretation zutage. Die Ermittlung des objektiven Willens des Normsetzers findet in der juristischen Alltagspraxis durch vier allgemein anerkannte Interpretationsmethoden statt. Trotz der Verschiedenheiten der nunmehr aufzuzeigenden Interpretationsarten verfolgen allesamt dasselbe Ziel: Sie wollen den Sinn und den Zweck des Gesetzes erschließen. Deshalb müssen die verschiedenen Auslegungsmethoden, je nach konkretem Auslegungsbedarf, der sich bei der Frage der Anwendung einer bestimmten Norm auf bestimmte Sachverhalte ergibt, in einzelnen nachgeordneten Arbeitsschritten auf denselben Normtext angewandt werden. Die Teilergebnisse der Auslegungen haben anschließend bewertet zu werden, um infolgedessen zu einem einheitlichen Auslegungsergebnis zusammengefasst zu werden.

6.2.2 Die Wortinterpretation

Jede Gesetzesinterpretation beginnt mit der Auslegung des Wortlautes. Die Wortinterpretation stellt die allgemeinste und wichtigste Auslegungsmethodik dar. Sie möchte dabei den Wortsinn aus dem allgemeinen Sprachgebrauch ermitteln. Soweit es nur um die Interpretation einzelner Worte geht, spricht man bisweilen auch von „lexikalischer Auslegung“. Zumeist besitzen einzelne Worte einen gewissen Bedeutungsspielraum. Dabei hilft bei der Auslegung das Heranziehen von Textzusammenhängen. Dies ist aber generell unerlässlich, da der zu interpretierende Satz auch im Kontext seiner Stellung innerhalb des Textgefüges zu erfassen ist.

Obwohl zunächst vom allgemeinen Wortsinn im Sinne des üblichen Sprachgebrauchs auszugehen ist, steht dem Gesetzgeber die Möglichkeit offen, zentrale Begriffe innerhalb des Gesetzes selbstständig zu definieren, wenn der zu definierende Begriff eine eigenständige juristische Bedeutung besitzt oder innerhalb des juristischen Sprachgebrauchs mit besonderer Bedeutung verwendet wird. Auch solche Legaldefinitionen können selbstredend wiederum auslegungsbedürftig sein.

Aus dem Zweck der Rechtsnorm kann sich jedoch auch ergeben, dass der allgemeine Sprachgebrauch eines Begriffs nicht zielführend erscheint und normativ gedeutet werden muss. Daher kann das Heranziehen der Wortinterpretation zuweilen eine einschränkende oder ausdehnende Auslegung notwendig erscheinen lassen.

Jedenfalls findet man in der Wortinterpretation auch die Grenzen der Auslegung. Möchte man sie nämlich überschreiten, um zu einem konkreten sachgerechten Ergebnis zu gelangen, so muss man sich einer anderen – hier nicht näher zu behandelnden – Methodik des Analogieschlusses bedienen. Es gebietet dabei aber die methodologische Ehrlichkeit, diesen Umstand dann auch offen darzulegen.

6.2.3 Die systematische Interpretation

Trotz einer gewissen Vorrangstellung der Wortinterpretation gegenüber den anderen Interpretationsarten muss man dennoch auch der systematischen Stellung der jeweiligen Norm innerhalb des Rechtssystems Beachtung schenken. Die systematische Form der Auslegung verlangt, ein Gesetz in seinem systematischen Zusammenhang zu betrachten.

Oftmalig können Entscheidungsgrundlagen eines Gerichtsverfahrens erst durch die an verschiedenen Stellen verankerten Rechtsnormen abgeleitet werden. Mit der Verortung und Kontextualisierung der Norm innerhalb des Rechtssystems wird dieser ein Sinn zugewiesen, der nur durch die Analyse der gesamten Struktur ausgemacht werden kann. Wer also den Sinngehalt einer Norm richtig erfassen möchte, muss auch dem näheren Umfeld der Norm Beachtung schenken, in welchem diese verortet ist.

Eine wichtige Bedeutung der systematischen Interpretation liegt in den Derogationsregeln (vgl. Kapitel „Die Zusammenhänge im Stufenbau der Rechtsordnung") begründet, die sich ja damit beschäftigen, welches

Gesetz bei mehreren möglichen und daher konkurrierenden Gesetzesnormen auf einen Sachverhalt Anwendung finden soll.

6.2.4 Die historische Interpretation

Das besondere Spezifikum der historischen Interpretation liegt in ihrem Rückgriff auf (historische) Gesetzesmaterialien. Historisch wird diese Interpretationsform deshalb genannt, weil man ihr nachsagt, dass mithilfe dieser Interpretationsart der Wille des historischen Gesetzgebers ausgeforscht werden soll. Allerdings gilt zu berücksichtigen, dass sich das Gesetz mit dem Akt der Gesetzeserlassung objektiviert hat und dadurch auch die rechtspolitischen Zwecke der Normerlassung in den Hintergrund treten. Rechtstexte enthalten nämlich Bedeutungen und Konsequenzen, die erst später durch die Auslegung der Gerichte und durch Arbeiten der Rechtswissenschaft hervortreten können. Man kann daher durchaus behaupten: Je länger ein Gesetz Bestand hat, desto mehr schwächt sich die Bedeutung der historischen Auslegung ab.

Für die österreichische Rechtsordnung sind in diesem Zusammenhang insbesondere die Stenographischen Protokolle des Nationalrates und deren Beilagen (mittlerweile auch verfügbar über die Homepage des österreichischen Parlaments: www.parlament.gv.at), die Regierungsvorlagen, die Initiativanträge, die Ausschussberichte, die Begutachtungsprotokolle der zur Begutachtung eingeladenen Organe (Sozialpartner, Landesregierungen, NGOs usw.) beachtenswert. Obwohl diese Unterlagen in der Praxis durchaus eine probate und auch gerne herangezogene Auslegungshilfe darstellen, sind sie dennoch gegenüber dem Wortlaut des Gesetzes nachrangig zu behandeln.

6.2.5 Die teleologische Form der Interpretation

Der teleologischen Interpretation wird nachgesagt, dass sie nach dem objektiven Sinn und Zweck einer Norm forscht. Die teleologische Interpretation bringt demnach Prinzipien des Rechts und andere Ordnungsgesichtspunkte zutage, die über die einfache und simple Wortinterpretation hinausgehen. Wichtig jedoch bleibt, dass der Rechtsanwender den Zweck der vorliegenden Norm zu ergründen versucht und nicht darüber sinniert, wie das Recht zukünftig gestaltet werden soll. Denn die Konzeption neuen Rechts geht über die von der teleologischen Interpretation beabsichtigte Gesetzesauslegung bei weitem hinaus.

Der Regelungszweck muss einen Anhaltspunkt im Gesetzestext finden, der sich entweder in der konkret anzuwendenden Norm oder in einer Norm befindet, die mit der anzuwendenden Norm in einem unmittelbaren Sinnzusammenhang steht. Der Gesetzeszweck muss daher auch angeben, auf welche Weise und in welchem Umfang der Regelungszweck realisiert werden soll.

Die teleologische Interpretationsform hat dabei im Privatrecht eine größere Bedeutung als im öffentlichen Recht. Dies ist jedoch der anderen methodischen Zugangsweise geschuldet, da das öffentliche Recht aufgrund der Gesetzesgebundenheit der Verwaltungsorgane, aber auch aus Gründen der Rechtssicherheit sehr viel mehr an dem Wortlaut der Norm hängen muss, als dies etwa im Privatrecht vonnöten ist.

7 Recht im Spannungsfeld von Legitimität, sozialer Wirksamkeit und Rechtsgeltung

7.1 Über den allgemeinen Geltungsanspruch und die soziale Wirksamkeit von Recht

Von Geltung einer Norm spricht man immer dann, wenn diese für das Verhalten eines Rechtsunterworfenen Maßgeblichkeit besitzt. Diese Maßgeblichkeit fällt einer einzelnen Norm aber nur deshalb zu, da sie selbst Bestandteil der Rechtsordnung ist, also innerhalb rechtsstaatlicher Strukturen generiert wurde und sich bei ihrer Durchsetzung auch auf die Mechanismen der Rechtsordnung verlassen kann. Die normative Geltung tangiert sohin die Frage nach der Rechtsverbindlichkeit der Norm. Die Rechtsnorm ist dabei autoritativ gesetzt und soll daher befolgt werden, unabhängig von deren allgemeiner Akzeptanz durch die Rechtsunterworfenen.

Neben die Geltung des Rechts im engen Sinne trat vor allen Dingen das von der Rechtssoziologie propagierte Phänomen der sozialen Wirksamkeit. Die soziale Wirksamkeit geht von der Grundthese aus, dass einmal in Geltung gesetzte Normen die soziale Wirklichkeit beeinflussen. Diese Bedeutung für die sozialen Lebenswelten erlangen diese Normen jedoch – nach Ansicht der Rechtssoziologie – unabhängig von ihrem eigenen Erzeugungsakt. Es kommt zu einem Akt der Verselbstständigung. Die Norm erhält ihre autonome Geltung aufgrund ihrer sozialen Wirksamkeit. Soziale Wirksamkeit ist sodann nicht anders zu beschreiben als die notwendige Effektivität der Rechtsordnung. Die Wichtigkeit und Effektivität der Rechtsordnung basiert dabei auf zweierlei Axiomen: zum einen auf dem Ausmaß der tatsächlichen Normbefolgung durch die Rechtsunterworfenen und zum anderen auf der Sanktionierung einer registrierten Rechtsverletzung durch die dafür kompetent erklärten Behörden.

Festzuhalten gilt demnach in diesem Kontext zunächst, dass die Regelungsmöglichkeiten von sozialen Verhältnissen innerhalb von politischen Systemen nicht alleinig von der Qualität der Gesetze abhängig gemacht werden können, sondern auch von der Geneigtheit der Rechtsunterworfenen bezüglich deren Befolgung. Das Ausmaß an Rechtstreue kann im Laufe der Zeit großen Schwankungen unterworfen sein und kann auch von Staat zu Staat bzw. von Kultur zu Kultur jeweils unterschiedlich geprägt sein.

Recht als zweifellos anerkannte Zwangsordnung bedarf für sein längerfristiges Bestehen neben dem autoritativen Setzungsakt und dem notwendig erachteten Rechtsgehorsam der Normunterworfenen auch der Legitimation. Legitimation meint, dass ganz unabhängig von historisch kontingenten Überzeugungen die von der Gesellschaft befolgte Rechtsordnung genau so und nicht anders ausgestaltet sein soll. Man könnte dies auch als Anerkennungswürdigkeit beschreiben. Der durch die Rechtsordnung mediatisierte Zwangscharakter bleibt für ein längeres Zeitintervall nämlich nur dort erhalten, wo der Rechtsgehorsam der Normunterworfenen der Einsicht über die absolute Notwendigkeit der Einhaltung dieser Gesetze folgt.

Rechtsdogmatiker würden Legitimation jedoch vollkommen anders definieren. Gesetze und von diesen nach den Methoden der Deduktion, Subsumtion und Interpretation abgeleitete Rechtsentscheidungen (vgl. Kapitel „Die Komplexität der Rechtsanwendung – ein kurzer Ausflug in das Tagesgeschäft der Juristen") vermögen immer dann Legitimation für sich zu beanspruchen, wenn sie auf eine höhere Norm bzw. ein Judikat eines oberen Gerichtshofes rückgeführt werden können. Dieser Kausalitäts- und Bedingungszusammenhang ist aber nur ein Bestandteil von juristischer Legitimation. Daneben gibt es allgemeine Rechtsgrundsätze, die – so sie nicht ausreichend verfassungsrechtlich positiviert worden sind – ebenfalls die legitime Gültigkeit der Rechtsordnung zu untermauern vermögen.

Begründungsversuche über die Geltung des positiven Rechts wurde im Laufe der rechtsphilosophischen Geschichte auf vielfache Weise unternommen. Alle Erklärungsversuche oszillierten dabei mehr oder weniger zwischen der autoritativen Gesetztheit des Rechts und dessen empirisch wahrnehmbarer sozialer Wirksamkeit. In beiden Fällen wird die Geltung des Rechts jedoch auch über externe Faktoren zu klären versucht. Neuere Theorien des Rechts stellen dabei auf beide Begründungsfaktoren ab, wobei jeweils einem der beiden ein Schwerpunkt eingeräumt wird.

7.2 Verschiedenste Theorien der Rechtsgeltung

7.2.1 Eine Standortbestimmung

Die Geltungstheorien befassen sich, allgemein formuliert, mit jenen Ursachen, aus denen sich Menschen verpflichtet fühlen, Gesetzen Beachtung zukommen zu lassen. Vier Kennzeichen vermochten sich dabei durchzusetzen:

- Das Gesetz selbst fordert seine Befolgung.
- Es besteht die gesamthafte Zwangsandrohung zur Befolgung des Gesetzes durch die Rechtsordnung, welche auch effektiv durchgesetzt werden kann.
- Die Gesetze werden insgesamt von einer überwiegenden Mehrheit der Bürger aufgrund ihrer Güte und Qualität anerkannt.
- Der einzelne Rechtsunterworfene hält die Treue zum Gesetz auch als ein Gebot seines eigenen Gewissens.

Die ersten beiden Aspekte betonen dabei den Geltungsanspruch der Gesetze, die beiden letztgenannten folgen der Prämisse der Anerkennung der Rechtsnorm.

7.2.2 Die Imperativtheorie von Jeremy Bentham und John Austin

Eine der klassischen Theorien der Rechtsgeltung stammt von den britischen Rechtsgelehrten Jeremy Bentham (1748–1832) und dessen Schüler John Austin (1790–1859). Beide fundieren die Geltung des positiven Rechts auf die Faktizität seiner Rechtssetzung und die Möglichkeit des effektiven Durchsetzungsvermögens des Rechts. Eine Rechtsnorm gilt im Sinne der Imperativtheorie immer dann, wenn sie von einem Souverän als einer hoheitlichen, obersten Person oder Körperschaft erlassen worden ist und unter der Androhung von Rechtszwang auch durchgesetzt werden kann.

Gesetze sind daher als Befehle eines höchsten politischen Souveräns zu deuten. Befehle sind Willensäußerungen und sollen die Normadressaten in die Pflicht nehmen. Der in Gesetzesform gekleidete Befehl hat dabei von einer höhergestellten Macht auszugehen, die auch die Möglichkeit besitzt, die Nichteinhaltung dieser Gesetze entsprechend zu sanktionieren. Diesem Souverän – der die höchste politische Macht im Gemeinwesen repräsentiert – wird von der Mehrheit der Bevölkerung Gehorsam geleistet, ohne dass der Souverän seinerseits einer höhergestellten Macht unterworfen wäre. Das bedeutet, dass selbst unmoralische und ungerechte Gesetze gelten, sobald sie in korrekten Verfahren von einem Souverän erlassen worden sind. Über diesen Vorgaben des Souveräns gibt es demnach keine weiteren Werte und Prinzipien.

Der menschliche Ursprung des positiven Rechts und dessen Souveränitätsaffinität sind die zentralen Charakteristika dieser Rechtstheorie. Moralische und naturrechtliche Kriterien werden demgegenüber nicht von einem Souverän im Rahmen einer bewussten Handlung gesetzt bzw. durchgesetzt, sondern sind vielmehr latent im Bewusstsein der Gesellschaft verankert und werden aufgrund des sozialen Drucks bzw. der drohenden gesellschaftlichen Ächtung bei einem Verstoß gegen dieselben eingehalten. Selbstverständlich kann auch das positive Recht mit moralischen gesellschaftlichen Ansprüchen aufgeladen sein; seine Geltung ist davon allerdings völlig unabhängig. Als alternatives Konzept zum Naturrecht wird in der Imperativtheorie die Nützlichkeit und die Maximierung des Glücks einer größtmöglichen Anzahl an Menschen ins Treffen geführt. Aber auch die Nützlichkeitserwägungen – übrigens Vorläufer des späteren Utilitarismus – sind für die faktische Geltung des Rechts belanglos. Das utilitaristische Prinzip soll befolgt werden; es kann jedoch nicht aus der Rechtsgeltung abgeleitet werden.

Die rechtspositivistischen Ansätze der Befehlstheorie lassen sich demnach folgendermaßen prägnant auf den Punkt bringen: Die Legalität und somit auch die normative Kraft des positiven Gesetzes leiten sich direkt aus dem Akt der Rechtserzeugung durch einen Souverän ab, jedoch nicht deren inhaltliche Ausprägung. Der Geltungsanspruch dieser Normativität erfährt durch die Androhung von Sanktionen noch eine weitere Unterstützung, die den Rechtsunterworfenen zum freiwilligen Rechtsgehorsam ermutigen soll.

7.2.3 Hans Kelsens Reine Rechtslehre und seine Theorie der Grundnorm

Die Reine Rechtslehre stellt Hans Kelsens zentrale rechtstheoretische Arbeit dar. Intention der Reinen Rechtslehre ist es dabei, das Recht einzig und alleine normativ bestimmen zu wollen und sämtliche faktischen Umstände auszublenden. Kelsen folgt dabei den Thesen von Immanuel Kant und der von diesem propagierten Trennung von Sein und Sollen. Denn alleine aus dem Umstand, dass etwas normativ gesollt ist, kann noch nicht abgeleitet werden, dass dies tatsächlich faktisch auch rechtswirksam ist.

Aber sowohl die faktische Setzung (Sollen) als auch die tatsächliche soziale Wirksamkeit (Sein) sind immanente Voraussetzungen für die Effizienz des positiven Rechts. Wenn nämlich eine Norm nur auf den Setzungsakt durch einen staatlichen Souverän referenzieren kann, nicht jedoch von den Normunterworfenen im Allgemeinen als rechtsverbindlich akzeptiert wird, kann es sich dabei nicht um eine effektive Rechtsnorm handeln. Allein die Faktizität (soziale Wirksamkeit) kann nicht der Grund der Rechtsgeltung sein. Die Rechtsgeltung muss sich aus einem normativen Anspruch heraus ergeben: „Die Normen einer Rechtsordnung müssen durch einen besonderen Setzungsakt erzeugt werden. Es sind gesetzte, das heißt positive Normen, Elemente einer positiven Ordnung." (Kelsen 1960, 201)

Das bedeutet im Umkehrschluss nichts anderes, als dass der Geltungsgrund einer Norm nur auf der Geltung einer anderen Norm basieren kann und dass bei der Suche nach dem normativen Geltungsgrund einer Norm keine inhaltlichen Kriterien, wie etwa die Moral oder die Gerechtigkeit, herangezogen werden dürfen. Das positive Recht ist daher ein in sich geschlossenes, widerspruchsfreies System von Rechtssätzen. Dies ist auch folgerichtig, da ja Kelsen in der rechtspositivistischen Verpflichtung den Geltungsgrund des Rechts ohne Rückgriff auf moralische Werte und Prinzipien beschreiben möchte.

Die Rechtsordnung ist daher eine Aneinanderreihung von zahlreichen Sollenssätzen und genau dies soll Thema und Aufgabe der rechtswissenschaftlichen Analyse sein. Die Klärung des gesellschaftlichen und empirischen Seins erblickt er hingegen als Aufgabe der (Rechts-)Soziologie, die sich nach Ansicht Kelsens mit der Genese und der Wirkung von Rechtsnormen zu befassen hat. Die wissenschaftliche Betrachtung des Rechts ist aber die alleinige Aufgabe der Jurisprudenz. Die Rechtssoziologie zählt nach Ansicht Kelsens nicht dazu.

Die Reinheit der Rechtslehre kann nach Kelsen nur dann gewährleistet werden, wenn sie von allen wesensfremden – vor allen Dingen ideologischen Elementen – befreit ist: Sein erklärtes Ziel war es demzufolge, „eine reine, das heißt: von aller politischen Ideologie und allen naturwissenschaftlichen Elementen gereinigte, ihrer Eigenart [...] bewusste Rechtstheorie zu entwickeln" (Kelsen 1960, Vorwort). Dieses Postulat wurde von Kelsen deshalb so vehement vertreten, weil er die Rechtswissenschaft vor jeglichem politischen Missbrauch und Propaganda bewahren wollte.

Kehren wir aber noch einmal zurück zur Problematik der Rechtsgeltung. Wenn es sich tatsächlich so verhält, dass jede Norm wiederum auf der Geltung einer anderen Norm basiert, so erhält man dabei eine gezielte logische Argumentationsabfolge. Diese logischen Schlussfolgerungen enden jedoch dort, wo keine übergeordnete Norm mehr vorhanden ist. Kelsen erklärt hierzu selbst:

> „Aber die Suche nach dem Geltungsgrund einer Norm kann nicht, wie die Suche nach der Ursache einer Wirkung, ins Endlose gehen. Sie muss bei einer Norm enden, die als letzte, höchste vorausgesetzt wird. Als höchste Norm muss sie vorausgesetzt sein, da sie nicht von einer Autorität gesetzt sein kann, deren Kompetenz auf einer noch höheren Norm beruhen müsste. Ihre Geltung kann nicht mehr von einer höheren Norm abgeleitet, der Grund ihrer Geltung nicht mehr in Frage gestellt werden. Eine solche als höchste vorausgesetzte Norm wird hier als Grundnorm bezeichnet." (Kelsen 1960, 196)

Die Grundnorm ist daher die oberste Norm innerhalb des gesamten Rechtssystems und ist somit der Geltungsgrund aller in einem Rechtssystem vorhandenen Gesetze und Normen. Die Grundnorm allerdings ist im Gegensatz zu den von dieser abgeleiteten Normen nicht durch einen menschlichen Willensakt einer bestimmten Autorität, eines konkreten Souveräns entstanden. Die Grundnorm wird vielmehr von Kelsen vorausgesetzt. Sie ist somit eine logische Fiktion.

Über den Inhalt der Grundnorm wurde in den Rezeptionsarbeiten zu Kelsens Reiner Rechtslehre einigermaßen kontroversiell debattiert. Die Grundnorm beinhaltet dabei jedenfalls eine implizite Aufforderung, sich so zu verhalten, wie es die jeweilige Verfassung vorsieht. Der übrige Inhalt liegt indes im Aufgabenbereich der jeweiligen Rechtssetzungsautorität. Kelsen propagiert dabei selbst, dass die Grundnorm möglichst weit und offen interpretiert werden sollte. Die Inhalte sind insofern belanglos, solange nur die Rechtsordnung selbst im Großen und Ganzen wirksam ist, d.h. das Rechtssystem im Allgemeinen funktionsfähig ist.

7.2.4 Die Theorien der Anerkennung

Die Durchsetzung des materiellen Rechts ist in einer Rechtsordnung, einem Rechtssystem nur als ultima ratio vorgesehen. Müsste nämlich tatsächlich jeder Vertrag, jedes Urteil zwangsweise durch Organe der Gerichtsbarkeit durchgesetzt werden, so würde das System der Rechtspflege relativ rasch an seine Grenzen stoßen. Das System der Rechtsordnung funktioniert auch nur deshalb, weil sich die überwiegende Anzahl der Normunterworfenen von sich aus rechtstreu verhält. Man kann daher einen Geltungsgrund des Rechts auch in seiner generellen Anerkennung durch die rechtsgetreuen Bürger erblicken. Die Anerkennungstheorien fragen nicht nach den Motivationen einzelner: Ob das Recht daher aus intrinsischen Überzeugungen eingehalten wird oder aus der Angst vor drohenden Repressalien, ist für die Anerkennungstheorien belanglos.

Die Anerkennungstheorien bauen ihre Legitimität demnach auf einer allgemeinen Normsozialisation auf. Die Sozialisation ist dabei im Sinne der jeweils herrschenden Gesellschaftsordnung immer dann gelungen, wenn Rechtsnormen nicht von außen als aufoktroyiert empfunden, sondern als Werte verstanden werden, denen man freiwillig und aus Überzeugung heraus Folge leistet. Die Normen werden somit internalisiert. Man bekommt ein schlechtes Gefühl, wenn man sein Handeln gegen diese Normen richtet. Es entwickelt sich dabei ein Phänomen, das umgangssprachlich auch als „Rechtsgefühl" umschrieben werden kann. Als Ergebnis dieses Sozialisationsprozesses werden die Normen daher über weite Strecken freiwillig und ohne die Androhung von etwaigen Sanktionen befolgt.

Im Rahmen des Zivilrechts artikuliert sich das rechtstreue Verhalten in der Erfüllung und Einhaltung von Verträgen, im Strafrecht hingegen dadurch, dass die Mehrheit der Bürger keinerlei Straftaten begeht.

Die Frage der generellen Anerkennung von generellen Normen wirft dabei einige Fragestellungen auf. Was wird anerkannt? Jede einzelne der unzähligen Rechtsnormen? Die Verfassung? Die Rechtsordnung in ihrer Gesamtheit? Ernst Rudolf Bierling, ein deutscher Rechtstheoretiker, vertritt diesbezüglich die Anerkennung der Verfassung und dadurch indirekt aller anderen Rechtsnormen, die auf Grundlage der Verfassung erlassen wurden. Andere wiederum akzentuieren, dass es eigentlich die normerlassende Instanz ist, deren Legitimität zur Rechtssetzung Anerkennung findet.

Von der eben beschriebenen generellen Anerkennung ist der individuelle Anerkennungsakt durch die Rechtsunterworfenen strikt zu unterscheiden. Die innere Anerkennung des Rechts, die dazu führt, dass sich der Einzelne rechtsgetreu verhält, kann zum Beispiel auf einer Gewissensentscheidung beruhen oder andererseits auch aus Praktikabilitätsgründen heraus erfolgen. Die Rechtstreue kann auch bei einzelnen Gesetzen unterschiedlich stark ausgeprägt sein. So kann eine einzelne Norm von einem Rechtsunterworfenen vollkommen gebilligt werden, andere hingegen überhaupt nicht. Die Rechtstreue muss sich aber prinzipiell bei allen Rechtsnormen bewähren und insbesondere bei jenen, bei denen der Einzelne mit den Inhalten nicht vollinhaltlich einverstanden ist, sie aber gerade deshalb anerkennt, weil staatlichen Gesetzen allgemein Respekt entgegenzubringen ist.

Ein gutes Anschauungsbeispiel für letzteres Argument bietet der Umgang mit dem Steuerrecht. Prinzipiell besteht die Übereinkunft, dass das Zahlen von Steuern eine Notwendigkeit darstellt. Die eigene Steuerehrlichkeit beruht aber nicht bei allen Steuersubjekten auf einem Akt der inneren Überzeugung, denn von vielen wird die Steuerehrlichkeit nur deshalb geübt, um den unangenehmen Verfolgungen der Steuerbehörden entgehen zu können.

Die Theorien der Anerkennung versuchen daher, jene Konsensbedingungen herauszufiltern, denen eine Rechtsgemeinschaft ihre Aufmerksamkeit schenkt. Vor allem von den Juristen wird die Selbstreferentialität des Rechts häufig überbetont und dabei vergessen, dass sich die Rechtsordnung nur dann vollständig verwirklichen kann, wenn die überwiegende Mehrzahl der Rechtsunterworfenen dieser in ihrer Gesamtheit Zustimmung entgegenbringt. Trotz unterschiedlichster Einstellungen und Auffassungen sind doch die rechtlichen Spielregeln, wie etwa die institutionellen Verfahrensgarantien, allgemein zu befolgen und zu respektieren, um damit auch eine prinzipielle Konfliktbeilegung innerhalb des Rechtssystems zu ermöglichen. Man spricht dabei von einem gelebten Rechtsethos oder der Befolgung einer Rechtsidee.

Eine betonte Gegenkonzeption zur normativen Begründung der Geltung des positiven Rechts und eine Weiterentwicklung der Anerkennungstheorien stellt die Methode der sozialen Wirkungsorientiertheit dar. Im Mittelpunkt dieser offenen Methodik steht der faktische Einfluss, den die positive Rechtsordnung auf die Gesellschaft ausübt. Ein solches sozialwirkungsorientiertes Verständnis legte dabei H. L. A. Hart seinem theoretischen Hauptwerk „Der Begriff des Rechts“ zugrunde. Nach Ansicht Harts offenbart die Rechtsordnung ihre Wirksamkeit und Geltung durch das faktische Verhalten der Rechtssubjekte: „Wenn wir sagen, daß eine Regel existiert, bedeutet dies nur, daß eine Gruppe von Leuten oder die meisten von ihnen sich wie nach einer Regel verhalten, das heißt, sie verhalten sich allgemein bei besonderen Umständen auf eine bestimmte und stets ähnliche Weise.“ (Hart 1973, 22)

7.2.5 Faktizität und Geltung – Eine Rechtstheorie von Jürgen Habermas

Jürgen Habermas hat sich in seinem Werk „Faktizität und Geltung“ eingehend mit der diskursethischen Legitimation des Rechts befasst. Ausgehend von früheren Arbeiten über die Theorie der Moral, in denen sich die diskursive Problembearbeitung zu bewähren schien, wollte Habermas mit diesem Werk klären, ob das Ideal eines herrschaftsfreien Diskurses auch in der Ausgestaltung und Legitimität von Herrschaft und Rechtsordnung selbst eine Rolle spielen kann. Habermas verfolgte mit dem Verfassen dieses Werkes zwei näher definierte Ziele. Zum einen wollte er offenlegen, wodurch sich die Legitimität des modernen Rechts im „nachmetaphysischen Zeitalter“ begründet, in dem nicht mehr auf religiöse oder sittliche Traditionsbestände referenziert werden sollte. Zum anderen galt es, die von Habermas konzipierte Diskurstheorie für das Gebiet der Politik, d.h. für das Treffen kollektiv verbindlicher Entscheidungen, zu erproben.

Neben einem unantastbaren Grundrechtsbestand, der nur in Gestalt des positiven Rechts und nicht etwa als vorgelagerte moralische Instanz Verbindlichkeit erlangen kann, begründet die diskursethische Begründung des Rechts dessen Richtigkeit. Habermas bedient sich dabei der Grundsätze der deliberativen Demokratie, deren Grundparadigma kurz so zusammengefasst werden kann: Die Bedingungen der sozialen Ordnung, also das Recht, sind in einer öffentlichen Argumentation unter gleichberechtigten Bürgern auszuhandeln. Dabei sollen vor allen Dingen die materiellen Anforderungen einer möglichst offenen und freien Argumentation zugänglich sein. Ziel des Diskurses ist es dabei, Verfahren möglichst so zu gestalten, dass dadurch ein öffentliches Meinungsbild erzeugt werden kann, in das die relevanten politischen und rechtlichen Entscheidungsträger soweit wie nur möglich miteinbezogen werden.

Letztlich sind nach Habermas genau jene Handlungsnormen gültig, denen alle möglicherweise Betroffenen als Teilnehmer an rationalen Diskursen zustimmen könnten. Nach Habermas vollzieht sich dabei die Erzeugung von Recht auf zwei Diskursebenen: die Begründungsdiskurse und die Anwendungsdiskurse. Erstere verfolgen den Anspruch, durch eine möglichst breite Involvierung aller Betroffenen im Akt der Normgenese illokutionäre, verständnisorientierte Sprechsituationen erzeugen zu können, in denen alle von der inhaltlichen Richtigkeit der aus dem Diskurs herausgegangenen Normen überzeugt sein können. Dies ist freilich nur eine utopische Fiktion. Vielmehr – und so realistisch ist Habermas auch selbst – geht es im Rahmen der Begründungsdiskurse darum, sich auf Argumentationsregeln zu verständigen. Diese sollen so konzipiert sein, dass es zu einer möglichst breiten und offenen Berücksichtigung der wohlverstandenen Allgemeininteressen aller Betroffenen durch die Politik kommt. Die zweite Form der Rechtsdiskurse, die Anwendungsdiskurse, fokussieren vielmehr auf eine empirische Dimension, denn nur als richtig erachtete Entscheidungen, welche unparteiisch und rational argumentiert werden, fügen sich gänzlich in die Struktur des Rechtssystems ein. Falsche oder falsch gewordene Entscheidungen erwachsen ihrerseits lediglich in Rechtskraft. Es kommt daher innerhalb der Anwendungsdiskurse zu einer permanenten kommunikationsangeleiteten Reflexion über die Richtigkeit, Angemessenheit und Zumutbarkeit von Normen. Legitime Gesetze müssen somit die Kommunikationsvoraussetzungen bewahren, mit denen Gesetze begründet, aber auch öffentlich in Frage gestellt werden können.

Die diskursive Begründung von rechtlichen Entscheidungen verlangt somit nach Habermas eine rechtsexterne Kommunikation im Netzwerk der politischen Öffentlichkeit, die sich wiederum in viele öffentliche Teilöffentlichkeiten (z.B. ökonomische, universitäre, ökologische usw.) segmentiert. Typischerweise sind aber diese öffentlichen Teilöffentlichkeiten – vielleicht mit Ausnahme der ökonomischen – selbst aber erheblich zu schwach, um Entscheidungsprozesse von gesamtgesellschaftlicher Tragweite zu initiieren. Dafür bedarf es aber der Mobilisierungskraft der öffentlichen Meinung über die Massenmedien. Wichtig ist für Habermas allerdings, dass nicht die Massenmedien selbst den politischen Diskurs beeinflussen und gar mitgestalten, sondern dass durch die Zivilgesellschaft Themengebiete an der Peripherie aufgearbeitet werden, diese dann zu einer öffentlichen Auseinandersetzung führen, durch deren Relevanz erst in die mediale Berichterstattung gelangen und danach vom politischen Zentrum auch behandelt werden (müssen).

In komplexen Gesellschaften kann die an sich wünschenswerte Selbstgesetzgebung jedoch nicht mehr direkt, sondern nur mehr repräsentativ erfolgen. Zeitnot und auch die Dringlichkeit so mancher Problemlösung führen dazu, dass deliberative Auseinandersetzungen durch das demokratische Mehrheitsprinzip unterbrochen werden. Habermas möchte die Qualität demokratischer Institutionen letztlich danach beurteilen, ob sie die Möglichkeit der deliberativen Demokratie zumindest ermöglicht. Habermas' Vorstellung von einem politischen System basiert dabei auf einer zweigeteilten Demokratielogik, die sowohl parlamentarisch-repräsentative als auch öffentlich-informelle Elemente kombinieren soll, denn im Zentrum des politischen System befindet sich das Parlament, dem alle anderen staatlichen Gewalten strikt untergeordnet sind. Dort soll in rechtssetzenden Diskursen kommunikative Macht erzeugt werden, die dann nachgelagert die Ausübung administrativer Macht in Regierung, Verwaltung und Justiz autorisieren kann. Neben dieser zentralen Machtinstitution des Parlaments soll es in Foren von informeller Öffentlichkeit zur Perzeption von gesellschaftlichen Problemstellungen kommen, die argumentativ aufbereitet – auch über Parteien – an die Entscheidungsprozesse des politischen Systems weitergereicht werden können. Verbindungsglieder zwischen zivilgesellschaftlicher Peripherie und politischem Zentrum sind dabei der Parteienwettbewerb in deren Konkurrenz um Themenvormachtstellungen sowie periodisch stattzufindende Wahlen, in denen die Zivilgesellschaft über die Transformationsqualität gesellschaftlicher Problemstellungen im Recht durch die politischen Eliten befinden kann. Dieses eben skizzierte Modell wurde in den Rezeptionsarbeiten zu Jürgen Habermas später dann als „Peripherie-Zentrum-Modell" bezeichnet.

Die Pluralität der Lebenswelten und die Möglichkeit zur spontanen Kommunikation sowie zur Bildung neuer Teilöffentlichkeiten sollen in der Diskurstheorie gegenüber administrativen Bürokratien, staatlichen Zentralisierungstendenzen sowie gegenüber der Medienmacht geschützt werden. Eine funktionierende politische Kommunikation bildet die Voraussetzung dafür, dass formale demokratische Regeln der Diskursethik ihre Anwendung finden können. Grundrechte dienen dazu, die staatsbürgerliche Aktivität der mündigen Bürger der Zivilgesellschaft entsprechend, vor allen Dingen voreinander, schützen zu können, damit diese ihre Rolle im diskursethischen Prozess entsprechend wahrnehmen können. Das Recht im Allgemeinen fungiert somit selbst als Garant für die Möglichkeit eines spontanen und zwanglosen Diskurses über die Richtigkeitsansprüche der Rechtsordnung. Als die zentrale Leitidee dieses Werkes kann konstatiert werden, dass die Prinzipien von Rechtsstaatlichkeit und Demokratie, von Grundrechten und Volkssouveränität, nicht nur im Widerstreit zueinander stehen, sondern vielmehr in ihrer Realisierung aufeinander angewiesen sind.

8 Das Phänomen der „Rechtskultur“

8.1 Eine Kultur des Rechts?

Die Thematik der Rechtskultur ist hierzulande bis dato äußerst selten einer wissenschaftlichen Betrachtungsweise zugeführt worden. Ein Grund dafür ist sicherlich auch darin zu erblicken, dass das Phänomen der Rechtskultur sehr vage oder überhaupt nicht definiert ist, da vor allen Dingen die Kulturforschung, analog zur Erforschung der politischen Kultur, nicht in der methodischen Reinkultur betrieben wird, wie etwa in den USA. Rechtskultur könnte zunächst mit der Pflege und dem Umgang mit dem sozialen Phänomen des Rechts beschrieben werden. Dies darf jedoch keineswegs mit dem Terminus „Rechtspflege“ verwechselt werden, der wiederum als Synonym für das Gerichtswesen gebräuchlich ist.

Kultur kann somit als empirische Wahrnehmung einer zeitlich, räumlich, ethisch und sozialökonomisch bestimmten Gesellschaft sowie normativer und institutioneller Praktiken, Prinzipien, Mechanismen, Denkweisen und anderer Interaktionsformen beschrieben werden. Kultur ist also der Inbegriff der gesamten vom Menschen selbst geschaffenen Lebenswelten, die im Unterschied zur Natur und zum Natürlichen neben der Sprache, den gesellschaftlichen Institutionen, Verhaltensregeln und Denkweisen auch das Recht hervorbringen konnte.

Wie soeben erwähnt, wird die Rechtskulturforschung in den angloamerikanischen Ländern (dort übrigens „legal culture“ genannt) umfassender betrieben. In diesem Kontext sei auch auf das deskriptive Verständnis von „culture“ hingewiesen, das ebendort sehr untechnisch und beschreibend gebräuchlich ist und oftmalig auch bloß simple Vorgänge und Prozesse im Rechtsleben beschreibt. Eine Rechtskultur im Sinne einer Wertewissenschaft ist aber auch in den angloamerikanischen Ländern nicht weit verbreitet.

Nichtsdestotrotz wurde die Rechtskultur immer wieder auch als Resultat der zunehmenden Zersplitterung und Ausdifferenzierung der Rechtsordnung ins Treffen geführt. Eine sich in permanenter Änderung befindliche Rechtsordnung geht mit einer ebenso wahrnehmbaren Heterogenität der Kenntnisse, der Werthaltungen und der Einstellung einher.

Dieses einführende Subkapitel abschließend sei ein – aus der Sicht des Autors – treffender Definitionsversuch von Rechtskultur wiedergegeben. Bei der Rechtskultur handelt es sich demnach um den „Inbegriff der in einer Gesellschaft bestehenden, auf das Recht bezogenen, Wertvorstellungen, Normen, Institutionen, Verfahrensregeln und Verhaltensweisen" (Raiser 1995, 318).

Diese Definition spiegelt die Tatsache wider, dass Rechtskultur im wissenschaftlichen Diskurs nicht wertend verwendet wird bzw. verwendet werden soll, sondern dass Rechtskultur darauf abzielt, empirisch beschreibbare Unterschiede zwischen kulturell bedingten Ausprägungsformen des Rechts und des Rechtsgebrauches zu beschreiben, kulturelle Praktiken und Werte rechtstheoretisch zu reflektieren oder Recht als Instrumentarium hegemonialer Ordnungsbildung darstellen zu wollen. Es kommt dabei zu einer funktionalen Verschmelzung von staatlicher Politik und der Rechtsordnung, einer strukturellen Koppelung von politischem System und Rechtsordnung.

Das Recht kann dabei keinesfalls ohne die Dynamiken der ausdifferenzierten Gesellschaft verstanden werden. Ändern sich wesentliche Voraussetzungen innerhalb eines politischen Systems, so verschieben sich auch die Handlungsprämissen von Rechtssetzung und Rechtsanwendung. Ändern sich Einstellungsweisen und Mentalitäten im Hinblick auf ein Rechtsinstitut, so ändert sich auch die Rechtsakzeptanz und somit die Chance auf Rechtsbefolgung und Rechtdurchsetzung und damit auch die Legitimität rechtsstaatlichen Verhaltens.

8.2 Zwei differente Lesarten von Rechtskultur

Hat man sich mühevoll auf eine Definition von Rechtskultur einigen können, so darf dennoch eine Differenzierung zweier unterschiedlicher Dimensionen nicht vernachlässigt werden.

Legt man zunächst den Begriff der Rechtskultur eher deskriptiv an und geht man von der oben angeführten Definition Thomas Raisers aus, so inkludiert eine solche Herangehensweise eine Reflexion über die Erwartungshaltung von Recht und seinen Regulierungsleistungen, über die Akzeptanz von Recht, über die Gesetzgebung, über den Gebrauch dieses

Rechts in Bürokratie und Gesellschaft, die Professionalisierung des Rechtsapparates, die Konfliktlösungsfunktionalitäten des Rechts, die allgemein in der Gesellschaft vorhandene Rechtskenntnis, das daraus abgeleitete tatsächliche Verhalten (Rechtstatsachenforschung) sowie über den Umgang der Medien mit dem Phänomen des Rechts und mediale Gerechtigkeitsdarstellungen.

All diese verschiedenen Aspekte und Facetten lassen sich nicht vollständig und eindeutig damit klären, dass man versucht, das Recht als ein Instrument des Machterhalts verschiedenster gesellschaftlicher Gruppierungen zu beschreiben; vielmehr geht es um ein Wechselspiel politischer und administrativer Eliten. Wie auch von Luhmann aufgezeigt (vgl. Kapitel „Das Wesen des Rechts in der Systemlehre bei Niklas Luhmann"), kommt es dabei zu einer tendenziellen Selbstschließung des Rechts, was wiederum bedeutet, dass das Recht dabei nicht nur Vorgaben für seine künftigen Änderungen selbst auserwählt, sondern dass es selbst auch legale Erwartungshaltungen produziert, die die weitere Entwicklung des Rechts bzw. den Konflikt hierüber mitzubestimmen vermögen.

Rechtskultur kann hingegen auch ganz im Sinne der Systemtheorie funktional interpretiert werden, wobei die wesentlichste Funktion des Rechts darin besteht, sich permanent ändernde Umweltbedingungen steuern oder stabilisieren zu wollen. Die Tendenz der Verrechtlichung und qualitativ-rechtlichen Segmentierung in manchen Politikfeldern ist demnach ein Element der stets nach Anpassung und Modernisierung trachtenden Rechtsordnung. Das Recht hat im Laufe der Zeit daher Institutionen, Netzwerke, Verfahren, Erwartungshaltungen und Normen generiert und dabei die immanenten Erfordernisse der Reproduktion gesellschaftlicher Herrschaftsstrukturen stets mitberücksichtigt.

Rechtskultur in ihrer funktionalen Lesart ist daher die unmittelbare Folge der gesellschaftsgestaltenden Dimension des Rechts und somit der Einbettung des Rechts in die gesellschaftliche Alltagspraxis und der permanenten Selbstanpassungstendenzen des Rechts an den sozialen Wandel. Diese Anpassungsbestrebungen des Rechts beruhen auf Systematisierungsversuchen unübersichtlich gewordener Rechtsmaterien und auch auf einer zunehmenden Rechtsharmonisierung, die etwa durch Angleichung an internationale Standards vorangetrieben wird. Adaptionen soll und muss das Recht aber auch dadurch erfahren, dass es problemadäquate Rechtsfiguren und -praktiken entwickelt und somit eine gewisse Problemsensitivität für gesellschaftliche Problemlagen und -stellungen an den Tag legt. Diese Veränderungsgeneigtheit der Rechtsordnung lässt sich aus der Perspektive der Rechtskultur etwa daran bemessen, ob vor der Reformulierung von Gesetzesmaterien ein umfangreiches Begutachtungsverfahren, an dem Betroffene und zivilgesellschaftliche Akteure gleichsam wie auch andere Experten unter der Voraussetzung eines freien Diskurses partizipieren konnten, stattgefunden hat. Aber auch das Feedback und die Rechtsakzeptanz der Normunterworfenen sowie die Einbindung dieser in partizipative Verwaltungsstrukturen können die Ausprägung der Rechtskultur wesentlich beeinflussen.

Das Konzept der Rechtskultur ist in diesem funktionalen Verständnis daher viel mehr als die deskriptive Darlegung einzelner Elemente einer Rechtskultur, sondern ermöglicht daneben auch das Treffen valider Aussagen über die normative Modernisierungsfähigkeit einer Rechtsordnung.

8.3 Rechtskultur als Fundament von Rechtspolitik

Die geltende Rechtsordnung basiert auf einem Fundament einer mehr oder weniger stark ausgeprägten Rechtskultur, die ihrerseits wiederum massiv von den rechtlichen Entwicklungen geprägt ist. Bei der Rechtspolitik geht es, sehr abstrakt gesprochen, um die Möglichkeit der politischen Gestaltungsalternativen. Rechtspolitische Postulate können dabei aber nicht losgelöst vom Phänomen der Rechtskultur betrachtet werden, so wie auch die geltende Rechtsordnung selbst. Es existiert daher ein immanenter Zusammenhang zwischen der Rechtskultur und der Rechtspolitik wie auch zwischen der Rechtskultur und dem aktuell geltenden Recht. Kommt es daher zu einem (Werte-)Wandel im geltenden Recht bzw. in der Rechtspolitik, so bewirkt dieser Wandel auch einen ebensolchen in der Rechtskultur. Jedoch kann auch ein Wertewandel in der Rechtskultur Novellierungen in der Rechtsordnung initiieren.

So war etwa in Österreich bis bis zum Jahr 1975 (!) die Verhängung der Kerkerstrafe bei schweren Verbrechen möglich, wiewohl diese Strafmöglichkeit nur äußerst selten zur Anwendung gelangt ist. Das Strafrechtsanpassungsgesetz von 1974 (BGBl. 422/1974) kann als wichtiges Beispiel für den Wandel der Rechtskultur herangezogen werden, dem dann eine rechtspolitische Forderung folgte und die schließlich zur Veränderung der Gesetzeslage führte.

Die Rechtskultur ist dabei viel konkreter, viel spezifischer ausgeprägt als die politische Kultur. Dies darf jedoch keinesfalls große Verwunderung hervorrufen, da die Systemvorstellung von Rechtskultur davon ausgeht, dass diese permanent und regelmäßig angewandt wird, sich also immer wieder selbst reproduziert. Dies kann jedoch bei der politischen Kultur in diesem Ausmaß keinesfalls beobachtet werden, da die Vorgaben und die Annahmen politischer Kultur weit weniger präzise sind als jene der Rechtskultur. Insgesamt scheint aber die politische Kultur stärkeren Veränderungsentwicklungen als die Rechtskultur unterworfen zu sein, da durch die rasanten Dynamiken von ökonomischen und technischen Entwicklungen auch die gesellschaftlichen Rahmenbedingungen in entscheidender Weise mitverändert werden. Die Rechtskultur bleibt demgegenüber erstaunlich konstant und unverändert, auch wenn sich das juristische Rollenverständnis neuen Umständen anzupassen hat.

8.4 Mögliche Inhalte und Merkmale einer Rechtskultur

Das wohl wichtigste Element der Rechtskultur ist die allgemeine Verlässlichkeit des Rechts sowie das Vertrauen des Bürgers in das Recht. Beides erscheint gefährdet, wenn dem permanenten Novellierungs- und Anpassungsdruck von der Politik immer öfter nachgegeben wird. Dieser Umstand, der in Österreich anlässlich der rasch durchgesetzten Reformmaßnahmen der ersten „schwarz-blauen“ Bundesregierung plakativ mit „speed kills“ beschrieben wurde, hat zur Folge, dass die Politik in zunehmendem Ausmaß auf eine profunde rechtswissenschaftliche Beratung, die auf die Güte und die Qualität des Rechts Rücksicht nimmt, verzichtet. Stattdessen wirken heute große Anwalts- oder Wirtschaftsprüfungskanzleien oftmals unverhohlen bei der Rechtsentwicklung mit – ein Zustand, der in der kontroversiell geführten aktuellen Debatte unter dem Schlagwort „Lobbying“ bekannt ist. Zu den unmittelbaren Konsequenzen dieser Praxis konstatierte der deutsche Medienrechtswissenschafter Thomas Hoeren in der Frankfurter Allgemeinen Zeitung vom 20. 7. 2009 in treffender Weise: „Es entstehen gesetzliche Regelungen, deren Halbwertszeit gleich null ist, bei denen das Änderungsgesetz noch vor dem Hauptgesetz im Bundesgesetzblatt erscheint.“ Dass solche von massiven Fremdinteressen beeinflusste, sich rasch ändernde Gesetze nicht zur subjektiv empfundenen Zuverlässigkeit des Rechts beitragen, liegt klarerweise auf der Hand.

Neben der potentiellen Beeinflussung der Rechtsgenese sind auch generell die Technik und die Methode der Gesetzgebung wesentliche Einflussfaktoren der Rechtskultur. Was in Westeuropa durch die jahrelange Tradition der Rechtsschulen langsam gewachsen ist und sich kontinuierlich auch weiterentwickelt, das ist aufgrund des hohen Aufwandes in vielen Ländern, in denen revolutionsbedingt die Rechtsordnungen und das Rechtssystem permanenten Transformationsprozessen unterworfen sind, ein massives rechtsdogmatisches Problem. Es wird wenig Sorgfalt und Zeit auf die Ausarbeitung eines in sich stringenten Normensystems verwendet. Dies zeigt sich etwa im Auftreten von Redundanzen in der Rechtsordnung, in den nichtsystematischen Eingliederungen von Rechtsnormen in den hierarchischen Stufenbau der Rechtsordnung oder im mangelnden Abgleich zwischen allgemeinen Regelungen und Spezialgesetzen, was Probleme in der Gesetzesanwendung und bei der Gesetzesinterpretation zur Folge hat.

Der Zugang zum Recht ist eine stets präsente Problematik innerhalb des modernen Rechtsstaates und somit auch der Rechtskultur. Je dichter, umfassender und komplexer dabei die einzelnen Lebensbereiche normativ reguliert werden, desto größer wird die Gefahr, dass sich der Einzelne in einem oft eng geknüpften Netz diffuser Rechtsvorschriften verfängt. Viele Bürger überkommt angesichts dessen eine lähmende Ohnmacht, denn viele scheuen aufgrund des eklatanten Machtmissverhältnisses zwischen Individuen und dem hegemonial anmutenden Verwaltungsapparat den Rechtsweg. Im Lichte all dieser Erfahrungen wurden Beschwerdeeinrichtungen wie die der Volksanwaltschaft geschaffen, deren allgemeines Verständnis von geringerer Förmlichkeit in Zugang, Zuständigkeit und Entscheidungsprozess in der Rechtssache geprägt war. In diesem Kontext sind auch die Kosten zum Rechtszugang zu benennen, die für viele – trotz Verfahrenshilfen – eine massive Hürde in der Rechteverfolgung darstellen.

Ähnlich wie der Zugang zum Recht zählt auch die allgemeine Rechtskenntnis zu den Elementen der Rechtskultur. Dabei sei erstens die rechtswissenschaftliche Ausbildung der Juristen und insbesondere jene der Richterschaft, die ja zur Rechtsprechung berufen ist, andiskutiert. Eine profunde Ausbildung der Juristen gewährleistet später dann auch eine von diesen ausgehende Pflege der Rechtskultur. Wird das Recht von oben dekretiert oder wird den Juristen in ihrer Ausbildung der allgemeine Zugang zum Recht erschwert, so kann sich auch keine Akzeptanz der agierenden Juristen und auch keine adäquate Rechtskultur innerhalb der Bevölkerung entwickeln. Zum zweiten muss auch der Bevölkerung der Zugang zum Recht offenstehen (etwa durch Onlineportale wie www.ris.bka.gv.at). Was in demokratischen Verfassungsstaaten wie eine pure Selbstverständlichkeit anmutet, ist und war vor allem in Reformländern nicht selbstverständlich. So wurde zum Beispiel in Russland erst mit der Verfassung von 1993 ein Veröffentlichungsgebot der Gesetze im Verfassungsrang verankert, um diesem rechtsstaatlichen Defizit Abhilfe zu leisten.

Auch die Qualität des Gerichtssystems beeinflusst die im Staat wahrgenommene Rechtskultur. So führt neben der Ausbildung der Richter vor allen Dingen die Verfahrensdauer zu einem Akzeptanzproblem der Bevölkerung. Die Dauer der Verfahren, die trotz formaler Beschwerdemöglichkeiten oftmals Jahre, wenn nicht Jahrzehnte andauern können und dann vielleicht noch wegen Verjährung nicht zu Ende geführt werden, trägt nicht zur Rechtssicherheit bei. Neben der Kritik der Verfahrensdauer wird oftmalig auch die Ineffizienz des Vollziehungssystems gerügt. Denn was nützt einem ein rechtskräftiges Urteil, wenn dieses dann nicht mithilfe der staatlichen Behörden durchgesetzt werden kann?

Auch der Umfang und die Qualität materieller rechtlicher Schutzbestimmunen (z.B. in Arbeitnehmer-, Konsumentenschutz- oder Mieterschutzgesetzen) sind wesentliche Grundpfeiler einer Rechtskultur. Dabei werden Personenkreise durch das Recht geschützt, die aus verschiedenen Gründen mit typischerweise vorhandenen Übermachtkonstellationen konfrontiert sind, die geeignet sind, erhebliche Nachteile für den Schutzbedürftigen zu entfalten.

Sollten in all den eben aufgelisteten Faktoren erhebliche Defizite vorhanden sein, so kann das gesellschaftlich beklagenswerte Phänomen des „Rechtsnihilismus“ registriert werden. „Rechtsnihilismus“ zeigt sich durch generelles und notorisches Misstrauen gegenüber dem Recht, das der Meinung der Menschen nach nur dem Machterhalt der gerade herrschenden politischen Elite dient. Seinem subjektiven Recht versucht man demnach außerhalb staatlicher Prozesse zum Durchbruch zu verhelfen, was natürlich eine Einfallspforte für Korruption oder andere zu missbilligende Missstände darstellt.

8.5 Rechtskultur in Österreich

Die Rechtskultur, nicht aber die Rechtskulturforschung, kann in Österreich auf eine lange und sehr beständige Tradition zurückblicken. Wesenstypisch für die österreichische Rechtskultur ist dabei die Akzeptanz gewisser hierarchischer Strukturen, die Überzeugung der Determiniertheit (politischen) Handelns durch die Rechtsordnung sowie die dadurch generierte Vorhersehbarkeit. Diese drei Prinzipien bedürfen im Folgenden einer kurzen Erläuterung.

Die Hierarchie der Rechtskultur wird in Österreich ganz zentral von der Gesetzgebung bestimmt. Der Gesetzgebung strikt und klar untergeordnet sind die Verwaltung und die Gerichtsbarkeit, in denen verschiedenste juristische Berufe, wie Verwaltungsbeamte, Rechtsanwälte, Richter oder Notare, ihre Tätigkeit entfalten. Diese sind ihrerseits dem Willen des Gesetzgebers strikt unterworfen und zwingen auch die rechtsunterworfenen Bürger auf unterschiedliche Weise, die Gesetze zu befolgen. Das Ansehen des Berufsstands der Juristen ist aufgrund der Schwierigkeit der Ausbildung sowie der Bedeutung ihrer Positionen im politischen System sehr hoch. Die nahezu apodiktische Bewunderung der Norm konnte über die Jahre eine Juristenklasse formen, die zum Teil in einer gewissen abgehobenen Distanz zu den Rechtsunterworfenen agiert. Diese Absolutheit der Gesetzesbefolgung wird nur durch die (auch international verankerten) Menschenrechtsabkommen relativiert. Die Determiniertheit des (politischen) Handelns, also das Legalitätsprinzip, ist eines der zentralen Dogmen des Rechtssystems. Die Annahme, dass sämtliches Handeln durch Gesetze bestimmt werden kann, muss natürlich eine Fiktion bleiben. Aus der Determiniertheit resultiert jedoch auch die durchaus positiv zu sehende Vorhersehbarkeit. Diese Vorhersehbarkeit ist im österreichischen Rechtssystem durchaus stark ausgeprägt. Sie zeigt sich unter anderem in der Offenheit und der Publizität sowohl der Normen als auch des Rechtswesens und auch darin, dass die Organe der Rechtspflege diese Verlässlichkeit prinzipiell auch unter Beweis stellen.

Das Wissen über das Recht ist in Österreich hingegen nicht sonderlich stark ausgeprägt. Empirische Untersuchungen verifizieren diese These. Konfrontiert man etwa Bürger mit zentralen Inhalten und Grundsätzen der Verfassung, so erntet man über weite Strecken nur Erstaunen. Dies mag freilich auch mit der Eigenheit der erheblichen Rechtszersplitterung unserer Verfassung zu tun haben.

Ein zunehmendes Interesse an der Rechtskultur konnte mit der sich intensivierenden Debatte rund um die supranationale Integration und der zunehmenden Harmonisierung des Rechts im Sinne der Entwicklung eines europäischen Rechtsraumes konstatiert werden. Der Absolutheitsgehalt und das Primat nationalstaatlicher Politik lassen sich sicherlich nicht mehr in dem Maße aufrechterhalten wie bisher. Die Rechtsgenese findet nicht mehr nur durch die Logiken des nationalstaatlichen Gesetzgebungsverfahrens statt, sondern bedarf vielmehr der Kooperation zwischen europäischer und nationalstaatlicher Ebene. Dies äußert sich unter anderem dadurch, dass Richtlinien der Europäischen Union auf dem Wege der nationalstaatlichen Gesetzgebung in die österreichische Rechtsordnung transformiert werden müssen.

Im Bereich der Verwaltung fand in den letzten Jahren ebenfalls ein gewisser Wertewandel statt. Die alten hierarchischen Formen der Bürokratie wurden zusehends durch eine neue Rollenvorstellung der Beamtenschaft und des Verwaltungsapparates ersetzt. Verwaltungshandeln wurde im Sinne eines „Public Managements" uminterpretiert. Die paternalistische Struktur der staatlichen Verwaltung soll in eine dienstleistungsorientierte Partnerrolle gewandelt werden. Das zentrale Schlagwort dieses kontinuierlich vorangetragenen Änderungsprozesses war E-Government (eigentlich ja E-Administration). E-Government (also die Abhandlung von Behördengängen im Internet) soll den Bürgern schnellere und unkompliziertere Dienstleistungen bieten und dem Staat dadurch wesentliche Kosten ersparen. Dabei wird sich der Interaktivität von Informations- und Kommunikationstechnologien für den Parteienverkehr mit dem Bürger bedient, damit vorhandenes Verwaltungspersonal überwiegend für die Erledigung der eigentlichen Anfragen und Anliegen eingesetzt werden kann.

Daneben nimmt auch die mediale Berichterstattung über das Rechtswesen und seine Akteure (etwa durch Sendungen wie „Der Bürgeranwalt" oder „Schauplatz Gericht") zu. Diese Medialisierung verschafft einen Einblick in den oft intransparent anmutenden Rechtsalltag, was trotz einiger dramatisierender Darstellungen einzelner Rechtsfälle insgesamt das Ansehen des Rechtswesens zu steigern vermag.

9 Das Wesen des Rechts in der Systemlehre bei Niklas Luhmann

9.1 Eine kurzer Einblick in die Systemlehre

Die Systemtheorie von Niklas Luhmann ist eine hoch abstrakte Gesellschaftstheorie und nimmt für sich selbst in Anspruch, mit ihren Begrifflichkeiten und inneren Mechanismen sämtliche Phänomene der Gesellschaft erfassen und auch erklären zu können. Die Systemtheorie differenziert dabei im Großen und Ganzen zwischen psychischen Systemen, welche durch das Bewusstsein der Menschen gesteuert werden, und sozialen Systemen, die auf der zwischenmenschlichen Kommunikation basieren. Wiewohl beide Systemarten in einem engen Beziehungskonstrukt zueinander stehen (Luhmann spricht sogar von einer Form der Interpenetration) und sich gegenseitig mitkonstituieren, sind sie nicht kongruent, da die Grenzen des Denkens nicht mit den Grenzen der Kommunikation identisch sind.

Da das System des Rechts der Systemart eines sozialen Systems zugeordnet wird, gilt es nunmehr, deren grundsätzliche Paradigmen aufzuzeigen. Das charakteristische Unterscheidungsmerkmal, welches soziale Systeme von ihrer Umwelt zu unterscheiden vermag, ist die Kommunikation, die aber in der Systemtheorie äußerst weit als Einheit von Mitteilung, Information und Verstehen definiert wird. Die Gesellschaft selbst konstituiert sich aus allen Kommunikation umfassenden sozialen Systemen, in deren Umwelt es keinerlei Kommunikation gibt, sondern nur mehr Effekte anderer Art (wie zum Beispiel das bereits oben angesprochene Bewusstsein, das physische Leben und auch sonstige Objekte) existieren. Da die Gesellschaft somit alle Kommunikationsformen als ihre Operationen in sich integriert hat (selbst aber nicht kommunikationsfähig ist), agiert sie operativ geschlossen und ist in diesem Sinne ein autopoietisches System. Die Gesellschaft kann daher selbst nicht mit ihrer Umwelt kommunizieren, aber sie kann und muss über ihre Umwelt kommunizieren. Autopoiesis (operative Geschlossenheit) bedeutet nämlich nichts anderes, als dass ein System zur Herstellung eigener Operationen auf das bereits vorhandene

Netzwerk eigener Operationen angewiesen ist. Das Gesellschaftssystem ist an seine Umwelt über das Bewusstsein gekoppelt, da die operative Koppelung über die Kommunikation eben ausgeschlossen ist. Denn nur über das individuelle Bewusstsein einzelner Gesellschaftsmitglieder, welche über ihre Sinnesorgane verschiedene Informationen aus ihrer Umwelt wahrnehmen, ist es der Gesellschaft möglich, Umwelteinflüsse aufzunehmen. Dies gelingt aber nur dann, wenn über diese sprachlich kommuniziert werden kann.

9.2 Recht als gesellschaftliches System der Kommunikation

Das Recht selbst wird als ein Subsystem des Gesellschaftssystems verstanden, das sich neben anderen Subsystemen, wie Politik, Ökonomie, Gesundheit, Erziehung usw. innerhalb des Gesellschaftssystems anhand von spezifischen Funktionen, die es selbst für die Gesellschaft erfüllt, ausdifferenzieren konnte. Das Recht übernimmt dabei für die Gesellschaft eine zentrale Stabilisierungsfunktion hinsichtlich normativer Erwartungshaltungen, indem es diese in zeitlicher, sachlicher und auch sozialer Hinsicht generalisiert. Recht bietet den Mitgliedern der Gesellschaft Erwartungssicherheit an. Daneben offeriert das Recht für andere soziale Subsysteme der Gesellschaft funktionale Leistungen, insbesondere jene der Verhaltenssteuerung sowie der Konfliktlösung.

Einzig und alleine kann das Recht in der Systemtheorie aber nicht durch seine bloße Funktionsgewährung gegenüber anderen Subsystemen erklärbar gemacht werden. Als ein Teilsystem der Gesellschaft besteht auch das Rechtssystem selbst aus Kommunikation, die sich wiederum stark von der Kommunikationsform anderer sozialer Subsysteme unterscheidet. Die Rechtskommunikation greift nämlich auf die Kommunikationslogik des binären Codes Recht/Unrecht zurück:

> „Für die Ausdifferenzierung und operative Schließung eines Rechtssystems scheinen nun zwei weitere Errungenschaften wichtig zu sein, die sich wechselseitig stimulieren, und zwar (1) die funktionale Spezifikation des Rechts, das heißt: die Ausrichtung auf ein spezifisches gesellschaftliches Problem und (2) die binäre Codierung des Systems

> durch einen Schematismus, der einen positiven Wert (Recht) und einen negativen Wert (Unrecht) vorsieht. [...] Will ein Jurist erkennen, ob eine Kommunikation zum Rechtssystem gehört oder nicht, muß er daher immer auch prüfen, ob es überhaupt um die Zuordnung von Recht und Unrecht, also um die Domäne des Rechtscodes geht. [...] Was mit diesem Kontrollschema Recht/Unrecht nicht erfaßt wird, gehört nicht zum Rechtssystem, sondern zu seiner inner- und außergesellschaftlichen Umwelt." (Luhmann 1993, 60 f.)

Jede gesellschaftliche Kommunikation kann daher für sich selbst entscheiden, ob sie sich an diesem Rechtscode orientieren möchte. Das ist dabei immer dann der Fall, wenn innerhalb einer Kommunikation etwas als rechtens oder unrechtens behauptet wird, also im weitesten Sinn Anspruch auf rechtliche Geltung erhebt. Anhand des Codes Recht/Unrecht vollzieht sich die operative Schließung des Rechts zu einem autopoietischen System: „Es gibt keinen Input von rechtlicher Kommunikation in das Rechtssystem, weil es überhaupt keine rechtliche Kommunikation außerhalb des Rechtssystems gibt." (Luhmann 1993, 69)

Entscheidet man sich allerdings dafür, für die Lösung eines gesellschaftlichen Konflikts den Rechtscode zu verwenden, so kann man sich jedoch der Vorteile des Rechtssystems zu Nutze machen. Dies inkludiert etwa die Möglichkeit, dem Vertragspartner mit einem Gerichtsprozess zu drohen und ihn somit zum Überdenken seiner Rechtsposition zu bewegen. Letztlich stellt die Chance der Urteilsvollstreckung ebenso einen Vorteil des Rechtssystems dar. Entscheidet man sich also für das System des Rechts und unterwirft man sich seinen bestimmten formellen Voraussetzungen, so kann man sich bei der Durchsetzung seiner Forderungen seiner Hilfe bedienen. Nichtsdestoweniger kann man den Weg der Durchsetzung seiner subjektiven Rechte auch außerhalb des Rechtssystems suchen.

9.3 Die Autopoiesis des Rechtssystems

Mit der Autopoiesis des Rechts will Luhmann klarmachen, dass kein Ereignis von rechtlicher Relevanz seine Normativität aus der Umwelt beziehen kann, sondern dass Rechtskommunikationen an anderen Rechtskommunikationen anknüpfen und sich somit wechselseitig (re)produzieren. Auch der Verweis auf Rechtsoperationen (Normtexte, Judikate usw.) referenziert auf die Strukturen des Rechts, die in der Realität wiederum nur in Rechtskommunikationen, die angewandt, novelliert und interpretiert werden können, in Erscheinung treten. Die Struktur und die Prinzipien der Rechtsordnung, die einzelnen Gesetzestexte und Urteile befinden sich dabei in einem geschlossenen Verweisungszusammenhang und produzieren und indizieren sich in diesem Sinne gegenseitig. Die Autopoiesis des Rechts ist daher bedingende Voraussetzung für die Existenz eines Rechtssystems; sie bedeutet im Umkehrschluss jedoch nicht, dass das Recht außerhalb der Gesellschaft existiert. Alleine die binäre Codierung Recht/Unrecht hebt das Recht von seiner innergesellschaftlichen Umwelt, von den Bereichen der nichtrechtlichen Kommunikation ab. Ohne die operative Geschlossenheit des Rechtssystems gibt es kein solches. Jede Kommunikation, die sich auf den binären Rechtscode bezieht, gehört somit zum Rechtssystem. Betrachtet man Kommunikation im weitesten Sinne als eine Einheit von Mitteilungshandeln, Informationen und Verstehen, so muss für das Phänomen des Rechts festgehalten werden, dass dieses in der Realität nicht direkt beobachtbar ist, sondern durch die Anwendung und Interpretation des positiven Rechts lediglich erschlossen werden kann. Es kommt dabei aber zu einer zeitlichen Diskrepanz zwischen der Normerlassung und der Normanwendung. Kommunikationen des Rechts werden demnach, obwohl diese die Zeit überdauern sollen, auf den Zeitpunkt bezogen, zu dem der Mitteilende handelt. Das Recht löst insofern ein Zeitproblem:

> „Der Zeitbezug des Rechts liegt nach all dem weder nur in der Dauer der Geltung von Normen, die nach änderbar/nicht änderbar unterschieden werden, noch in der immanenten Geschichtlichkeit des Rechts. Er liegt auch nicht darin, daß das ‚Material' des Rechts, das menschliche Verhalten, in Raum und Zeit gegeben ist. Es liegt in der Funktion der Normen, nämlich darin, daß man versucht, sich wenigstens auf der Ebene der Erwartungen auf eine noch unbekannte, genuin unsichere Zukunft einzustellen." (Luhmann 1993, 130)

Das Recht ist selbst daher ein Handlungssystem, in dem die Komplexität der sozialen Lebenswelten reduziert wird. Kommunikationen, die sich an der Codierung Recht/Unrecht orientieren, können damit unabhängig von Zeit und Ort zur Anwendung gelangen.

Von dieser Metaebene des Rechtssystems unterscheidet Luhmann das Rechtssystem im engeren Sinne. Das Rechtssystem im engeren Sinne besteht aus unterschiedlichsten Rechtsakten, die Rechtsfolgen auslösen und damit für ihren überblickbaren Anwendungsbereich die Rechtslage verändern. Rechtsakte sind demnach Verfügungen, die Rechtsgeltung transportieren, die entweder in Form von abstrakt-generellen Regeln (Gesetze, Verordnungen) oder individuell-konkreten Einzelakten (Urteile, Vertrag) augenscheinlich werden. Entscheidend ist, dass mit jeglichem Rechtsakt auch der gesamthafte Zustand des Rechts geändert wird. Begreift man somit das Rechtssystem als die Gesamtheit aller am Rechtscode orientierten Kommunikationen, so ist dieser enge Bereich des rechtlichen Entscheidens, der in etwa mit der umgangssprachlichen Form eines Rechtssystems übereinstimmt, für die Feststellung und Änderung des Rechts verantwortlich. Das organisierte Entscheidungssystem des Rechts basiert auf der Reflexivität des Normierens, als auf positiven Kompetenz-, Organisations- und Verhaltensnormen, deren Beachtung letztlich dazu führt, dass einer Entscheidung selbst normative Kraft zukommt. Innerhalb dieses organisierten Entscheidungssystems des Rechts wird auch festgelegt, was nun positives Recht ist und wie dieses abgeändert werden kann.

Das organisierte Entscheidungssystem des Rechts (oder Rechtssystem im engeren Sinne) differenziert sich mit der Zeit, vor allen Dingen durch die rechtssprechenden Organe der Gerichtsbarkeit, immer weiter aus. Normen werden durch die Rechtsprechung interpretiert, konkretisiert oder auch weiterentwickelt und es entstehen im Laufe der Zeit entscheidungsrelevante Präjudizien. Innerhalb des Rechtssystems ist jedoch aus Gründen der Rechtssicherheit, Gerechtigkeit und demokratischer Legitimation die Funktion der Gesetzgebung von jener der unabhängig agierenden Gerichtsbarkeit in allen Instanzen getrennt. Rechtsregeln sollen von der Legislative festgelegt und danach von der Rechtsprechung unabhängig und objektiv angewandt werden. Das Festlegen auf Regeln im Vorhinein ermöglicht den Rechtsunterworfenen auch, sich am Normeninhalt orientieren zu können.

9.4 Luhmanns Affinität zum positiven Recht

Das Recht in seiner Autopoiesis geriert sich als normativ geschlossenes System (Rechtssystem im weiteren Sinn), in dem ein organisiertes Entscheidungssystem des Rechts (Rechtssystem im engeren Sinn) integriert ist. Immer wenn es zu einer Rechtsentscheidung, also zu einem konkreten Aburteilen, was nun Recht und Unrecht ist, kommt, gilt als Recht allerdings nur mehr das, was vom Entscheidungssystem als Recht anerkannt wird. Diese Tatsache wird aber immer dann verschleiert, wenn die Rechtsprechung in ihrem Gesetzesvollzug nur auf (wenn auch positiviertes) Natur- und Vernunftrecht verweisen kann. Durch die Degenerierung der Überzeugungskraft des Naturrechts wird die Notwendigkeit der Positivität des Rechts offensichtlich. Legitimation von Recht bedarf somit des Konsenses. Da Gerichte, die ja bei Luhmann die primären Organe des Rechtssystems darstellen, diesen Konsens allerdings nicht selbst beschaffen können, werden die Konsensanforderungen in die Peripherie des Rechtssystems abgeschoben, in welcher das Recht über prozessuale Regeln seiner Umwelt die Möglichkeit einräumt, in eigenen Rechtsakten (vornehmlich Gesetz oder Vertrag) Rechtsinhalte festlegen zu können. Das Recht erhält seine Legitimation insofern, als Rechtsinhalte in Form demokratisch beschlossener Gesetze oder in Form eines Vertrages als selbst gesetzt erscheinen.

Könnten jedoch die politischen und ökonomischen Kommunikationsformen ohne weiteres die Rechtslage ändern, so ginge die zuvor skizzierte operative Geschlossenheit des Rechts verloren. Luhmann spricht in diesem Zusammenhang von der nicht wünschenswerten Koppelung des Rechts mit seinen Umwelten. Mit dem Verlust der operativen Geschlossenheit würde es nämlich in letzter Konsequenz unmöglich werden, zwischen Recht und Unrecht unterscheiden zu können. Vielmehr offeriert das Recht seinen sozialen Umwelten die Möglichkeit, selbstständig verbindliche Rechtsakte in der Form von Verträgen oder Gesetzen setzen zu können, wobei das Recht präzise zu definieren hat, unter welchen Voraussetzungen solche Handlungen mit dem Attribut der Rechtsverbindlichkeit versehen werden können und sollen. Diese fruchtbare Verbindung des Rechts zu seinen sozialen Umwelten bezeichnet Luhmann als strukturelle Koppelung des Rechts. Mit dieser strukturellen Koppelung bleiben die Einflüsse der Umwelt auf das Rechtssystem beschränkt. Ohne die Einschränkung wäre das Recht ein abhängiges Medium und den Begehrlichkeiten der Umwelt Tür und Tor geöffnet. Es ist daher essentiell, dass Wirtschaft, Politik und Recht sich anhand ihrer spezifischen Funktionen und Codes als operativ geschlossene Systeme ausdifferenzieren und sich danach reziproke Beziehungen selektiv über strukturelle Koppelungen organisieren, und somit Korruption, Macht und Gewalt als Verknüpfungsmöglichkeit ausschließen.

Politik und Recht sind über das Rechtsinstitut der Verfassung strukturell miteinander gekoppelt. Soll es nun zu Interaktionen des Rechtssystems mit dem politischen System kommen, so kann dies nur über die Verfassung – als für beide Systeme wirksame Struktur – und in deren Spielregeln stattfinden.

Recht und Wirtschaft koppeln sich darüber hinaus über die Rechtsinstitute Eigentum und Vertrag. Für den Akt der strukturellen Koppelung zwischen Wirtschafts- und Rechtssystem bedarf es ebenfalls zunächst einer beiderseitigen innersystematischen Ausdifferenzierung. Im Zentrum des Rechtssystems stehen dabei, wie bereits aufgezeigt worden ist, die Gerichte, an der Peripherie finden über die Gesetzgebung, das Rechtsinstitut des Vertrages, die Rechtsdogmatik, die Rechtswissenschaften usw. strukturelle Koppelungen zu anderen gesellschaftlichen Subsystemen statt. Im Zentrum des Wirtschaftssystems befindet sich laut Luhmann das Bankwesen und in dessen Peripherie Produktion, Handel und Konsum.

Die Systeme des Rechts, der Politik und der Wirtschaft sind demnach operativ geschlossen, stehen aber andererseits über Formen struktureller Koppelungen miteinander in Verbindung. Durch die gleichzeitige Abhängigkeit wie Unabhängigkeit dieser Systeme wurde es dem Gesellschaftssystem ermöglicht, ein höheres Niveau an Komplexität zu erzielen.

10 Das Recht der Risikogesellschaft nach Ulrich Beck

10.1 Die Risikogesellschaft als Resultat einer zweiten Moderne

Das „Recht der Risikogesellschaft“, das durch den deutschen Soziologen Ulrich Beck in den politikwissenschaftlichen Diskurs eingebracht worden ist, basiert auf der grundsätzlichen Annahme, dass das Recht innerhalb des Gesellschaftsgefüges bestimmten Befindlichkeiten ausgesetzt ist. Beck konzipiert dabei mit seiner Gesellschaftskategorisierung der „Risikogesellschaft“ eine durch rechtssoziologische Beobachtungen inspirierte Rechtstheorie, die es sich zur Aufgabe gesetzt hat, ohne einen Gerechtigkeitsbezug auszukommen und gleichzeitig naturrechtliche wie rechtspositivistische Ansätze zu relativieren.

Beck geht bei der Risikogesellschaft von einer Zäsur, einem erst vor kurzem stattgefundenen gesellschaftlichen Wandel aus, der ähnlich der Gesellschaftstransformation von agrarisch geprägten Gesellschaftsformen zur Gesellschaft im Industriezeitalter im 19. Jahrhundert zu einem gesellschaftlichen Paradigmenwechsel geführt hat. Er verortet diese gesellschaftliche Zäsur als einen Bruch in der Moderne, den er als zweite Moderne bzw. Spätmoderne bezeichnet. Die daraus hervorgehende Risikogesellschaft hat mit neuen gesellschaftlichen Herausforderungen zu kämpfen, denn die Schattenseiten bzw. Bedrohungsszenarien des Fortschritts scheinen mehr und mehr den gesellschaftlichen Alltag sowie die soziale Konfrontation zu bestimmen.

Beck beschreibt dabei den Unterschied der zweiten von der ersten industriegesellschaftlichen Moderne wie folgt:

> „In der fortgeschrittenen Moderne geht die gesellschaftliche Produktion von Reichtum systematisch einher mit der gesellschaftlichen Produktion von Risiken. Entsprechend werden die Verteilungsprobleme und -konflikte der Mangelgesellschaft überlagert durch die Probleme und Konflikte, die aus der Produktion, Definition und Verteilung wis-

> senschaftlich-technisch produzierter Risiken entstehen. [...] Es geht nicht mehr [nur] um die Nutzbarmachung der Natur, um die Herauslösung des Menschen aus traditionalen Zwängen, sondern [...] wesentlich um Folgeprobleme der technisch-ökonomischen Entwicklung selbst. Der Modernisierungsprozeß wird ‚reflexiv', sich selbst zum Thema und Problem." (Beck 1986, 25 f.)

Der soeben beschriebene Wandel manifestiert sich dabei nicht in einem Ereignis, sondern geschieht vielmehr in einem kontinuierlichen und langwierigen Prozess. Der technisch-ökonomische Prozess der Modernisierung generiert dabei nicht nur ökonomischen Reichtum; nein, er erzeugt zunehmend auch Risiken, welche die Lebensumwelten von Mensch, Flora und Fauna gefährden. Im Gegensatz zum ersten Industriezeitalter der Moderne im 19. Jahrhundert sind diese Risiken nicht länger regional eingrenzbar und technisch beherrschbar. Neue technische Innovationen führten zu Risiken, die nicht mehr nationalstaatlich oder schichtspezifisch abgrenzbar sind. Sie entwickelten sich zu Globalgefährdungen, inklusive neuartiger sozialer und politischer Dynamiken.

Beispiele dafür sind die friedliche Nutzung der Atomenergie mit ihrem unabschätzbaren Gefährdungspotential; die durch den medizinischen Fortschritt indizierte Überalterung der Gesellschaftssysteme, die zu einem Kollaps des Systems der Alterssicherung führen kann, usw.

Herrschten im vorindustriellen Zeitalter durch die soziale Entität der Großfamilie noch relativ gesicherte und stabile gesellschaftliche Strukturen vor, so zwingt heutzutage der fortschreitende Modernisierungsprozess das politische System in zunehmender Weise zu Rationalisierungsmaßnahmen, die die Lebensverhältnisse insgesamt instabil werden lassen. Die zunehmende Flexibilisierung der Arbeitszeitmodelle, die Vernetztheit der Menschen dank neuester Informationstechnologien und die Globalisierung der Märkte erzeugen neben den von diesen offerierten Möglichkeiten eben auch Risiken, wie die Gefahr der sozialen Vereinsamung oder der allgemeinen Präkarisierung der Lebensverhältnisse. Die Risikogesellschaft fördert also den Prozess der Emanzipation und Individualisierung, der die Stabilität vorgegebener und bewährter sozialer Lebensformen in zunehmendem Maße auflöst.

10.2 Grundlegendes zur Theorie der Risikogesellschaft

Die Theorie der Risikogesellschaft versucht nunmehr darzulegen, wie die Gesellschaft mit von ihr als Risiko erachteten Konstellationen umgeht. Das Hauptaugenmerk der Beck'schen Theorie liegt dabei auf gesellschaftlichen Kommunikationsprozessen, die bestimmte Sachlagen zunächst als Risiko identifizieren und in einem weiteren Schritt den Umgang mit den identifizierten Risiken thematisieren. Nach Beck durchlaufen auch Risikothemen bestimmte Konjunkturzyklen. Zu verschiedenen Zeitpunkten kann ein und dieselbe Risikoart einmal von der Bevölkerung als latent vorhanden wahrgenommen werden, ein anderes Mal wiederum als hochbrisant. Die Beobachtung und Analyse des Umganges der Gesellschaft mit den von ihr identifizierten Risiken entspricht nach der Beck'schen Theorie einer Risikobetrachtung der zweiten Ordnung.

Das Risiko bezieht sich also auf zukünftige, im Ungewissen gelegene Entwicklungen, die mit erheblichen gesellschaftlichen Schadensfolgen verbunden sein können. Für Beck steht dabei nicht so sehr das retrospektive Ausforschen von Schadensverantwortlichen im Vordergrund, sondern gegenteilig schon im Vorfeld, quasi in die Zukunft gerichtet, die Verantwortungen für mögliche Schadensereignisse konkreten Entscheidungsträgern und deren Organisationen zuzuweisen. Dies ist somit ein wahrer Paradigmenwechsel ganz im Kuhn'schen Sinne. Denn nicht mehr der bereits verursachte Schaden und dessen Verantwortlichkeiten sollen theoretisch betrachtet, sondern vielmehr die kausalen Entscheidungsketten der Verantwortungsträger, die den Schaden in schadensgeneigten Situationen letztlich herbeigeführt haben werden, sollen im Mittelpunkt der theoretischen Konfrontationen stehen. Mit der Identifikation von Risiko und der Zuordnung von Verantwortlichkeiten werden gesellschaftspolitische Debatten sowohl über die Chancen-Risiken-Relationen sowie über die Rechtfertigung der jeweiligen Übertragung von Verantwortlichkeiten begonnen.

Dieser Paradigmenwechsel erscheint dabei mehr als nur gerechtfertigt. Denn die retrospektive Schadenszurechnung verstellt den Blick auf Wesentliches, nämlich auf die Frage, ob unter Abwägung wesentlicher Gesichtspunkte der Risikominimierung tatsächlich optimal entschieden worden ist. Da die Folgen des Handelns zukünftig immer unvorhersehbarer werden und auch die Anzahl der Entscheidungen sowie die Entscheidungskomplexität ständig im Zunehmen begriffen ist, erscheint eine Neukonzeptionierung der Herangehensweise an das Risiko dringend geboten.

Das Risikokonzept von Beck nimmt sich dieser Kritik an und löst es mithilfe gesellschaftlicher Kommunikationen über Gefahrentoleranzen und des Festmachens von Verantwortlichkeiten. Dabei kann nicht auf ein zahlenbasiertes, quantitatives System wie bei der Versicherungsmathematik zurückgegriffen werden, denn die kollektive Wahrnehmung und Einschätzung von Risiken erfolgt über weite Strecken nicht nach rationalen Parametern. Vorhandene Problemlagen werden von der politischen Öffentlichkeit unterschiedlich wahrgenommen und mit unterschiedlichen Strategien der Risikovermeidung assoziiert. Dabei sind oftmalig eine (mediengesteuerte) Überhöhung oder aber ein Mechanismus der Risikoverdrängung feststellbar. So beurteilen potentiell von Risiken Betroffene diese naturgemäß subjektiv völlig anders als die für das Risikomanagement Verantwortlichen, die ihre Risikoentscheidungen nach scheinbar objektiven Kriterien treffen. Die politische Kommunikation ist daher per definitionem konfliktreich. Entscheidungen über eine Verteilung der Risiken können auch trotz der akkuratest durchgeführten Risikobewertung einen breiten und intensiven Protest der politischen Öffentlichkeit nach sich ziehen.

So führen Infrastrukturprojekte (Autobahnbau, Flughafenausbau etc.) trotz langwieriger Planung und Umweltverträglichkeitsprüfungen regelmäßig zu großen zivilgesellschaftlichen Protestwellen.

10.3 Die Aufgabe des Rechts als das zentrale Steuerungsmedium der Risikogesellschaft

Die Rolle des Rechts liegt innerhalb der Theorie der Risikogesellschaft klar und deutlich in seiner Steuerungsfunktion zur Reduktion der Risiken akzentuiert. Es dient letztlich dazu, alle negativen Begleiterscheinungen politisierter Risikokommunikation bereits im Vorfeld abzufangen. Der Zweck des Rechts innerhalb der Risikogesellschaft manifestiert sich daher nicht in der Realisierung eines hehren metaphysischen Ideals, wie zum Beispiel der Gerechtigkeit, sondern intendiert eine Regelung der Verhältnisse, die eine möglichst effiziente und auch nachhaltige Verteilung von sozialen Gütern ermöglicht bzw. schon auf präventive Weise risikominimierend wirkt. Es kommt zu einer programmatischen Umstrukturierung des Rechts im Hinblick auf die Bedürfnisse eines effizienten Risikomanagements.

Die klare hierarchische Struktur des Rechts in der Risikogesellschaft wird zunehmend dekonstruiert. Das starre, durch das positive Recht vorgegebene „Wenn-Dann-Schema" wird innerhalb des Rechts der Risikogesellschaft aufgeweicht. Viel wichtiger und bedeutsamer als strenge und logische Deduktionen ist die klare Formulierung des Regelungszweckes durch das Recht. Der Rechtsanwender sollte dann nicht durch das enge Korsett des positiven Rechts gebunden sein, sondern es sollte dem Ermessen des Rechtsanwenders überlassen werden, wie er den Weg der Zweckerreichung beschreiten möchte. Beck postuliert daher eine Herangehensweise an das positive Recht im Sinne der teleologischen Interpretation, die ja auch nach dem Zweck und der Bestimmung der Norm fragt. Die Rechtsanwendung versteht sich als autonomer Nachvollzug der im Gesetz determinierten Zielvorgaben. Das Gesetz sollte des Weiteren auch offen sein für eine dynamische Fortentwicklung des Rechts, zu der das Gesetz nur den äußeren Rahmen und die Verfahrensregeln vorzugeben hat. Offener gehaltene und unpräzisere Gesetze ziehen die Vorhersehbarkeit und somit die Rechtssicherheit in Mitleidenschaft. Sie erlauben jedoch auf der anderen Seite eine notwendig erscheinende Erstreckung auf Tatbestände und Situationen, die bei der Normerlassung nicht genau vorhersehbar und bestimmbar waren.

Fordert Beck eine normative Öffnung des Tatbestandsmerkmals (also des „Wenn"), so gilt dies im gleichen Maße auch für die Rechtsfolgen (also für das „Dann"). Traditionell vom Staat vorherbestimmte Rechtsfolgen werden vermehrt durch nichtstaatliche und informelle Schlichtungsverfahren mit Konfliktlösungskompetenz der unmittelbar Betroffenen ergänzt. Dies hätte eine Stärkung der nichtstaatlichen Schiedsgerichtsbarkeit im Privatrecht und einen zunehmenden Täter-Opfer-Ausgleich im Strafrecht zur unmittelbaren Folge. Auch das Legalitätsprinzip würde einen Bedeutungsverlust erleiden. Im Verwaltungsrecht werden die hoheitlichen Interventionen zunehmend von Strategien der Früherkennung abgelöst. Durch diese um Öffnung bestrebten Rechtsmechanismen soll die gesellschaftliche Steuerungsfunktionalität des Rechts gesteigert werden, um auf neue Bedrohungsszenarien rascher und effizienter reagieren zu können.

Das Recht in der Risikogesellschaft legt also zunehmend seine Starrheit ab. Es wird zu einem offenen, auch lernenden Recht. Diese Lernfreudigkeit des Rechts soll durch sog. Experimentierspielräume dauerhaft institutionalisiert werden. Eine „experimentelle Gesetzgebung" mit zeitlich beschränkten Gesetzen ermöglicht es, Erfahrungswerte bei der Normanwendung und auch der Normenbildung einzubringen. Dadurch können neue Herangehensweisen auf Akzeptanz und Wirksamkeit getestet werden, die, sollten sie sich bewähren, definitiv in den Gesetzen verankert werden können.

Neben der „experimentellen Gesetzgebung" soll kooperatives Recht neue Gestaltungsspielräume der Selbstregulierung öffnen. Das Recht klassischen Zuschnitts begleitet das kooperative Recht, indem es diesem Rahmenbedingungen, z.B. die Miteinbeziehung Betroffener, vorgibt. Durch diese Dezentralisierung des Rechts können aufkommende Regelungsbedürfnisse sach-, problem- und zeitnah einer Lösung zugeführt werden. Damit sollen mögliche Spannungen schon vorweg und zeitnah absorbiert oder Druck auf eine rasche Einigung erzeugt werden.

Interessenverbände regeln etwa autonom ihre Interessenbereiche. Der Bankensektor reguliert selbstverantwortlich Risikokontrollsysteme gegen Geldwäscherei und Steuerhinterziehung. Im Umweltrecht wird das Recht zur Umweltnutzung und Umweltbelastung mit risikominimierenden Überwachungsverfahren verknüpft.

Die Tendenzen der ökonomischen Globalisierung und die damit verbundenen globalen Risiken lassen es notwendig erscheinen, dass neues plurales Recht gesatzt wird, das unabhängig von staatlichen Rechtsordnungen und teilweise unabhängig vom internationalen Recht seine Wirkung entfaltet. Universale Menschenrechtsstandards und ihre fall- und anlassbezogene Durchsetzungsmöglichkeit an Internationalen Gerichtshöfen skizzieren den Weg in Richtung eines Weltmenschenrechts ohne direkten staatlichen Einfluss vor. Diesen Weg haben multinationale Konzerne andererseits bereits beschritten. Denn sie regeln ihre Angelegenheiten zunehmend autonom, ohne Rückgriff auf staatliche Rechtsordnungen zu nehmen. Auch im Bereich des globalen Umweltschutzes und des organisierten Sports (Stichwort Anti-Doping-Organisationen) wurden bereits verbindliche Konventionen statuiert, die unabhängig von staatlichem und internationalem Recht ihre Wirkung entfalten.

Natürlich, und dies erkennt auch Beck an, kann selbst das ambitionierteste Recht sämtliche auftretenden Konfliktpotentiale nicht absorbieren.

Die einst so hohe Steuerungskompetenz des Rechts nimmt immer weiter ab, wenn man Verfahren offen gestaltet, Entscheidungsverantwortung kooperativ durch Kompetenzen zur kontextnahen Selbstregulierung delegiert und Betroffene in Entscheidungsprozesse einbindet und unser Handeln durch nichtrechtliche, aber dennoch verbindliche Normen beschränkt werden soll. Die Rechtsanwendung büßt dabei neben ihren regulatorischen Fähigkeiten auch noch ihre Autorität ein, denn dem Recht wird seine zentrale Geltungsgrundlage entzogen, wenn von diesem nicht mehr klar festgehalten wird, was zu tun und was demgegenüber zu unterlassen ist. Versagen der politischen und gesellschaftlichen Lösungskompetenz beim Umgang mit Risiken fallen dabei direkt auf das Recht zurück, das seinerseits im Spannungsverhältnis zwischen Steuerungsbedürfnissen und Kooperationsstrategien auf der Suche nach seiner eigenen Identität ist. Die von Beck so bezeichnete „organisierte Unverantwortlichkeit", um deren Bewältigung das Risikorecht ja bemüht sein sollte, wirft sohin seinen Schatten auf dieses zurück.

Deutlich zeigt sich diese Problematik bei der Projektion der Beck'schen Annahmen des Rechts beim Rechtsinstitut des Strafrechts. So verlangt dieser flexible Bearbeitungsmodus des Vorbeugens, des selektiven Intervenierens und der kollektiven Risikoverteilung zwangsläufig Handlungsfreiräume für die Exekutive, die vom Gesetz nur der Aufgabe nach bestimmbar sind. Andererseits führt die apriorische Offenheit des Risikobegriffs dazu, dass sich Kompetenzbereiche von traditionell hoheitlichen Rechtsinstituten sukzessive erweitern. Dem traditionellen strafrechtlichen Rechtsgüterschutz werden dabei neue Aufgaben in der Umwelt-, Wirtschafts- und Drogenpolitik zugewiesen. Um all diese neuen Aufgaben auch zufriedenstellend erfüllen zu können, muss das Strafrecht von der punktuellen, anlassfallbezogenen Verfolgung abgehen und sich in Richtung flächendeckender Risikosteuerung umorientieren. Es muss sich auch von den Fesseln der Rechtsstaatlichkeit (v.a. des Legalitätsprinzips) zunehmend lösen und seine Anwendbarkeit auf schwer konkretisierbare Rechtsgüter (wie etwa die Reinheit der Luft oder allgemeine Fairness im Wirtschaftsleben) erstrecken, die Anzahl der möglichen Gefährdungsdelikte erhöhen sowie die Strafbarkeit fahrlässigen Verhaltens ausdehnen, juristische Personen miteinbeziehen, fragwürdige Ermittlungsverfahren (Telefon- und Videoüberwachungen) intensivieren sowie neuartige Erledigungsarten (Abschluss von deals) vorsehen.

Die Lockerung der rechtsstaatlichen Bindung kann allerdings nicht durch ein Mehr an Effizienz legitimiert werden. Daneben kann das Strafrecht auch nicht wesentliche Prämissen (Zurechenbarkeit des Handelns, Anklagegrundsatz etc.) vollkommen negieren. Das Strafrecht kann daher die an diese gestellten Anforderungen aufgrund systembedingter Steuerungsschwächen nicht erfüllen und täuscht nur eine vermeintliche Wirkung vor; es wird daher weitgehend symbolisch.

Zieht man nunmehr Vergleiche mit der im Kapitel „Das Wesen des Rechts in der Systemlehre bei Niklas Luhmann“ behandelten Systemtheorie, so muss man zum Schluss gelangen, dass in der Theorie der Risikogesellschaft die Steuerbarkeit der Gesellschaft weit weniger optimistisch betrachtet wird als noch in der Systemtheorie. Zwar initiieren unvermeidliche Risiken einen gesellschaftlichen Dialog, der seinerseits wiederum notwendige staatliche und rechtliche Strategien der Risikoverminderung hervorruft. Diese Dialoge erweisen sich jedoch für eine effektive Bewältigung des Risikos letztlich als ungeeignet.

11 Recht und Staat

11.1 Der Rechtsstaat im historischen Rückspiegel

Das Recht soll dazu dienen, das Zusammenleben der menschlichen Gemeinschaft zu regeln. Die in der Gemeinschaft lebenden Menschen, die Kant auch als juridische Gemeinschaft bezeichnet, leben im permanenten Bewusstsein der Geltung, aber auch der Durchsetzbarkeit des Rechts. Der Rechtsstaatsbegriff basiert dabei direkt auf der Darlegung des Verhältnisses von Politik und Recht und ist deshalb permanenten Wandlungen unterworfen. Klaus Stern definiert beispielhaft den Rechtsstaat wie folgt:

> „Rechtsstaatlichkeit bedeutet, daß die Ausübung staatlicher Macht nur auf der Grundlage der Verfassung und von formell und materiell verfassungsmäßig erlassenen Gesetzen mit dem Ziel der Gewährleistung von Menschenwürde, Freiheit, Gerechtigkeit und Rechtssicherheit zulässig ist." (Stern 1984, § 20)

In einer historischen Rückschau kann festgehalten werden, dass die Menschen zunächst in kleinen und überschaubaren Personenverbänden der Sippe und der Familie, später dann eines Stammes, noch später dann in Städten (z.B. in der griechischen Polis) und schließlich in großen Flächenstaaten lebten. Neben dem generellen Recht, das allgemeingültig für die gesamte Rechtsgemeinschaft galt, gab es lange Zeit ein stark segmentiertes und sehr heterogenes Recht, welches die jeweiligen Spezifika der einzelnen Personengruppen, Stände (Adelsrecht) und Berufe (Zunftrecht) mitzuberücksichtigen versuchte.

Erstmalig wurde im Absolutismus das Phänomen des Rechtsstaates eingehender untersucht. Der zentrale Staatszweck im Absolutismus war die Bewahrung der individuellen körperlichen und geistigen Freiheiten der Rechtsunterworfenen sowie die Aufrechterhaltung der öffentlichen Ordnung. Das Recht war im absoluten Rechtsstaat ein Instrumentarium der politischen Eliten, die unter dem Vorwand, dem Allgemeinwohl dienen zu wollen, dieses schranken- und auch zügellos zum Einsatz brachten.

Gerechtfertigt wurden dabei sowohl das Recht als auch die staatlichen Interventionen mit dem Rückgriff auf die göttliche Legitimation dieses Handelns.

Der absolute Rechtsstaat sowie die willkürlichen Rechtseingriffe in die persönlichen Freiheitsräume wurden durch den liberalen Rechtsstaat abgelöst, der sich dezidiert gegen die staatliche Bevormundung wandte. Der Bürger sollte durch das Recht autonome Freiheitsräume eingeräumt bekommen, um sich in seiner Privatsphäre selbst verwirklichen zu können. Diese Transformation des Rechtsstaatsverständnisses war gleichsam die Geburtsstunde der Grund- und Menschenrechte. Daher stammt auch das liberale Grundrechtsverständnis von heiß umkämpften Abwehrrechten gegenüber dem Staat. Die wichtigsten Grundrechte waren damals wie heute die persönliche Freiheit, die Glaubensfreiheit, die Religionsfreiheit, das Versammlungsrecht sowie die staatliche Garantie des Privateigentums.

Das Individuum wurde vom Untertan zum Staatsbürger. Der Inhalt der Gesetze sollte sich dabei auf die Vernunftbegabtheit der Staatsbürger stützen können. Kant bezeichnet demzufolge den Staat als eine freiwillige Vereinigung einer Menge von Menschen unter Rechtsgesetzen. Der liberalistische Freiheitsstaat, der dem Streben nach individueller Freiheit und dem im 19. Jahrhundert aufkommenden Wunsch nach arbeitsteiligen Wirtschaften Rechnung trug, war demnach bemüht, die staatlichen Einflusssphären zurückzudrängen und das individuelle Wohlergehen in die Hände eines jeden Einzelnen zu legen. Der Rechtsstaat selbst sollte sich auf die wesentlichsten Staatszwecke (wie Gesetzgebung oder Gerichtsbarkeit) beschränken. Insbesondere schränkten aber die neu erworbenen Freiheitsrechte den Bereich der Exekutive ein. Der liberale Rechtsstaatsbegriff reduzierte die Verwaltung auf die Gesetzmäßigkeit; administrative Tätigkeiten außerhalb der Gesetzesinhalte waren daher strikt untersagt. Man war demzufolge um eine penible Abgrenzung zum absoluten Rechtsstaat bemüht.

Der liberale Rechtsstaat fundiert dabei auf dem Glauben an die absolute Unfehlbarkeit des Mehrheitsprinzips. Recht wird als nichts anderes als die Transformation des „volonté générale“ (Rousseau) angesehen. Der Rechtsstaat sollte demzufolge nur formell Verfahren konstruieren, damit der Wille der Allgemeinheit realisiert werden konnte. Die Gefahren einer solchen „Mehrheitsdiktatur“ sind geradezu evident, denn die Ausbildung von allgemein beachtenswerten Werten und Prinzipien erfolgt neben und nicht nur nach der Logik des propagierten Mehrheitsprinzips. Werte und

Prinzipien skizzieren jedoch die Richtigkeit der erlassenen Gesetze vor. Die Reduktion des Rechtsstaates auf seine formalen Inhalte führte zu einer tiefen gesellschaftlichen Spaltung, die gegen Ende des 19. Jahrhunderts wiederum reaktionäre Kräfte hervorrief. In seinem Bestreben nach einer größtmöglichen Freiheit ebnete der liberale Rechtsstaat schließlich den Weg zu den totalitären Regimen.

11.2 Das Rechtsstaatsverständnis heute

Das aktuelle Rechtsstaatsverständnis zog seine Lehren aus dem Versagen des liberalen Freiheitsstaates. Heutzutage enthalten die Verfassungen neben den formellen Garantien auch inhaltliche materielle Aussagen über die Staatstätigkeit, die zur Freiheitssicherung des Einzelnen materiell beitragen soll. Sowohl formelle als auch materielle Garantien werden durch die Grundrechte gesichert, die für die einfache parlamentarische Mehrheit zugleich Schranke wie auch Zielbestimmung jeglicher Staatstätigkeit sind.

Heute sind nahezu alle Menschen praktisch ohne Ausnahme in staatlich organisierten Gemeinschaften sozialisiert. Der Staat gilt (abgesehen und mit einigen Abstrichen von den supranationalen Staatengemeinschaften) dabei als allgemeinste Organisation einer Gesellschaft. Nach dem Völkerrecht kennzeichnen einen Staat ein festgelegtes Staatsterritorium, ein Staatsvolk und eine einheitliche und effektiv ausgestaltete Staatsgewalt.

Das Völkerrecht begnügt sich dabei mit diesen drei Merkmalen. Im politischen Kontext tritt jedoch auch die innere Anerkennung des Staates durch das Staatsvolk sowie die äußere Anerkennung durch andere Staaten hinzu. Nach der völkerrechtlichen Lehre sind diese Anerkennungsakte jedoch nicht zwingende Voraussetzung, denn diese Anerkennungsakte werden durch die effektive Staatsgewalt absorbiert. Der Staat ist für die Rechtsgemeinschaft der oberste Souverän. Diese Souveränitätsrechte werden nur durch einzelne Akte an internationale oder supranationale Organisationen übertragen.

Die Ausübung der Staatsgewalt erfolgt durch die Staatsorgane. Diese Ausübung ist durch eine gewisse plurale Formenvielfalt gekennzeichnet. So zählen etwa Akte einfachen Verwaltungshandelns (Wasser- und Energieversorgung, Müllentsorgung usw.) ebenso hinzu wie die Ausübung

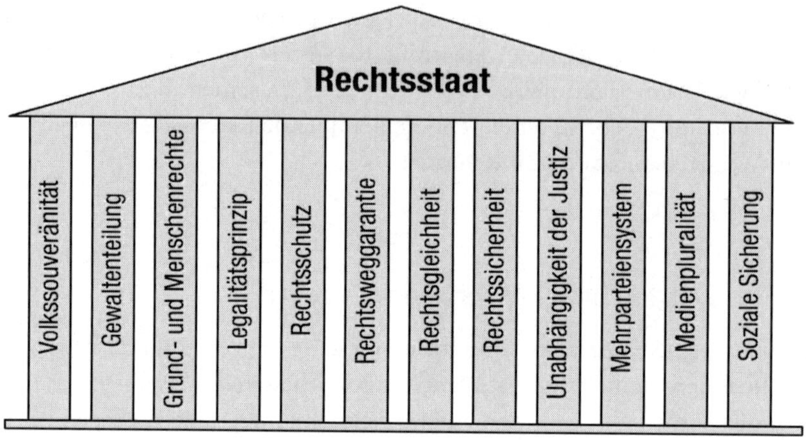

Abb. 5: **Die Säulen des demokratischen Rechtsstaates**

staatlicher Zwangsgewalt durch die Polizei oder andere Organisationen. Nach außen wird die Ausübung dieser Staatsgewalt durch militärische Einrichtungen gewährleistet. Gerade dieser letzte Punkt der staatlichen Existenzsicherung war historisch betrachtet die bedeutendste Ursache des Prozesses der Staatenbildung.

Die innere Existenzsicherung wird vom Staat insofern garantiert, als er die willkürliche Gewaltanwendung der Bürger untereinander zu verhindern sucht. Zur Gewährleistung dieser Friedensordnung darf ein Staat keine über- oder nebengeordnete Macht neben sich dulden, die ihn bei der Ausübung seiner Befugnisse behindern könnte. Der Staat beansprucht daher für sich, alleinig Gewaltmittel einsetzen zu können.

Jeder Staat muss daher bestrebt sein, mit seinem Rechtsbestand an geschriebenen und ungeschriebenen Normen und Regeln die Organisation seiner Machtausübung so zu strukturieren, dass sie einigermaßen hohe Stabilität aufweist.

Ferner wird dem Rechtsstaat seitens seiner Bürger die Erwartung entgegengebracht, dass er den Rechten der Bürger, insbesondere Freiheit und Eigentum, Schutz bietet. Es gilt sohin für den Staat, Rechtssicherheit in seinem Verhältnis zu den Bürgern sowie zwischen den Bürgern untereinander zu schaffen. Diese Forderungen an den Rechtsstaat sind dabei ähnlich alt wie die Gedanken über Staat und Recht und deren Verhältnis zueinander. Der demokratische Rechtsstaat heutiger Prägung ist primär dadurch gekennzeichnet, dass die oberste Staatsgewalt, nämlich jene der Gesetzgebung, durch Wahlen legitimiert sein muss, dass die Staatsgewalten im Sinne der Gewaltenteilung auf die einzelnen Organe der Gesetzgebung, der Verwaltung und der Gerichtsbarkeit aufgeteilt sind, dass die staatliche Macht nur auf Grundlage der Gesetze ausgeübt werden darf und dass die Bürger durch bestimmte Grundrechte Abwehrmechanismen gegenüber der staatlichen Gewalt zuerkannt bekommen (vgl. auch Abbildung 5).

Recht dient somit nicht nur der Begründung und Stabilisierung von staatlicher Macht, sondern grenzt im Rechtsstaat die staatliche Machtausübung wesentlich ein. Die Schwierigkeit für jeden Rechtsstaat besteht dabei darin, zwischen einer übergroßen und durch die Tendenz zur Verrechtlichung noch weiter vorangetriebenen Akkumulation von Macht einerseits und der Überbetonung individuellen Rechts mit Folge einer staatlichen Handlungsohnmacht andererseits zu reüssieren.

12 Über das Gewaltmonopol und die Gewaltenteilung

12.1 Der Stufenbau des demokratischen Verfassungsstaates

Die Herausbildung von verbürgter Freiheit und Gleichheit in einem Rechtsstaat kann nur auf der Grundlage einer gewaltenteilenden und demokratischen Verfassungsordnung garantiert werden, wobei Martin Kriele folgend eine solche Verfassungsordnung mit einem vierstöckigen, pyramidenförmigen Aufbau beschrieben werden kann:

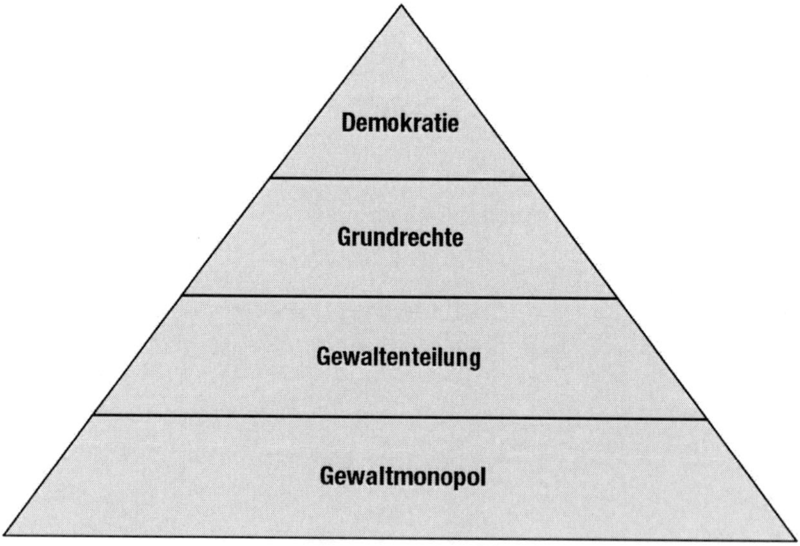

Abb. 6: **Der Stufenbau des demokratischen Rechtsstaats**

Der demokratische Verfassungsstaat, der ja zeitweise als das notwendige Fundament unseres sozialen Zusammenlebens erachtet wird, ist, wie dieses Dreieck verdeutlichen soll, nicht Voraussetzung, sondern Ziel eines nach Freiheit und Gleichheit strebenden Verfassungsstaates. Dieser Stufenbau ist aus sachlichen und logischen Gründen notwendig und es darf dabei auf kein Element (Gewaltmonopol, Gewaltenteilung, Grundrechte) verzichtet werden, wenn man anstrebt, ein Konzept von Freiheit und Gleichheit realisieren zu wollen. Die Stufen sind dabei so konzipiert, dass die jeweils untere Stufe eine notwendige Bedingung für die nächsthöhere darstellt.

12.2 Das Gewaltmonopol als Fundament des Rechtsstaates

Das Gewaltmonopol des Staates bildet heutzutage das Fundament für den demokratischen Verfassungsstaat. Die Erfahrung hat sich seither immer wieder bestätigt, dass Freiheit und Gleichheit immer dann gefährdet sind, wenn es gewaltbereiten Gruppierungen gelingt, etwa durch politisch motivierten Terrorismus, dieses Gewaltmonopol zu durchbrechen. Dies bedeutet im Umkehrschluß allerdings nicht, dass Widerstand gegen eine repressive Staatsgewalt nicht ausgeübt werden darf und soll. Widerstand kann für einzelne Gruppierungen, aber auch für Individuen immer dann geboten sein, wenn offenkundig unrechtmäßige Handlungen, die gegen die Freiheit und die Gleichheit gerichtet sind, von Herrschafts- und Staatsgewalt ausgeübt werden und der Widerstand das einzig probate Mittel zur Aufrechterhaltung der Freiheit darstellt. Nichtsdestotrotz vermieden es nahezu alle Staaten, das Widerstandsrecht zu kodifizieren (vgl. etwa auch Art. 20 des deutschen Grundgesetzes).

Das Gewaltmonopol des Staates ist eines seiner originärsten Rechte und wurde lange Zeit als Legitimation zur Aufrechterhaltung eines absoluten Herrschaftsregimes herangezogen. So wurde den Menschen im Mittelalter etwa noch gelehrt, dass das Gewaltmonopol die einzige Bedingung zur Aufrechterhaltung des inneren Friedens sei. Mit diesen Gedanken geht auch die restriktive Staatsdefinition von Max Weber konform:

> „Staat ist diejenige menschliche Gemeinschaft, welche innerhalb eines bestimmten Gebietes – dies: das Gebiet, gehört zum Merkmal – das Monopol legitimer physischer Gewaltsamkeit für sich (mit Erfolg) beansprucht. Denn das der Gegenwart Spezifische ist, daß man allen anderen Verbänden oder Einzelpersonen das Recht zur physischen Gewaltsamkeit nur soweit zuschreibt, als der Staat sie von ihrer Seite zu-

> läßt: er gilt als alleinige Quelle des Rechts auf Gewaltsamkeit." (Weber 1980, 822)

Aber damit entstand ein neues, keineswegs unbeachtenswertes Problem. Liegt das Monopol bei einem einzigen Machthaber, so kann dieser ja darüber befinden, welche Art von Recht er erlassen möchte. Er kann zum Beispiel großherzige, karitative, aber andererseits auch grausame und irrationale Gesetze erlassen. Er kann in Gesetzgebung und Gerichtsbarkeit unparteiisch agieren oder verschiedene gesellschaftliche Gruppierungen permanent bevorzugen. Er kann auch das Gewaltmonopol mit dem Polizeiapparat missbrauchen und seine ohnmächtigen Untertanen terrorisieren. Der Absolutismus bewegte sich somit im Spannungsfeld zwischen Befriedung der gewalt- und kriegsbereiten Bevölkerung und der Ausübung staatlichen Terrors.

In der politischen Theorie wurde dieser gesellschaftliche Zustand unter anderem durch den englischen Philosophen und Rechtstheoretiker Thomas Hobbes beschrieben. Hobbes vertrat ein äußerst negatives und pessimistisches Menschenbild, denn er sah im gewaltbereiten Wesen des Menschen, in dessen Streben nach Selbsterhalt und radikalem Glück, ein immanentes Gefährdungspotential für diesen selbst („Der Mensch ist dem Menschen Wolf"). Hobbes geht dabei von der Annahme aus, dass zwischen den Menschen keine naturgemäße Harmonie herrschen kann, sondern nur ein auf Interessengegensätzen begründeter Konflikt. Im Naturzustand leben die Menschen ohne Recht und Staatsordnung. Da es keine staatliche Autorität gibt, kann die Ordnung nicht garantiert werden. Es gibt keine geregelten Besitzstandsverhältnisse; der eigene Besitz lässt sich nur aufrechterhalten, wenn man selbst ein gewisses Maß an (physischer) Stärke aufweist. Es herrscht demnach ein allumfassender Kriegszustand vor, den Hobbes als einen Krieg aller gegen alle bezeichnet („bellum omnium contra omnes"). In diesem Krieg leben die Menschen in einem permanenten Zustand von Bedrohung und Furcht. Dieser Krieg kann nach Ansicht Hobbes' nur dann ein Ende finden, wenn sich alle Individuen einer staatlichen Autorität unterwerfen, der sie sämtliche Rechte abtreten. Die Grundintention dieses Staatsmodells skizziert er im 17. Kapitel seines staatsphilosophischen Hauptwerkes Leviathan:

> „Um aber eine allgemeine Macht zu gründen, unter deren Schutz gegen auswärtige und innere Feinde die Menschen bei dem ruhigen Ge-

> nuß ihrer Ruhe und ihres Fleißes und der Erde ihren Unterhalt finden können, ist folgender: jeder muß alle seine Macht oder Kraft einem oder mehreren Menschen übertragen, wodurch der Willen aller gleichsam auf einen Punkt vereinigt wird, so daß dieser eine Mensch oder diese eine Gesellschaft eines jeden einzelnen Stellvertreter werde und ein jeder die Handlungen jener so betrachte, als habe er sie selbst getan, weil sie sich dem Willen und Urteil jener freiwillig unterworfen haben. Dies faßt aber noch etwas mehr in sich als Übereinstimmung und Eintracht; denn es ist eine wahre Vereinigung in einer Person und beruht auf dem Vertrage eines jeden mit einem jeden, wie wenn ein jeder zu einem jeden sagte: Ich übergebe mein Recht, mich selbst zu beherrschen, diesem Menschen oder dieser Gesellschaft unter der Bedingung, daß du ebenfalls dein Recht über dich ihm oder ihr abtrittst [...] Staat ist eine Person, deren Handlungen eine große Menge Menschenkraft der gegenseitigen Verträge eines jeden mit einem jeden als ihre eigenen ansehen, auf daß diese nach ihrem Gutdünken die Macht aller zum Frieden und zur gemeinschaftlichen Verteidigung anwende." (Hobbes 1970, 155)

Diese Ansicht eines Machthabers, der über dem Staat und daher auch über dem Recht steht, wurde durch die Bewegung der Aufklärung radikal revidiert. Aufgrund diverser und tief greifender Unrechtserfahrungen kam es zu einer Renaissance des Naturrechts im Gewand des Vernunftrechts (vgl. Kapitel „Das vernunftbasierte Naturrecht der Neuzeit"). Jeder Mensch hat aufgrund seiner Vernunftbegabtheit Anspruch auf Freiheit und Würde. Es widerspricht daher ganz massiv der menschlichen Natur, wenn er in sämtlichen Lebensbelangen seines Selbstbestimmungsrechtes beraubt wird. Das war der Ausgangspunkt der aufklärerischen Idee der Menschenrechte.

Die größte Herausforderung für das Gewaltmonopol stellt heutzutage das Bedrohungspotential dar, das von der international organisierten Kriminalität, dem internationalen Terrorismus und aufständischen Gruppierungen innerhalb eines Staates ausgeht. Dieses kann zum sprichwörtlichen „Staat im Staat" werden und grundsätzliche und rudimentäre Funktionen des Staates – sei es zu Recht oder Unrecht – infrage stellen.

12.3 Die Gewaltenteilung als die große Errungenschaft der Aufklärung

Im Laufe des 18. Jahrhunderts vermochte sich vielmehr eine neue Idee durchzusetzen, die bis zum heutigen Tage – natürlich mit den notwendigen Weiterentwicklungen – noch immer Gültigkeit besitzt. Ausgangspunkt der Gewaltenteilung ist die grundsätzliche Einsicht, dass alle anderen Staatsgewalten nur auf Grundlage der Gesetze ausgeführt werden sollen. Die drei wesentlichen Staatsfunktionen Gesetzgebung, Exekutive und Judikative dürfen von Anfang an nicht in der Hand eines Machthabers konzentriert sein, sondern müssen – in Abkehr zur absolutistischen Staatsidee – auf verschiedene Staatsorgane aufgeteilt werden. In einem Staat, dessen Struktur und Aufbau demnach auf dem Prinzip Gewaltenteilung beruht, ist es daher für jeden einzelnen Bürger prinzipiell möglich, sich an dem Wortlaut der Gesetze orientieren zu können. Absolutismus bedeutet daher nicht das Gegenstück zum Gewaltmonopol, sondern vielmehr zur Gewaltenteilung.

Die wohl einflussreichste und bis heute noch bekannteste Lehre über die Gewaltenteilung geht dabei auf den französischen Staatsphilosophen Montesquieu zurück. Ausgehend von den Hobbes'schen Lehren unterschied er eben diese drei Staatsgewalten, wobei er der Gerichtsbarkeit als Ständejustiz bereits ihren unabhängigen Charakter zuerkannte:

> „Es gibt in jedem Staat drei Arten von Vollmacht: [...] Auf Grund der ersteren [der legislativen Befugnis] schafft der Herrscher oder Magistrat Gesetze auf Zeit oder für die Dauer, ändert geltende Gesetze oder schafft sie ab. Auf Grund der zweiten stiftet er Frieden oder Krieg, sendet oder empfängt Botschaften, stellt die Sicherheit her, sorgt gegen Einfälle vor. Auf Grund der dritten bestraft er Verbrechen oder sitzt zu Gericht über die Streitfälle der Einzelpersonen. Diese letztere soll richterliche Befugnis heißen, und die andere schlechtweg exekutive Befugnis des Staates. [...] Sobald in ein und derselben Person oder derselben Beamtenschaft die legislative Befugnis mit der exekutiven verbunden ist, gibt es keine Freiheit." (Montesquieu, 1748)

Die gesetzgebende und gesetzesausführende Gewalt verteilte Montesquieu auf drei soziale Machtträger. Adel und Bürgertum sollten in einem Zweikammerparlament die Gesetze erlassen, an dem der König durch ein

Vetorecht partizipieren konnte. Der König wiederum war zum Gesetzesvollzug berufen. Das Montesquieu'sche Konzept der wechselseitigen Abhängigkeiten nahmen sich dann die amerikanischen Verfassungsväter zum Vorbild. Die „Virginia Bill of Rights" aus dem Jahre 1776 enthielt bereits einen umfangreichen und ausführlichen Katalog von Menschenrechten und auch, in Anlehnung an Montesquieu, die staatsideologische Grundidee einer Gewaltenteilung. Die Gewaltenteilung bildete später auch das Leitmotiv der Französischen Revolution von 1789, die ihrerseits später wiederum Modell und Vorbild für Revolutionen in allen damals noch absolutistisch regierten Staaten gewesen ist. Sie bildete später auch den Ausgangspunkt für die großen Verfassungsbewegungen des 19. und 20. Jahrhunderts.

Die dritte Gewalt, nämlich jene der Rechtsprechung, agiert demgegenüber relativ unabhängig, was sich auch in der Unabhängigkeit der rechtsprechenden Organe manifestiert. Die Kontrolle über die Einhaltung der Gesetze trifft dabei sowohl die Bürger als auch die staatlichen Organe. Wären die rechtsprechenden Organe daher weisungsunterworfen, so würde dies eine Umkehr des Kontrollverhältnisses nach sich ziehen. Die Machthaber würden vielmehr die Richter und nicht mehr die Richter die Machthaber kontrollieren.

Die Souveränität liegt daher nicht in den Händen eines Staatsorganes, sondern beim Volk, welches auch die verfassungsgebende Gewalt darstellt. Die Trennung der Gesetzgebung von der gesetzesausführenden Gewalt hat dabei unmittelbar zur Folge, dass der Machthaber in die Freiheitssphären der Menschen nur dann eingreifen darf, wenn dies auch in irgendeiner Form gesetzlich geregelt ist. In Abkehr zum Absolutismus sollte keine Verhaftung und keine Zwangsvollstreckung ohne gesetzliche Grundlage möglich sein. Recht kann zwar abgeändert werden, allerdings nur in den von der Verfassung vorgesehenen Ordnungsrahmen.

Diese Aufteilung der Gewalten konterkariert aber nicht das Prinzip des Gewaltmonopols. Dieses wird jedoch für die einzelnen Normunterworfenen nur dann einigermaßen erträglich, wenn die Staatsgewalt selbst an das Recht im Allgemeinen und an die Grund- und Menschenrechte im Besonderen gebunden ist. Erst die Bindung der Machthaber an die Menschenrechte ermöglicht die Emanzipation der Bürger im Sinne einer freien Selbstbestimmung. Erst dann können sie vom Untertan zu einem aristotelischen „Zoón politikon", zu einem selbstbestimmten, politischen Bürger werden.

Um wiederum auf die Abbildung 6: „Der Stufenbau des demokratischen Rechtsstaats" zurückzukehren, kann an dieser Stelle festgehalten werden, dass mit der Gewaltenteilung Grundrechte und Demokratie zwar selbst noch nicht hergestellt, dass aber die Grundlagen dafür geschaffen worden sind. Erst auf Basis der Gewaltenteilung erscheint es überhaupt sinnvoll, für grundrechtliche Garantien und Freiheitsrechte einzutreten. Gewaltenteilung indiziert erst diese Rechtssicherheit, die den Kampf um Freiheitsrechte überhaupt erst möglich macht. Deshalb war und ist es ein erstes Ansinnen von revolutionären Freiheitskämpfern, einen Rechtszustand, der durch die Gewaltenteilung dominiert wird, zu schaffen.

12.4 Die moderne Gewaltenteilung als ein System von „checks and balances"

Das moderne System der „checks and balances" basiert auf der Logik, dass die Institutionen der Staatsgewalt miteinander verwoben sind. Zum Prinzip der „checks and balances" gehört sohin auch das Vorhandensein von Vetorechten und Initiativvorschlägen sowie auch eine wechselseitige Beteiligung sowohl von Organisations- als auch Personalentscheidungen. Das Ziel von „checks and balances" ist es daher, Machtmissbrauch nach Tunlichkeit zu verhindern.

Durch diese vorhandene Verwobenheit der einzelnen Staatsorgane kann die jeweilige durch die Verfassung garantierte Machtverteilung erst durch ein wirksames Zusammenarbeiten realisiert und ermöglicht werden. Weiters kommt es innerhalb föderaler Staatsgebilde auch zu einer Gewaltenteilung im vertikalen Sinn, da einzelne Aufgaben des Staates mittels Kompetenzverteilung auf die unterschiedlichsten Ebenen des Staates verteilt werden.

Das typische Illustrations- und Anschauungsbeispiel für diese eben theoretisch dargestellte Verschränktheit stellt im parlamentarischen Regierungssystem die enge Verbundenheit von Regierung und Parlamentsmehrheit dar. Durch Wahlen werden indirekt Regierungen kreiert, die allerdings nur so lange im Amt verbleiben, wie sie auf die Parlamentsmehrheit auch tatsächlich vertrauen können. Die Ausarbeitung und die programmatische Konzeption der Gesetze obliegen dabei der Regierung, wobei dem Parlament das letztinstanzliche Zustimmungsrecht nicht abgesprochen werden kann. Die Legislative kontrolliert – neben Mechanismen der internen Regierungskontrolle – nicht nur das Handeln der Regierung, sondern offeriert für die Opposition auch die Möglichkeit, Alternativen aufzeigen und präsentieren zu können. Im parlamentarischen Regierungssystem treten neben diese funktionale Beschränkung auch noch institutionelle Verschränkungen (z.B. die Rolle des Bundeskanzlers, der regelmäßig auch eine federführende Kraft innerhalb der Mehrheitspartei im Parlament einnimmt). Die Gerichtsbarkeit ist ihrerseits organisatorisch und funktionell an die Gesetze gebunden. Vor allen Dingen die Verfassungsgerichtsbarkeit kontrolliert die Tätigkeiten von Exekutive und Legislative.

Zur Gewaltenteilung im weiteren Sinn zählen jedoch heutzutage auch weniger formalisierte Aspekte, die ebenfalls innerhalb eines politischen Systems bzw. einer Rechtsordnung machthemmende Wirkung entfalten können. An dieser Stelle seien die Zivilgesellschaft und auch die Medien, die ja oftmalig neben Verbänden und Parteien als vierte Staatsgewalt bezeichnet werden, andiskutiert.

Die Rolle der Zivilgesellschaft, Angelegenheiten und soziale Verhältnisse aktiv mitzugestalten, die zuvor nur durch den Staat, die Politik und deren Akteure exklusiv geregelt worden sind, ist auch im Lichte der Gewaltentrennung zu debattieren. Die Zivilgesellschaft gewinnt in den letzten Jahren aufgrund der zunehmenden Komplexität des gesellschaftlichen Alltags sowie der Zurückdrängung des Wohlfahrtsstaates aus Gründen von budgetären Notwendigkeiten zunehmend an Bedeutung und konnte sich mittlerweile als relevantes, auch politisches Gegengewicht zu vorhandenen staatlichen Machtstrukturen etablieren. Ein Anliegen der Zivilgesellschaft ist es dabei, die Achtung der Menschenrechte zu fördern und einen Beitrag für eine gerechtere Gesellschaft zu leisten. Voraussetzung für zivilgesellschaftliches Engagement sind individuelle und kollektive Grundfreiheiten, wie die Versammlungs- und Meinungsfreiheit.

Auch die Funktion der Medien ereignet sich in demokratischen Verfassungsstaaten mehrheitlich außerhalb des Normengefüges. Zum einen aggregieren Medien Erwartungshaltungen der Bevölkerung und transportieren diese mehr oder weniger ungefiltert weiter an die Politik, zum anderen generieren sie durch die bewertende Berichterstattung und die selektive Aufbereitung von Informationen eine kritische Öffentlichkeit. Die Medien nehmen demzufolge eine zentrale Aufgabe im Meinungsbildungs- und Kontrollprozess ein.

Die Kritik- und Kontrollfunktion der Medien lässt sich dabei auf verschiedenste Weise wahrnehmen. So können Medien Beteiligten oder Experten ein Forum bieten, um gesellschaftliche Missstände publik zu machen und darüber einen Diskurs zu initiieren. Medien können aber auch selbst die Aufgabe übernehmen, auf beklagenswerte Missstände in Politik, Wirtschaft, Ökonomie oder Wissenschaft und Kultur aufmerksam zu machen. Sie sollen helfen, durch Abwägung wichtiger Argumentationen das politische Handeln der Staatsorgane beurteilen oder gar bewerten zu können.

Die Kritik- und Kontrollfunktion ist eine wesentliche und zentrale Grundlage für den Prozess der politischen Meinungs- und Willensbildung. Der politisch mündige Bürger findet nicht nur die Möglichkeit, sich über verschiedene mögliche Einstellungen zu einer Thematik zu informieren; es ermöglicht ihm auch, eine eigene schon vorgefasste Meinung zu überprüfen und an seine individuellen Wert- und Moralvorstellungen anzupassen.

13 Die Gesetzgebung – Ausdruck der Volkssouveränität im demokratischen Rechtsstaat

13.1 Die Prinzipien der Volkssouveränität, der Repräsentation und des Parlamentarismus

Das Prinzip der Volkssouveränität ist das tragende Leitmotiv der Legitimation politischen Handelns. Vor der großen Konstitutionalisierungswelle des 17. und 18. Jahrhunderts wurde Volkssouveränität als großer politischer Kampfbegriff verstanden. Das theoretische Modell der Volkssouveränität geht dabei auf Jean-Jacques Rousseau zurück, der seinerseits ein damals wie heute absolut anmutendes Modell der Volkssouveränität vertrat.

Ausgangspunkt für Rousseaus Lehre vom Gemeinwillen (volonté générale) bildet die Frage nach der gleichzeitigen Koexistenz von Herrschaft und Freiheit. Die Lösung für dieses Paradoxon bietet der Gesellschaftsvertrag, der die Identität von Herrscher und Beherrschten suggeriert und somit das Prinzip der Volkssouveränität etabliert, das conditio sine qua non für den institutionellen Aufbau des politischen Gemeinwesens in seiner Gesamtheit darstellt. Diese Volkssouveränität erhebt Rousseau zum zentralen Thema und skizziert in diesem Zusammenhang drei notwendige Voraussetzungen. Rousseau sieht die Souveränität des Volkes zuallererst als unveräußerlich an.

> „Ich behaupte also, daß die Souveränität, da sie nur die Ausübung des allgemeinen Willens ist, niemals veräußert werden kann, und daß der Souverän, der nur als kollektives Wesen existiert, nur durch sich selbst repräsentiert werden kann. Wohl kann die Macht übertragen werden, jedoch nicht der Wille." (Rousseau 2002, 42)

Im Umkehrschluss lässt sich daraus eine Absage an das Repräsentationsprinzip argumentieren, da der Wille eines einzelnen Repräsentanten auf

Dauer niemals mit dem des Gemeinwillens übereinstimmen wird. Nach Rousseaus Vorstellung kann eine Stellvertretung nur in einem engen Rahmen der tradierten Machtbefugnis stattfinden. Eine Exekutive handelt demnach unter der Prämisse des Gemeinwillens ohne eigenes Voluntativmoment, da im Gesetzgebungsverfahren eine Stellvertretung nicht opportun erscheint, weil hier der Wille der freien Bürger als allgemeiner Wille zum Ausdruck kommen soll. Neben die Unveräußerlichkeit tritt zur Begründung des Gemeinwillens die Unteilbarkeit der Volkssouveränität. Nur das Volk in seiner Allgemeinheit und Gesamtheit verleiht jedem Staatsbürger ein subjektives politisches Grundrecht, am allgemeinen Willensbildungsprozess zu partizipieren. In den modernen, demokratischen Verfassungsstaaten bleibt die Volkssouveränität allerdings nur eine relative, da sie selbst auch an verfassungsrechtliche Schranken gebunden ist. Das direkte Handeln der Volksvertreter wird in demokratischen Verfassungsstaaten auf den Akt von Wahlen und anderen Abstimmungen reduziert. Somit wird die Volkssouveränität heute weniger als direkter Befehl verstanden als als ein normatives Prinzip, das den demokratischen Verfassungsstaaten und ihren gewaltenteiligen Organisationen zugrunde gelegt wird.

Parlamentarismus und repräsentative Demokratie können in letzter Konsequenz als synonym zu verwendende Begrifflichkeiten verstanden werden. Politische Akteure werden durch den Kreationsakt der Wahlen autorisiert und legitimiert, für das von ihnen repräsentierte Wahlvolk in verbindlicher Weise zu handeln. Es geht dabei nicht unbedingt um die Rekonstruktion des Volkswillens, sondern vielmehr um die Schaffung eines solchen durch die Repräsentation selbst. Können sich die Repräsentierten nicht mit dem Handeln der Repräsentanten identifizieren, so steht es den Erstgenannten frei, bei der nächsten Wahl andere Stellvertreter für sich auszuwählen.

Repräsentation bedeutet demnach eine durch das Volk legitimierte und autorisierte Ausübung von Herrschaftsfunktionen im Namen des Volkes, ohne dabei jedoch an dessen Auftrag gebunden zu sein. Die Autorität der handelnden Akteure lässt sich dabei mittelbar oder unmittelbar auf das Volk zurückführen und mit dem Anspruch legitimieren, die Gesamtinteressen des Volkes zu wahren. Repräsentation wird demnach nicht nur auf einen symbolischen Akt reduziert, sondern ist vielmehr ein Prinzip, das die ausgeübte politische Macht auf der Zustimmung der Repräsentierten gründet, und zwar so, dass der Mandatträger im Voraus mit der

Vollmacht ausgestattet ist, für die Repräsentierten in verbindlicher Weise handeln zu können und dies auch zu dürfen. Das Volk entscheidet und regiert auf Basis des Repräsentationsprinzips nicht selbst. Der Verbindungsakt zwischen Repräsentanten und Repräsentierten sind Wahlen. Das Wesen der Repräsentation muss allerdings ganz klar von der Delegation unterschieden werden. Denn mit dem Akt der Wahlen hat sich der Repräsentant zu emanzipieren und nach seinem eigenen Gewissen zu agieren. Letztlich muss sich sämtliches politische Handeln über Legitimationsketten auch rechtfertigen lassen können. Neben diesen Legitimationsketten ist es naturgemäß im Sinne der Repräsentation auch von entscheidender Bedeutung, dass sich die Repräsentierten mit dem Handeln der Repräsentanten identifizieren können.

Einer der wohl bekanntesten österreichischen Verfassungsväter, der bereits erwähnte Hans Kelsen, beschrieb in seiner aus staatstheoretischer Perspektive wegweisenden Abhandlung „Vom Wesen und Wert der Demokratie“ den Parlamentarismus als „Bildung des maßgeblichen staatlichen Willens durch ein vom Volke auf Grund des allgemeinen und gleichen Wahlrechtes, also demokratisch, gewähltes Kollegialorgan nach dem Mehrheitsprinzip“ (Kelsen 1929, 28).

Parlamente in parlamentarischen Regierungssystemen zeichnen sich dabei durch folgende institutionelle und politische Merkmale aus:

- enge kooperative Verbindung zwischen parlamentarischer Mehrheit und Regierung
- Regierung hängt in ihrer Existenz von der parlamentarischen Mehrheit ab
- Misstrauensvotum und andere Kontrollmöglichkeiten des Parlaments gegenüber der Regierung
- politische Parteien fungieren als Klammer zwischen Parlament und Regierung

13.2 Ein historischer Rückblick auf die Staatsgewalt der Gesetzgebung

In positivierten Rechtsordnungen stellt sich zunächst einmal die Frage, wer das Recht zur Gesetzgebung laut Verfassung innehat, welche Verfahren dabei Anwendung finden und welche Gegenstände rechtlich überhaupt normiert werden dürfen.

Ursprünglich hatten Landesfürsten die Gesetzgebungshoheit über ihre Landstriche. Dabei wurden die Landesfürsten von Landständen (Adel, Patriziate der Städte usw.) unterstützt, ohne die beispielsweise eine effiziente Steuereintreibung nicht möglich gewesen wäre. Sonst regierten die Landesfürsten jedoch in einer absoluten Weise. Das bedeutete, dass sie für jedermann in ihrem Einzugsgebiet gültige Gesetze erlassen durften, selbst allerdings keinerlei rechtlicher Bindung unterlagen. Gesetzgebung, Gesetzesvollzug und Rechtsprechung waren daher im Absolutismus in einer Person, nämlich jener des Landesfürsten, konzentriert. In einem solchen historischen Umfeld braucht man sich über Gesetzesverfahren und auch Inhalte von Gesetzen nicht näher unterhalten.

Eine Vorreiterrolle des Parlamentarismus nahm in Europa England ein. Dort vermochte sich bereits im Mittelalter so etwas ähnliches wie eine Volksvertretung zu entwickeln, die zwar ihrerseits nicht vom Parlament direkt gewählt worden ist, dennoch die absolute Herrschaft der Könige nach kontinentaleuropäischem Vorbild einschränken konnte. Jedenfalls entwickelte sich in England eine Art Kultur Parlamentarismuskultur. Es wurde ein Bild von der Gesetzgebung geformt, das auf rationalen Diskussionen beruht und dessen Ergebnisse in Form von Gesetzen von den politischen Exekutiven auszuführen sind. Den Parlamenten wird dazu die Möglichkeit eröffnet, die Exekutive in ihrem Handeln kontrollieren und überprüfen zu können.

Auf dem europäischen Festland war die parlamentarische Gesetzgebung hingegen eine relativ späte Errungenschaft. Träger der Reformbewegungen gegen die langanhaltenden absolutistischen Regierungsformen in Kontinentaleuropa war dabei das Bürgertum. Durch den ökonomischen Aufstieg des Bürgertums bei gleichzeitiger Krise des Adels aufgrund von missglückten Kriegsführungen sowie einem Bedeutungsschwund des Klerus aufgrund der Relativierung der religiösen Lehren kam es zu Transformationsprozessen, die in Frankreich schließlich in der französischen Revolution von 1789 und in Österreich in der bürgerlichen Revolution von 1848 kulminierten.

Durch die Übertragung der Souveränitätsrechte auf das Volk wurde die Einigung auf allgemeine Handlungsgrundlagen notwendig. Verfassungen wurden formuliert, die klar darlegen sollten, wer und zu welchem Zeitpunkt von seinen Souveränitätsrechten Gebrauch machen darf. Aufgrund der noch omnipräsenten Erfahrungswerte aus dem Absolutismus war die Verhütung von Machtmissbrauch sowie die Verhinderung von zu hoher Konzentration von Macht dringend geboten. Das war die Geburtsstunde der Grundrechte und der Gewaltenteilung. Dem demokratischen Verfassungsstaat ist also eine absolute Machtvollkommenheit fremd; er kennt nur noch rechtlich begrenzte Kompetenzen. Die Befugnis zur Rechtssetzung gelangt auf Grundlage der Verfassung in die Hände einer demokratisch legitimierten Volksvertretung. Das Bürgertum, eben noch vom Joch des absolut regierenden Adels und des Klerus befreit, privilegierte sich selbst, indem es das Wahlrecht vom jeweiligen ökonomischen Status abhängig machte und somit das Prinzip der Gleichberechtigung an einer entscheidenden Stelle aushebelte.

13.3 Der Gesetzgeber im demokratischen Verfassungsstaat

Der Übergang und die Übertragung der Gesetzgebungskompetenzen auf gewählte parlamentarische Vertretungsformen hatten dabei erhebliche Konsequenzen. Aufgrund des Mehrheitsprinzips im Parlament formierten sich neue politische Akteure, nämlich die politischen Parteien. Obwohl politische Parteien bereits zuvor existiert hatten, lagen ihre Möglichkeiten eher in der Verhinderung von Gesetzesvorhaben als in deren Konzeption. Mit der Einführung der demokratischen Gesetzgebung waren nunmehr die parteipolitisch zusammengesetzten Parlamente das zentrale Entscheidungsorgan des politischen Systems. Das Gesetz war von diesem Zeitpunkt an Produkt des Mehrheitswillens. Die Rolle der Parteien wurde dabei zunächst äußerst ambivalent, ja, nahezu skeptisch beäugt, da manche die absolute Herrschaft der Landesfürsten lediglich auf die Parteien übergegangen sahen. Die diffamierende Beschreibung von der Parteienherrschaft oder Parteiendiktatur machte dabei die Runde. Diese Atteste waren aber auch dem oben beschriebenen Rollenwechsel, welchem die Parteien ausgesetzt waren, geschuldet.

Die Stärkung der politischen Parteien war aber alternativlos. Wenn alle Gesetze letztlich auf das Volk rückführbar sein sollen, so benötigt man notwendigerweise Parteien, die die pluralen Interessen und Wertvorstellungen zu bündeln versuchen. Die Meinungs- und Interessenvielfalt soll gerade nicht unter den Volkswillen gezwungen werden, sondern vielmehr dessen notwendige Voraussetzung sein. Unterschiedliche Auffassungen und Meinungsunterschiede werden in demokratischen Systemen als erwünscht erachtet. Parteien müssen sich demnach organisieren und für ihre Standpunkte eintreten dürfen. Die Konsequenz für den demokratischen Verfassungsstaat liegt somit in seiner Konzeption als Mehrparteiensystem.

Die Entscheidung, welche Partei nun ihre programmatischen Vorstellungen realisieren kann, fällt dabei in den Konkurrenzkämpfen um die Volksmehrheit, den Wahlen. Da aber für diese programmatischen Ideen keine Richtigkeitsgewähr abgegeben werden kann, ist es notwendig, diese Herrschaftsaufträge ausnahmslos nur für eine gewisse Zeit zu erteilen. In der Zwischenzeit muss gewährleistet werden, dass die Mehrheit die Minderheit nicht ausschalten kann. Dies gilt auch für die Gesetzgebung, wo einerseits die bestimmende Rolle der Parteien unausweichlich, andererseits eine ungehemmte Durchsetzung des Mehrheitswillens durch Verfahrensvorschriften und inhaltliche Richtlinien, die von der Verfassung festgelegt werden, ausgeschlossen ist.

Verfassungsrechtlich ist der zentrale Akteur der Gesetzgebung das demokratisch gewählte und dadurch auch legitimierte Parlament. In föderalen Demokratien wird die Gesetzgebung des Bundes zumeist zwischen Bund und Gliedstaaten mittels Kompetenzkatalog aufgeteilt. Die Gesetzgebung des Bundes hat gegenüber der Gesetzgebung der Länder heute zumeist weitaus größeres Gewicht. An der Bundesgesetzgebung sind Organe des Bundes und auch Vertreter der Länder beteiligt, wobei ersteren zumeist eine höhere Entscheidungsgewalt zuzuordnen ist. Ist ein Gesetz rechtsgültig beschlossen worden, so muss es auch verkündigt und veröffentlicht werden, um in Kraft treten zu können. Nach Unterzeichnung durch andere Staatsorgane wird das Gesetz im Bundesgesetzblatt kundgemacht. Durch diese durch die Publikation intendierte Öffentlichkeit manifestiert sich auch ein wesentliches Charaktermerkmal der Gesetzgebung in einem demokratischen Verfassungsstaat. Gesetze müssen öffentlich sein, damit sie für alle bindende Wirkung entfalten können. Es gibt danach im Rechtsstaat keinerlei Geheimgesetze.

Formuliert und initiiert wird dabei der zunehmende Regelungsbedarf von den politischen Parteien und großen Interessenverbänden. Jede demokratisch gewählte Regierung legt dazu zu Beginn ihrer Regierungstätigkeit ihr Regierungsvorhaben offen. Oftmalig wird ihr politischer Erfolg an der Realisierung genau dieser Pläne und an der Praxistauglichkeit der von der Regierung erlassenen Gesetze gemessen. Auch die Opposition formuliert Programme und Gesetzesentwürfe, die aber notwendigerweise nicht so sehr in die Tiefe reichen können, da den Regierungsparteien die Unterstützung beim Formulieren des Gesetzesentwurfes durch die jeweiligen Fachressorts zuteil wird. Die Ministerien, ein Hort der Fachexpertise, ziehen daneben auch noch weitere Fachleute bei und beschaffen sich im Zuge von Begutachtungsverfahren Stellungnahmen von Interessenverbänden, anderen Gebietskörperschaften und auch den durch die Regelung betroffenen Personenkreisen. Eine weitere inhaltliche Überprüfung der Gesetze bezüglich ihrer Tauglichkeit wird in den jeweiligen Fachausschüssen des Parlaments durchgeführt. Auch hier werden Gesetzesvorhaben noch einmal mit Fachleuten eingehend erörtert. Bei wichtigen Gesetzesvorhaben werden diese Beratungen auch durch eine öffentliche Diskussion in den Medien begleitet. Oft wird aber bereits in diesen Stadien entschieden, ob ein Gesetzesvorhaben Chancen auf tatsächliche Durchsetzung hat oder aufgrund großen politischen Widerstandes zurückgezogen werden muss.

14 Die Gefahren der Verrechtlichung eines politischen Systems

14.1 Historische Retrospektiven

Ausgangspunkt und allgemeine Idee der Gesetzgebung in einem bürgerlichen Rechtsstaat war – wie es im Vorkapitel aufzuzeigen galt – die Statuierung möglichst genereller und allgemeingültiger Normen für eine möglichst unbestimmte Zeitdauer, da die Gesetzgeber sowohl von der Richtigkeit als auch der Gerechtigkeitsbezogenheit der erlassenen Normen überzeugt gewesen sind. Im Zeitalter des Liberalismus (19. Jahrhundert) folgte man einzig und alleine der Prämisse der generellen Gleichbehandlung aller Bürger, um für diese normative Rahmenbedingungen für eine möglichst freie Lebensgestaltung zu generieren. Das Dogma des Liberalismus lag im Prinzip der Nichtintervention in das Wirtschaftsleben verankert, da man davon überzeugt war, dass die Mechanismen des Marktes für eine gerechte Wirtschaftsordnung sorgen werden.

Diese Einschätzung änderte sich aber grundlegend nach diversen ökonomischen wie auch sozialen Krisen. Man gelangte zur Einsicht, dass der Markt gerade dann versagen würde, wenn es galt, die Freiheit aller Bürger dauerhaft zu sichern. Der Ende des 19. Jahrhunderts stattfindende Paradigmenwechsel rief daher folgerichtig den Staat als sozialstaatlichen Gesetzgeber auf den Plan, der nunmehr proaktiv von dem Pouvoir seiner Regulierungsmöglichkeiten Gebrauch machen sollte. Zu diesem Zweck wurde das Bekenntnis der Generalisierbarkeit der Gesetzesbestimmungen verworfen und immer mehr und speziellere Gesetze für einen bestimmten Adressatenkreis und teilweise auch noch kurzfristig erlassen, um gesellschaftliche Phänomene sowie die Allokation gesellschaftlich relevanter Güter effizient und bestmöglich steuern zu können.

14.2 Die Verrechtlichung unseres Lebensalltags

Möchte man sich dem Phänomen der Verrechtlichung unseres Lebensalltags wie auch den Strukturen des politischen Systems heutzutage auf quantitative Weise annähern, so könnte man diese als die numerische Zunahme der Rechtsmaterien in unserer Rechtsordnung definieren. Das Phänomen der Verrechtlichung kann man mit dieser sicherlich zutreffenden Perspektive aber nur ungenügend beschreiben. Die Verrechtlichung besteht dabei aus nachstehenden drei Faktoren, nämlich der Zunahme

- der Regelungsdichte (Verhältnis von geregelten und regelungsfreien Räumen)
- des Regelungsbesatzes (Summe der rechtsgültigen Normen innerhalb der Rechtsordnung)
- der Regelungstiefe (Detaillierungs- und Spezialisierungsgrad der Regelungen)

Natürlich muss man in diesem Kontext relativierend anmerken, dass der Staat in seiner Rolle als Wohlfahrtsstaat immer mehr Aufgaben übernommen hat und dadurch folgerichtig die regelungsfreien Räume immer weiter abgenommen haben.

Aber nicht nur der Wohlfahrtsstaat alleine ist für die zu konstatierende Zunahme der Gesetzesmaterien verantwortlich. Insbesondere wird immer wieder eine Gesetzesflut aufgrund der Zunahme der Komplexität der zu regelnden Verhältnisse in der modernen Industriegesellschaft beklagt. So bedingt unter anderem der technische Fortschritt auch Handlungsimplikationen der Gesetzgebung, die oftmalig gezwungen ist, Schutzmaßnahmen zu statuieren, um die Gefahren des technischen Fortschritts in einem überblickbaren Rahmen zu halten. Natürlich können auch Tendenzen zu einer Überregulierung, die oftmalig auch als Versuch einer gesellschaftlichen Totalsteuerung registriert werden können, nicht von der Hand gewiesen werden.

Negative Auswirkungen des massiven Anwachsens der Gesetzesmaterien sind zum einen in zunehmenden Vollzugsdefiziten der öffentlichen Verwaltung zu erkennen. So steigt in Österreich seit Jahren die Anzahl der eingereichten Beschwerden bei der Volksanwaltschaft, die ja bekanntermaßen den zentralen Missstandskontrolleur des Verwaltungshandelns im österreichischen politischen System darstellt. Andererseits wird eine zunehmende Ohnmacht durch die Überforderung der Bürger erkennbar, die nicht mehr fähig und auch nicht mehr willens sind, sich permanent den neu geltenden Kenntnisstand über die gerade aktuelle Rechtslage anzueignen.

Deshalb wird im politischen Diskurs auch oftmalig der Ruf nach einer Deregulierung des zunehmend komplexer werdenden Rechtsbestandes laut. Diesem Postulat ist insofern beizupflichten, als das Ergebnis einer solchen Deregulierung eine evaluierende Optimierung des aktuellen Rechtsbestandes, eine Rechtsbereinigung von unnötig gewordenen Gesetzesmaterien sowie eine Steigerung der Verständlichkeit sowie der Systematik von einzelnen gesetzlichen Bestimmungen sein kann. Das Wort der Deregulierung ist allerdings auch zu einer politischen Kampfparole geworden, um wohlfahrtsstaatliche Errungenschaften unter dem Diktat budgetärer Zwangslagen kontinuierlich zurückfahren und abbauen zu können.

14.3 Die fortschreitende Technisierung als mögliche Ursache der Verrechtlichung

Die Steigerung und der Bedarf nach Normen wurden ganz entscheidend von der zunehmenden Technisierung ganzer Lebensbereiche beeinflusst. Diese Korrelation zwischen technischem Fortschritt und der Verrechtlichung besteht im Wesentlichen darin, dass immer mehr und mehr Lebensbereiche, die lange Zeit der Einflusssphäre des Rechts entzogen blieben, da sie als natürlich gewachsen oder auch als gottgegeben betrachtet wurden, durch technische Errungenschaften gestaltbar oder zumindest in einem großen Ausmaß beeinflussbar wurden.

Beispiele können hier zahlreiche ins Treffen geführt werden. Zum Beispiel brachte die technische Entwicklung im Bereich des Verkehrs die Möglichkeit der Personenflugfahrt hervor. Durch die zunehmende Attraktivität des Flugverkehrs entstanden immer mehr Flughäfen oder es wurden Kapazitäten vorhandener Flughäfen kontinuierlich ausgebaut. Dies hatte aber auch zur Folge, dass man sich über die Bewältigung des Fluglärms Gedanken machen musste. Dies soll in Österreich nunmehr so gestaltet werden, dass man umfangreiche Umweltverträglichkeitsprüfungen durchzuführen hat, bevor der Ausbau eines Flughafens genehmigt werden kann. Ein anderes Beispiel sind technische Entwicklungen im Telekommunikationsbereich, die sogar eine eigene Regulierungsbehörde zur Beschwerdebehandlung von Kundenanliegen oder aber auch eine Datenschutzkommission notwendig gemacht haben, welche die Möglichkeit der modernen Telekommunikation, in das Privatleben einzudringen, penibel überwacht. Sowohl diese Regulierungsbehörden als auch deren Handlungsgrundlagen basieren wiederum auf rechtlichen Grundlagen.

Diese beiden Beispiele demonstrieren eindrucksvoll, dass diese Neuerungen per se nicht rechtlicher Natur sind, sondern dass durch diese neu generierten Verhältnisse Gestaltungsanforderungen an das Recht herangetragen werden. Bei diesen Gestaltungsanforderungen existiert kein vorgegebener Königsweg, sondern eine nahezu unerschöpfliche Pluralität an möglichen Handlungsalternativen, deren Auswahl aufgrund unterschiedlicher Interessenslagen oftmalig kontroversielle Debatten und Reaktionen hervorbringt. Denn durch den wissenschaftlichen, technischen, aber auch gesellschaftlichen Fortschritt werden oft gravierende (vgl. die Nutzung von Atomkraftwerken) Gefahrenquellen erzeugt, deren Gefährdungspotential durch das Instrumentarium des Rechts beschützt bzw. begrenzt werden soll, da eine oftmalig beteuerte Selbstregulierung nicht oder nicht im notwendigen Umfang stattfindet.

14.4 Gesellschaftspolitische Problemstellungen der Verrechtlichung

Die Tendenz der Verrechtlichung sozialer Lebensverhältnisse bringt einen umfangreichen Katalog von neuen Problemstellungen mit sich.

Zum einen ergeben sich durch die quantitative Zunahme des Rechtsmaterials in der Praxis Orientierungsprobleme der Normunterworfenen. Darunter leidet auch die Wirksamkeit einzelner Rechtsvorschriften. Durch den Sozialstaat eigentlich begünstigte Personenkreise zeichnen sich häufig durch ein hohes Maß an Rechtsunkenntnis aus. Umfangreiche Kampagnemaßnahmen helfen zwar, diesen Umstand nach und nach zu verringern, lösen allerdings das Problem nicht vollends. Eine Überregulierung kann des Weiteren dazu beitragen, dass viele Regelungen nicht mehr befolgt werden. Man denke in diesem Zusammenhang nur an den Schilderwald, welcher uns tagtäglich im Straßenverkehr begegnet.

Zum anderen verengt die Verrechtlichung per definitionem den Ermessens- und Handlungsspielraum von Verwaltungsbehörden. Dies kann im Extremfall freiheitsbedrohende Wirkungsweisen entfalten, wenn es letztlich zur sukzessiven Einschränkung und Auflösung von sozial heiklen Rechtsmaterien führt. Organe des Verwaltungshandelns werden dann zu bloßen und blinden Gesetzesvollziehern, ohne auf die Individualität des jeweiligen Einzelfalles auf probate Weise eingehen zu können.

Manche Kommentatoren erblicken in der zunehmenden Intensivierung der Regelungsdichte auch eine veritable Rechtskrise. So schreibt etwa der teleologische Sozialphilosoph Paolo Prodi:

> „In dem Augenblick, da das positive Recht das gesamte soziale Leben normiert, indem es alle Aspekte des menschlichen Lebens durchdringt, die bis in unsere Zeit auf verschiedenen Normierungsebenen angesiedelt waren, verknöchert die Gesellschaft und zerstört sich selbst, weil sie sich jenen frischen Wind nimmt, der für ihr Überleben notwendig ist." (Prodi 2003, 11)

15 Verfassungsrecht – das wohl „politischste" aller Rechte

15.1 Die verfassungsgebende Gewalt des Volkes

Der legitimierende Grund für die Sonderstellung, die das Verfassungsrecht innerhalb des staatlichen Normengefüges einnimmt, liegt in der verfassungsgebenden Gewalt, die in demokratischen Verfassungsstaaten einzig und alleine dem Volk zukommt. Das Volk kann dabei entweder selbst über eine Verfassung oder Verfassungsänderungen abstimmen oder es kann Abgeordnete oder Repräsentanten bestimmen, die als Vertreter des verfassungsgebenden Volkes eine Verfassung zu schaffen haben.

Die konstituierende oder verfassungsgebende Gewalt („pouvoir constituant"), ist der Kristallisationspunkt, welcher Politik, Recht und Gesellschaft miteinander verbindet. Diese ist an der Spitze der juristischen Normenpyramide verortet und zeigt einerseits

„den politischen, historischen Ursprung der Verfassung auf, begründet andererseits ihren normativen Geltungsanspruch, vermittelt sodann ihre legitimierende Rechtfertigung und bewirkt schließlich ihre begrenzte Geltungsdauer. Kann doch die verfassungsgebende Gewalt eine Verfassungsordnung in revolutionärer Diskontinuität umbrechen und beseitigen, wie dies dem Institut der Verfassungsänderung auf dem Boden der Identität und Kontinuität der Verfassungsgeltung strikt untersagt ist." (Heckel 1997, 28)

Neben dem demokratischen Legitimitätsprinzip der Volkssouveränität ist die verfassungsgebende Gewalt originär, elementar und rechtlich unabhängig. Die verfassungsgebende Gewalt ist dabei eine vorverfassungsrechtliche Macht: Das Volk als unveräußerlicher Inhaber der Souveränität gibt und trägt die Verfassung, aus der die konstituierte, verfasste Staatsgewalt hervorgeht und ihre Legitimation erhält. Diese existiert außerhalb der geschriebenen Verfassung nicht und ist an diese unbedingt gebunden. Eine Befugnis zur Verfassungsänderung hat sie nur deshalb, da sie vom Volk eine besondere Ermächtigung erhalten hat. Das Recht des Volkes zur Verfassungsgebung ist dabei unbeschränkbar und unveräußerlich. Das Volk selbst kann sich und künftige Generationen keiner Verfassung unterwerfen und auch nicht an Verfahrensvorschriften binden. Die politische Brisanz der Lehre von der originären verfassungsgebenden Gewalt des Volkes liegt aber auch darin begründet, dass die Verfassung nicht nur durch das Volk geschaffen und getragen, sondern auch in einem revolutionär anmutenden Akt beseitigt werden kann.

15.2 Allgemeine Funktionen von Verfassungen

Verfassungsrecht ist dadurch charakterisiert, dass man es erschwert abändern kann und es dadurch eine höhere Bestandskraft aufweist. In demokratischen Verfassungsstaaten kann somit eine qualifizierte Mehrheit eine Änderung blockieren, die aber von der absoluten Mehrheit der Abgeordneten gewünscht wird. Eine Minderheit kann demnach – natürlich auch nur in gewissen Grenzen – der Mehrheit ihren Willen aufoktroyieren. Aber die für Veränderungen im Verfassungsrecht notwendigen erhöhten Mehrheiten verstehen sich nicht von selbst, sondern bedürfen einer Rechtfertigung.

Das Verfassungsrecht hat die Aufgabe, grundlegende Regeln für das Zusammenleben in Staat und Gesellschaft festzulegen. In der Verfassung eines Staates sind üblicherweise enthalten: Bestimmungen über die Staatsform (zum Beispiel Republik oder Monarchie), die Struktur des Staatsverbandes (zum Beispiel Einheitsstaat oder Bundesstaat), die Einrichtung, Bestellungsweise, Aufgaben und Verantwortlichkeit von Staatsorganen (dabei auch die Festlegung des Regierungssystems), die Organisation, der Wirkungskreis, die gegenseitigen Beziehungen und die Verfahrensgrundsätze der Staatsfunktionen (Gesetzgebung, Gerichtsbarkeit, Verwaltung) sowie die fundamentalen Rechte und Pflichten des Einzelnen und einzelner Gruppen (Grundrechte und Grundpflichten). In manchen Verfassungen, so auch in der österreichischen, werden auch programmatische Staatsziele bestimmt.

Die Verfassung enthält demnach Spielregeln für den politischen Prozess. Solche Spielregeln haben aber auch (parlamentarische) Minderheiten davor zu bewahren, dass die Mehrheit diese Spielregeln so abändert, dass sie einen künftigen Wechsel der Mehrheitsverhältnisse pro futuro ausschließt oder erschwert. Der Verfassung ist daher auch die Funktion inhärent, dass sie in einer demokratischen Weise die Konkurrenz um die Mehrheit offenzuhalten hat.

Neben der Festlegung und Festsetzung von gewissen Spielregeln intendieren Verfassungen ebenso, die staatliche Machtfülle zu begrenzen und damit auch die individuelle Freiheit jedes einzelnen abzusichern (Schrankenfunktion). Die Verfassung erklärt dabei Staatsorgane dazu kompetent, bestimmte Handlungen setzen zu können. Eine Verfassung kann auch vorsehen, dass bestimmte Handlungen erst durch mehrere Organe gemeinsam gesetzt werden dürfen. Die meisten Akte des österreichischen Bundespräsidenten bedürfen beispielsweise des Vorschlages eines anderen Staatsorgans. Ein wichtiges Instrumentarium zur Wahrung dieser Schrankenfunktion stellt diesbezüglich auch die Verfassungsgerichtsbarkeit dar, die ja die Einheit des Verfassungsrechts durch die Kontrolle von Zuständigkeits-, Organisations-, Verfahrens- und Grundrechtsvorschriften bewahren möchte.

Diese Grundgedanken basieren innerhalb demokratischer Verfassungsstaaten auf zwei Prinzipien. Zum einen ist dies das Prinzip der Gewaltenteilung und zum anderen findet die Selbstbeschränkung des Staates dadurch statt, dass er in gewisse individuelle und gesellschaftliche Freiheitsräume, welche durch Grundrechte geschützt werden, nur in gewissen Grenzen eingreifen darf. Gewaltenteilung und Grundrechte sind daher der wesentliche Kern demokratischer Verfassungsstaaten und auch eng mit dem Prinzip der Volkssouveränität verknüpft.

Verfassungen haben aber auch die Funktion, gemeinsame Werte und Prinzipien außer Streit zu stellen, die für eine funktionierende Demokratie im Sinne eines Basiskonsenses Voraussetzung sind. Man spricht in diesem Zusammenhang von der Konsens- oder Integrationsfunktion der Verfassung.

Für die Politikwissenschaft ist neben dem Begriff der Verfassung auch die Verfasstheit eines politischen Systems von Belang. Bei der Verfasstheit eines politischen Systems geht es dabei weniger um die Auslegung und Bestimmung verschiedener verfassungsrechtlicher Normen, sondern um die Beschreibung tatsächlicher politischer Zustände innerhalb einer Staatsstruktur. Zu den Parametern der Verfasstheit zählen daher realpolitische Machtverhältnisse ebenso wie wirtschaftliche, kulturelle, ökonomische und historische Einflussfaktoren, die sich allesamt auf das Leben im Staat beziehen.

15.3 Wesensmerkmale der österreichischen Bundesverfassung

Das österreichische Verfassungsrecht ist extrem zersplittert und deshalb auch unübersichtlich. Trotz einiger Harmonisierungsversuche durch das Bundesverfassungsrechtsbereinigungsgesetz existieren in Österreich nach wie vor rund 50 Bundesverfassungsgesetze und über 500 Verfassungsbestimmungen, die neben der eigentlichen Verfassungsurkunde des B-VG bestehen. Dazu zählen auch Normen aus der Zeit der Monarchie, wie zum Beispiel das Staatsgrundgesetz über die allgemeinen Rechte der Staatsbürger aus 1867. Diese Rechtsnormen sind formell gleichrangig, dennoch ist meist das Bundes-Verfassungsgesetz (B-VG) gemeint, wenn man von „der Verfassung" spricht.

Diese Zersplitterung des österreichischen Bundesverfassungsrechts und seine betont formalistische Struktur sind durch Spezifika des österreichischen politischen Systems erklärbar. Lange Zeit war das österreichische politische System von zwei Großparteien (SPÖ und ÖVP) geprägt, weshalb es auch zeitweilig mit dem Etikett „hinkendes Zweiparteiensystem" versehen wurde. Das Verfassungsrecht erfüllte in diesem so konzipierten System den Zweck, die zwischen diesen beiden Parteien am Verhandlungsweg erzielten Kompromisse dank ihrer Zweidrittelmehrheit verfassungsrechtlich zu verankern. Diese Vorgehensweise hatte zweierlei Gründe. Zum einen konnte ein einmal so erzielter Kompromiss nicht mehr bei einer anderen Regierungsform einseitig durch eine dieser Parteien abbedungen werden. Zum anderen konnte mit einer solchen Vorgehensweise die Kontrolltätigkeit des Verfassungsgerichtshofes unterlaufen werden, da ja der Prüfungsmaßstab mit dem Prüfungsgegenstand nach der Logik des Stufenbaus der Rechtsordnung auf eine Stufe gestellt wurde. Viele Verfassungsregelungen, wie etwa die sehr kompliziert anmutende Kompetenzverteilung oder Doppelgleisigkeiten in der Behördenstruktur sowie die extreme Dichte des Bundesverfassungsrechts, lassen sich daher aus Besonderheiten des politischen Systems Österreichs und dessen politischer Kultur erklären.

15.4 Der Begriff der Verfassung im formellen Sinn

Verfassung als Rechtsbegriff hat eine formelle und eine materielle Dimension. Im formellen Sinn ist mit „Verfassung" die Gesamtheit jener generellen Normen des Staates gemeint, die vom Gesetzgeber als Verfassungsgesetze oder Verfassungsbestimmungen mit den dafür erforderlichen Modalitäten (vgl. Art. 44 B-VG) geschaffen und als solche bezeichnet wurden. Im Bundesstaat Österreich existieren in diesem Sinn Landesverfassungsrecht und Bundesverfassungsrecht, die in ihrer Gesamtheit als Staatsrecht bezeichnet werden können. Zum Verfassungsrecht gehört aber nicht nur innerstaatliches Recht, sondern auch verfassungsändernde oder -ergänzende Staatsverträge oder einzelne Bestimmungen in Staatsverträgen, wobei bei deren Genehmigungsverfahren analog dem Verfahren bei der Verfassungsgesetzgebung vorzugehen ist. Verfassungsrecht im formellen Sinn wird also durch seine Erzeugungsweise und seine Bezeichnung definiert, die „die Verfassung" im Gesamtkomplex staatlicher Normen auf die höchste Stufe stellen.

15.5 Der Begriff der Verfassung im materiellen Sinn

Die obigen Ausführungen zur Verfassung im formellen Sinn zeigen, dass es in Österreich rein formal keine inhaltlichen Kriterien dafür gibt, welche Materien der Gesetzgeber als einfaches oder als Verfassungsgesetz beschließen kann. Politisch relevant ist das vor allem in Legislaturperioden, in denen sich die Regierung auf eine „Verfassungsmehrheit" im Nationalrat stützen kann. Die Versuchung, Gesetze, deren Verfassungskonformität angezweifelt werden könnte, einfach im Verfassungsrang von einer willfährigen Mehrheit im Nationalrat beschließen zu lassen, kann oft groß werden. Ein solches Gesetz ist nämlich – wie bereits erwähnt – der nachgelagerten Kontrolle des Verfassungsgerichtshofes entzogen.

Es gibt allerdings typische Inhalte einer Verfassung, die ihrerseits den Kern des materiellen Verfassungsrechts ausmachen. Angesichts einer dermaßen flexiblen formellen Verfassung ist für eine politikwissenschaftliche Analyse eine materielle Bestimmung des Verfassungsrechts notwendig und hilfreich. Verfassungsrecht im materiellen Sinn könnte man nicht ganz korrekt, aber verständlich, als jene Teile einer Rechtsordnung definieren, die man im Verfassungsrang erwartet: Staatsform, Struktur des

Staates, Staatsorgane, die Staatsfunktionen und deren Verhältnis zueinander, Rechte und Pflichten, Grundrechte und Staatsziele. Die Summe dieser Regelungen kann ohne Umschweife als die rechtliche Grundordnung eines Staates bezeichnet werden. Sinn und Zweck der erschwerten Abänderbarkeit von Verfassungsrecht ist es somit auch, diese staatliche Grundordnung im politischen Alltag außer Streit zu stellen. In Abbildung 7 werden tabellarisch die materiellen Verfassungsbestimmungen des österreichischen Verfassungsgefüges aufgezeigt:

Staatsform	Art. 1 B-VG: Österreich ist eine demokratische Republik
(föderale) Gliederung des Staates	Bundesstaat (Art. 2 B-VG)
(inhaltliche) Staatszielbestimmungen	(immerwährende) Neutralität, Umfassende Landesverteidigung, Rundfunk als öffentliche Aufgabe, gesamtwirtschaftliches Gleichgewicht der öffentlichen Haushaltsführung usw.
(völkerrechtliche) Beziehung des Staates in den internationalen Beziehungen	Mitwirkung und Beziehung bei Angelegenheiten der Europäischen Union, (völkerrechtliche) Staatsverträge
Staatsorganisation	Regelungen über die Errichtung (Wahlen), Bestellung, Kompetenzen und Verantwortlichkeiten wichtiger Staatsorgane, wie Gesetzgebungs- und Regierungsorgane
Staatsfunktionen	Regelungen für Gesetzgebung, Verwaltung und Gerichtsbarkeit Gesetzgebung und Verwaltung der Länder
Kontrolle der Staatsorgane	Verfassungsgerichtshof Verwaltungsgerichtshof Bundesverwaltungsgericht Landesverwaltungsgerichte Rechnungshof Volksanwaltschaft
Rechtsstellung der Bürger	(zersplitterter) Grundrechtskatalog Staatsgrundgesetz von 1867 Europäische Menschenrechtskonvention

Abb. 7: **Materielle Verfassungsbestimmungen im österreichischen Verfassungsgefüge**

15.6 Das Phänomen der Realverfassung

Neben dem Verfassungsbegriff im Sinn der Rechtsordnung werden oft die Begriffe „Realverfassung“ oder auch „Verfassungswirklichkeit“ verwendet, die auch solche Realitäten einbeziehen, die nicht oder nur ungenügend normiert, also verfassungsgesetzlich geregelt sind.

Unterschiede zwischen der geschriebenen, normierten Verfassung und der Realverfassung ergeben sich daraus, dass die gesellschaftliche Entwicklung nicht ohne Verzögerung Eingang in die Verfassungsrechtsordnung findet. Die sich verändernden realen Verhältnisse erzwingen vielmehr in einem mehr oder weniger konfliktreichen Prozess die Anpassung der Rechtsordnung an jeweils neue Kräfteverhältnisse in der Gesellschaft und im Staat. Auch in stabilen, durch Legitimation, Manipulation oder Repression gut abgesicherten Herrschaftsverhältnissen lassen die gesellschaftlichen Veränderungen die Widersprüche zwischen dem realen Entwicklungsstand der Gesellschaft und ihrer Rechtsordnung wachsen. Mit dem Begriff Realverfassung nähert man sich schon dem Begriff des politischen Systems, das nicht nur die Rechtsordnung und die Realverfassung, sondern auch ihre Dynamik und ihre Widersprüche einschließt.

Die Unterscheidung zwischen der Verfassung im juristischen Sinn und der „Realverfassung" ergibt sich aus der Entwicklungsdynamik von Politik und Gesellschaft. Diese Dynamik findet zumeist nicht sofort, manchmal überhaupt nicht Eingang in die Rechts- und Verfassungsordnung, denn die Verfassung selbst kann ihrerseits nicht verhindern, dass grundlegende, staatsrechtliche Entscheidungen nicht vom zuständigen Verfassungsorgan, sondern außerhalb der Verfassung von der Realpolitik und ihren Akteuren getroffen werden. In der Staatspraxis werden daher wichtige Entscheidungen auch abseits des eigentlichen Verfassungsgefüges getroffen. Nicht nur gelegentlich hat danach das zuständige Verfassungsorgan für die getroffene Entscheidung einfach den verfassungsrechtlichen förmlichen Akt nachzuvollziehen. Diese Entscheidungslogik kann naturgemäß auch zu einer Diskrepanz zwischen formellem Verfassungsrecht und Verfassungswirklichkeit führen.

Die Eigenart der Realverfassung hängt dabei direkt mit den Eigenarten des Verfassungsrechts selbst zusammen. Zum einen sind im Verfassungsrecht diejenigen, die über die Regelung zu bestimmen haben, zumeist auch der Adressat dieser Regelungen. Dies erschwert naturgemäß realpolitisch auch die Durchsetzbarkeit der verfassungsrechtlichen Normen. Daneben ist das Verfassungsrecht, als Regulatorium politischer Prozesse, betont prinzipienhaft. Prinzipien eröffnen aber gleichzeitig eine mögliche Bandbreite an Interpretationsmöglichkeiten, welche auch die Verfassungsrealitäten mitbestimmen. Da das Verfassungsrecht als gesellschaftlicher Basiskonsens relativ schwer abänderbar ist, können Anpassungen auf erforderliche Reaktionen längere Zeit auf sich warten lassen, was wiederum die

Kluft zwischen Verfassungsrecht und Verfassungswirklichkeit weiter verbreitert.

Als Beispiele der Realverfassung im österreichischen politischen System sind hier zu nennen:

- die reale Bedeutung von politischen Parteien und Verbänden, die in der Verfassung nicht annähernd adäquat beschrieben ist
- das System der Interessenvertretung durch Verbände und Sozialpartnerschaft als ein bestimmender Mechanismus der gesellschaftlichen Entscheidungsfindung
- die zunehmende Bedeutung zivilgesellschaftlicher Aktionen, Bewegungen und Strukturen
- die realpolitische Bedeutung der Bundesländer

Zusammenfassend wird Verfassungsrecht durch die Verfassungswirklichkeit ergänzt. Verfassungsrecht und Verfassungswirklichkeit determinieren beide die Spielregeln innerhalb eines politischen Systems. Verfassungsrecht gibt dabei die Grundbedingungen und die wesentlichsten Prinzipien des politischen Systems und damit die Rahmenbedingungen für die Politik vor. Verfassungsrecht ist also quasi darauf ausgelegt, durch die Verfassungswirklichkeit ergänzt zu werden. Natürlich kann die Verfassungswirklichkeit systemimmanente Defizite aufzeigen und damit Systemänderungen bewirken, deren Inhalte später wiederum innerhalb des Verfassungsrechts konstituiert werden.

16 Verwaltung und Verwaltungsrecht – Elemente der Stabilisierung in politischen Systemen

16.1 Die Gewaltentrennung als Grundlage des Verwaltungshandelns

Wie im Kapitel „Über das Gewaltmonopol und die Gewaltenteilung“ bereits dargestellt, soll die Aufteilung von staatlicher Kompetenz auf mehrere Institutionen, die einander wechselseitig kontrollieren, sonst aber unabhängig agieren und auch organisiert sind, die Akkumulation von Macht und staatlicher Willkür verhindern. Die Gewaltenteilung im organisatorischen Sinn teilt daher die Staatsaufgaben von Legislative, Exekutive und Judikative auf die jeweiligen Organe der Gesetzgebung, Vollziehung und Gerichtsbarkeit auf.

Die Staatsfunktionen Verwaltung und Gerichtsbarkeit sind im B-VG in einem Hauptstück unter dem Titel „Vollziehung des Bundes“ zusammengefasst. Damit ist klargestellt, dass nicht nur die Verwaltung, sondern auch die Gerichtsbarkeit als Vollziehung von Gesetzen anzusehen ist und dass das Legalitätsprinzip nach Art. 18 B-VG auch für die Gerichtsbarkeit gilt. Unbeschadet dessen gilt natürlich das Prinzip der Gewaltenteilung, also das Prinzip, dass Gerichtsbarkeit und Verwaltung in allen Instanzen getrennt sind, d.h., jede Vollzugsbehörde hat daher entweder als Gerichtsbehörde oder als Verwaltungsbehörde organisiert zu sein. Ein Instanzenzug von einer Verwaltungsbehörde zu einem Gericht ist nur durch eine verfassungsmäßige Ausnahme zulässig.

Zur Verwaltung zählen in Österreich sowohl die obersten Verwaltungsorgane des Bundes (Bundesregierung, Bundespräsident und die einzelnen Bundesminister) als auch die obersten Verwaltungsorgane der Länder (Landesregierung).

Das Verhältnis von Politik und Verwaltung hat durch das Anwachsen der Staatsaufgaben eine eigenständige Dynamik erhalten. Die Entwicklung des modernen Leistungs- und Sozialstaates hat der Verwaltung und dem Verwaltungsrecht gänzlich neue Aufgabenfelder zugewiesen. Die Aufgabenbereiche der Verwaltung sind dabei nicht nur quantitativ, sondern auch inhaltlich erheblich angewachsen. Dies stellt auch das handelnde Verwaltungspersonal vor neuen Ausbildungsherausforderungen, da von ihnen die Erbringung von Dienstleistungen erwartet wird, was auch zu einer neuen Kultur des Verwaltungshandelns geführt hat. Diese veränderte Verwaltungskultur zeigt sich auch in der zunehmenden Bestrebung der Verwaltung, den Bürgern bei großen Verwaltungsverfahren Partizipationsmöglichkeiten zu eröffnen. In zunehmendem Ausmaß treten in diesem Zusammenhang auch Akteure der Zivilgesellschaft in Erscheinung, die ihrerseits bestrebt sind, auf das Verwaltungshandeln Einfluss zu nehmen. Sie werden somit auch zu Partnern der Verwaltung und zwingen diese wiederum zu neuen Formen von kooperativem Verhalten. Die neuen Formen der Bürgerbeteiligung ermöglichen es somit, ein hohes Maß an Transparenz zu erzeugen.

16.2 Der Grundsatz der Gesetzmäßigkeit des Verwaltungshandelns

Die österreichische Bundesverfassung legt in Art. 18 B-VG das Legalitätsprinzip in prägnanter Weise fest: „Die gesamte staatliche Verwaltung darf nur aufgrund der Gesetze ausgeübt werden." Das Legalitätsprinzip gilt neben der Verfassungsgerichtsbarkeit als Kern des rechtsstaatlichen Prinzips. Die inhaltliche Intention ist es, für den Bürger das Handeln der staatlichen Akteure einigermaßen berechenbar und vorhersehbar zu machen. Das Legalitätsprinzip bindet aber nicht nur die Organe der Verwaltung, es impliziert auch eine Verpflichtung des Gesetzgebers. Da ja die Gesetze das Verwaltungshandeln bestimmen, dürfen diese nicht zu unbestimmt formuliert sein, um den Ermessensspielraum der Verwaltung nicht allzu groß werden zu lassen. Die eben beschriebene hinreichende Bestimmtheit der Gesetze variiert jedoch von Rechtsgebiet zu Rechtsgebiet. Während im Wirtschaftsrecht das Maß der gesetzlichen Vorherbestimmung einigermaßen gering sein darf, wird im Straf- und Steuerrecht aus Überlegungen der Rechtssicherheit ein hoher Determinierungsgrad verlangt. Man spricht in diesem Zusammenhang auch vom „differenzierten Legalitätsprinzip".

Dem Legalitätsprinzip ist jedoch auch eine demokratiepolitische Komponente inhärent, da die Vollziehung der Gesetze an die durch die Volksvertreter geschaffenen Gesetze gebunden ist. Kein Akt der Verwaltung darf ohne die Befolgung materieller und formeller gesetzlicher Grundlagen erlassen werden. Für den einzelnen Normadressaten muss es deshalb aus der Rechtsordnung ableitbar sein, wer für welche Verfahrensschritte kompetent ist und welche inhaltlichen Kriterien bei der Bearbeitung des Parteienanliegens zu berücksichtigen sind.

Dieses in Österreich erstaunlich präzise dargelegte Legalitätsprinzip geht auf eine Modellkonzeption Hans Kelsens zurück und stellt neben der Verfassungsgerichtsbarkeit seinen wohl augenscheinlichsten Beitrag innerhalb der österreichischen Bundesverfassung dar. Diesem Konzept widmet er in seinem für die Politikwissenschaft wohl relevantesten Werk „Vom Wesen und Wert der Demokratie" sogar ein eigenständiges Kapitel.

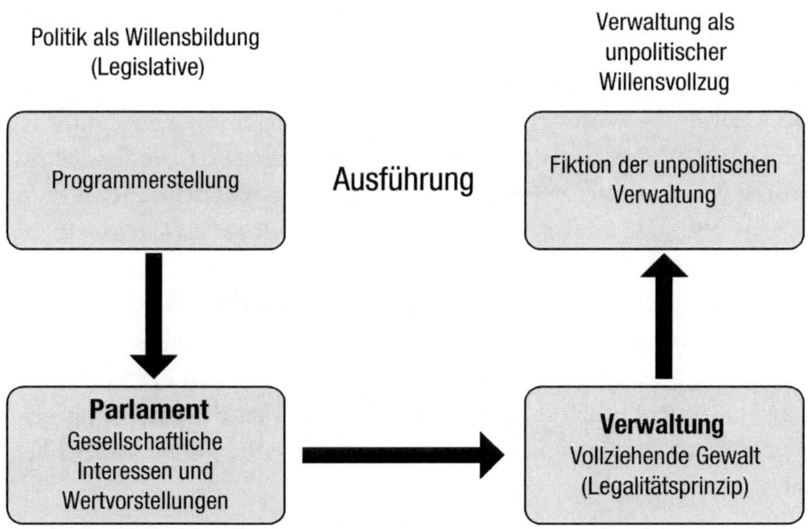

Abb. 8: **Kelsens Idee einer unpolitischen Verwaltung**

Kelsen differenziert dabei zwischen der politischen Programmerstellung, die er als wesentliche Aufgabe des Parlamentarismus und damit der politischen Parteien ansieht, und der Verwaltung als unpolitischem Vollzug dieses politischen Willens. Somit ist auch die Tätigkeit der Verwaltung legitimiert, denn die im Parlament tätigen Parteien können ihre Legitimität bei der Erzeugung von allgemeinen Normen aus Wahlen und somit direkt aus der Volkssouveränität beziehen. Ist jetzt die Vollziehung in ihrer Willensbildung an die Gesetzgebung gebunden, so ist sie dadurch indirekt, aber doch demokratisch legitimiert. Würde eine Entpolitisierung der Legislative einer Selbstauflösung derselben nahekommen, so ist die Entpolitisierung die essentielle Prämisse des Verwaltungshandelns.

Als logische Konsequenz sollte das Verwaltungshandeln daher von einem möglichst unparteiischen Berufsbeamtentum objektiv und unter Verhinderung eines parteipolitischen Einflusses vollzogen werden. Politische Parteien sollen sich hingegen in ihrer Tätigkeit auf die inhaltliche Gesetzgebung konzentrieren.

16.3 Weitere Grundsätze des Verwaltungshandelns

16.3.1 Das Weisungsprinzip

Die Verwaltung ist in sich durch eine strenge hierarchische Struktur gekennzeichnet. Das bedeutet, dass der Verwaltungsapparat unter der Anleitung der obersten Verwaltungsorgane des Bundes oder der Länder zu agieren hat. Das wichtigste Instrumentarium dieser Leitungsbefugnis stellt dabei die Weisung dar.

Das Weisungsprinzip basiert dabei auf einem Über- und Unterordnungsverhältnis, die Leitungsbefugnis der obersten Organe ist jedoch bei Weitem nicht uneingeschränkt. Sie darf nur im Rahmen der Rechtsordnung und unter Einhaltung des Legalitätsprinzips stattfinden. Demgegenüber steht als Pendant die rechtliche und politische Verantwortlichkeit der obersten Organe.

Auch die nachgeordneten Organe können für ihre Amtsführung zur Verantwortung gezogen werden. So können etwa Beamte disziplinarrechtlich belangt werden. Das Disziplinarrecht kann man dabei als Standesstrafrecht titulieren, da damit ausschließlich die im Dienst begangenen Dienstverletzungen geahndet werden sollen. Das Disziplinarrecht soll dabei auch das Ansehen des gesamten Berufsstandes bewahren. Dazu treten noch spezifische strafrechtliche Bestimmungen, wie z.B. der Amtsmissbrauch (vgl. § 302 StGB), die von den Gerichten geahndet werden sollen. Nach Art. 20 Abs. 1 B-VG sind Weisungen eines unzuständigen Organs sowie Weisungen, die gegen strafrechtliche Bestimmungen verstoßen würden, nicht rechtsverbindlich und brauchen von den nachfolgenden Organen der Verwaltung nicht befolgt werden. Darunter werden jedoch nur justizielle materielle strafrechtliche Bestimmungen subsumiert, nicht allerdings Verletzungen des Verwaltungsstrafrechts. Letztere entbinden nicht von der Gehorsamspflicht.

An diesem Beispiel lässt sich die vorhandene Diskrepanz rechtlicher und politischer Kontrolle beispielhaft aufzeigen. Die Überprüfung der rechtlichen Verantwortung von Organen ist die Kontrolle der Rechtmäßigkeit ihres Verhaltens. Dieser Umstand kann natürlich auch für die politische Verantwortlichkeit eine entscheidende Rolle spielen, ist dabei aber nicht das einzige maßgebliche Kriterium, denn die politische Verantwortung hat auch dann wahrgenommen zu werden, wenn beim politisch Verantwortlichen kein rechtswidriges Verhalten zu konstatieren ist. Das Eingestehen politischer Verantwortlichkeit, die ja auch einen wesentlichen Teil der politischen Kultur ausmacht, richtet sich daher primär auf politische und nicht auf rechtliche Gesichtspunkte aus. So kann das Eingestehen politischer Verantwortlichkeiten etwa auch schon dann angebracht sein, wenn keine einzige Gesetzesnorm verletzt oder gar nur berührt worden ist. Politische Verantwortlichkeit impliziert auch die Einhaltung gewisser politischer Wohlverhaltensregeln (Good Governance). Das Recht kann daher nur als Maßstab für das richtige politische Handeln der Träger von politscher Verantwortung fungieren, nicht mehr – aber auch nicht weniger. Das Eingestehen politischer Verantwortlichkeiten jenseits von Rechtsverletzungen ist hierzulande bedauernswerterweise aber nicht besonders stark ausgeprägt.

16.3.2 Amtsverschwiegenheit, Auskunftspflicht und Amtshilfe

Auch die Amtsverschwiegenheit ist in Österreich durch eine verfassungsgesetzliche Bestimmung (Art. 20 Abs. 3 B-VG) abgesichert. Alle Organe, die mit den Aufgaben der staatlichen Verwaltung betraut sind, haben über die im Zuge ihrer Tätigkeit bekannt gewordenen Umstände absolute Geheimhaltung zu wahren, wenn dies im Interesse der Gebietskörperschaft oder einer Partei gelegen ist. Auf diese Geheimhaltung der personenbezogenen Daten hat jeder einen persönlichen, subjektiven Anspruch.

Keine Pflicht zur Amtsverschwiegenheit besteht hingegen im Verhältnis zwischen allgemeinem Vertretungskörper und den von diesem bestellten Funktionären. So können sich Mitglieder der Landesregierung und Landesbeamte vor dem Landtag nicht auf ihre Verschwiegenheitspflicht berufen.

Außerhalb dieser Amtsverschwiegenheit besteht jedoch eine Auskunftspflicht der Verwaltungsorgane über Angelegenheiten in ihrem Wirkungsbereich. Diese Auskunftspflicht gilt dabei sowohl für die Hoheits- als auch für die privatwirtschaftliche Verwaltung. Nach Art. 22 B-VG sind alle Verwaltungsorgane ebenso zur wechselseitigen Amtshilfe verpflichtet.

16.4 Der Bescheid – als die zentrale Erledigungsform von Verwaltungsangelegenheiten

Haben Verwaltungsbehörden gegenüber Rechtsunterworfenen Entscheidungen zu fällen, so tun sie dies in Form von Bescheiden. Bescheide sind daher die hoheitliche Erledigungsform, in der bestimmte Verwaltungsangelegenheiten gegenüber individuell bestimmten Personen in einer förmlichen und rechtskräftigen Weise entschieden werden sollen. Bescheide sind die Ausdrucksform einer Verwaltungsbehörde in der Hoheitsverwaltung. Tritt die Behörde hingegen im privatwirtschaftlichen Verkehr auf, so wird sie nicht in Ausübung ihrer Hoheitsgewalt tätig. Durch einen Bescheid werden daher bestehende Rechtsverhältnisse festgestellt oder neue Rechtsverhältnisse gestaltet.

Bescheide artikulieren im Rahmen des Verwaltungsverfahrens den behördlichen Willen, in einer gewissen und bestimmten Angelegenheit eine feststellende oder gestalterische Regelung treffen zu wollen. Durch das Merkmal der Willensäußerung unterscheidet sich der Bescheid von bloßen Mitteilungen, Informationen, Belehrungen oder Beurkundungen.

Der Bescheid ist durch seine relativ hohe Förmlichkeit charakterisiert, eine Förmlichkeit, die in ihren Grundsätzen im Allgemeinen Verwaltungsrecht verankert ist und in Österreich bereits auf eine lange Tradition zurückblicken kann. Ein Bescheid benötigt für seine Rechtsgültigkeit sohin die Bezeichnung als Bescheid, eine Geschäftszahl, ein (Erledigungs-)Datum, die Bezeichnung der bescheiderlassenden Behörde, einen

Spruch, in dem kurz und knapp der normative Inhalt des Bescheides zum Ausdruck gelangt, eine Begründung dieses Spruches, eine Rechtsmittelbelehrung, Unterschrift und Beifügung des Namens des genehmigenden Organs sowie die Zustellung an den individuell bestimmten Normadressaten.

Das Fehlen wesentlicher Bescheidsmerkmale (Spruch, Behördenqualität des sprucherlassenden Organs, gravierende Zustellungsmängel) führen zur absoluten Nichtigkeit des Bescheides. Weniger schwerwiegende Mängel führen in der Regel zur Anfechtbarkeit des Bescheides.

17 Die Gerichtsbarkeit öffentlichen Rechts als zentraler Kontrolleur des Staatshandelns

17.1 Die Verfassungsgerichtsbarkeit an der Schnittstelle zu Politik und Recht

17.1.1 Einleitende Gedanken

Als Verfassungsgerichtsbarkeit werden all jene gerichtlichen – in ihrer Art höchst unterschiedlichen – Funktionen bezeichnet, mit denen die Einhaltung der Verfassung garantiert werden soll. Es geht daher bei der Verfassungsgerichtsbarkeit um die justizförmige Entscheidung von Konflikten entweder zwischen zwei Staatsorganen oder zwischen einem Staatsorgan und einem Bürger unter der Voraussetzung, dass verfassungsrechtliche Normen berührt worden sind.

Die Verfassungsgerichtsbarkeit legt einen besonderen Ausdruck des Verhältnisses von Recht und Politik offen, da die Entscheidungen des Verfassungsgerichtshofes in der Regel Auswirkungen für die Politik haben. Sie nehmen aber für sich in Anspruch, selbst keinerlei Politik zu betreiben. Verfassungsgerichte befinden nämlich nicht darüber, ob eine Entscheidung materiell zweckmäßig und gerecht ist, also eine probate politische Antwort auf einen rechtlichen Sachverhalt darstellt. Verfassungsgerichtsbarkeit ist somit das Messen der durch Gesetz rechtsrelevant gewordenen Politik am Maßstab des Verfassungsrechts.

17.1.2 Zwei mögliche Modelle der Verfassungsgerichtsbarkeit

Verfassungsgerichtsbarkeit im engeren Sinne bezeichnet die gerichtliche Überprüfung von Gesetzen auf ihre Verfassungsmäßigkeit (Normenkontrolle). Sie existiert heutzutage in zwei Erscheinungsformen: dem amerikanischen und dem österreichischen Typus.

Die älteste Verfassungsgerichtsbarkeit entstand in Auseinandersetzung mit einem Parlament: Vor dem Hintergrund der Unabhängigkeitsbestrebungen der nordamerikanischen Kolonien vom britischen Mutterland erklärte erstmals 1765/66 ein Gericht der britischen Kolonie Virginia ein vom Londoner Parlament erlassenes Gesetz, das es in einem Verfahren anwenden sollte, als „unconstitutional" (Stamp Act Crisis). Darauf aufbauend entstand Ende des 18. Jahrhunderts das amerikanische System der Verfassungsgerichtsbarkeit, wonach jedes Gericht im Rahmen eines anhängigen Verfahrens über die Verfassungsmäßigkeit jener Gesetze, die es anzuwenden hat, entscheiden kann (Grundsatz der dezentralen und inzidenten Normenkontrolle).

Die Ausbildung des österreichischen Systems der Verfassungsgerichtsbarkeit erfolgte im Zuge der Verfassungsgenese im Jahr 1920 und war ein wesentliches Verdienst Hans Kelsens. Es war ursprünglich aufs Engste mit dem bundesstaatlichen Aufbau der Republik verknüpft und sollte Bund und Ländern die wechselseitige Möglichkeit einräumen, die Gesetze der jeweils anderen Gebietskörperschaft vor einem Spezialgericht, dem Verfassungsgerichtshof, anzufechten (Grundsätze der abstrakten Normenkontrolle und der Zentralisation). Zukunftsweisend war die bereits im Jahr 1920 vorgesehene Möglichkeit, dass der Verfassungsgerichtshof auch dann tätig werden konnte, wenn er in einem anderen Verfahren ein Gesetz anzuwenden hatte, an dessen Verfassungsmäßigkeit Zweifel bestanden. Diese konkrete und amtswegige Möglichkeit der Normenkontrolle wurde in der Folge weiter ausgebaut und erklärt heute auch den wichtigen Stellenwert des Verfassungsgerichtshofes innerhalb des österreichischen politischen Systems.

17.1.3 Die Verfassungsgerichtsbarkeit im sozialwissenschaftlichen Fokus

Die Verfassungsgerichtsbarkeit bildet schon seit geraumer Zeit einen Untersuchungsgegenstand der Sozialwissenschaften. Lange Zeit herrschte dabei ein von den Juristen geprägter eher institutioneller Ansatz vor. Im Mittelpunkt der institutionellen Herangehensweise stehen daher die Organisation, die Zusammensetzung, die internen Verfahrensabläufe, die Zuständigkeiten sowie die Beziehungen zu den anderen Staatsorganen. Ein solcher Forschungsansatz ist natürlich von grundlegender Bedeutung, wenn auch seine Erklärungsmöglichkeiten a priori sehr begrenzt sind. So ist es etwa von grundsätzlicher Bedeutung zu wissen, welches Staatsorgan zur Bestellung von Verfassungsrichtern berufen ist. Alleine die Analyse der prozessualen Vorgehensweise sagt aber nichts aus, wenn man dabei die im Hintergrund befindlichen realpolitischen Umstände ausblendet.

Der institutionelle Ansatz wurde deshalb von der politikwissenschaftlichen Forschung schon früh durch einen funktionalistischen Ansatz ergänzt. Die politische Systemlehre fragt dabei nach dem tatsächlichen Rollenverständnis, welches Verfassungsgerichte innerhalb von politischen Systemen einnehmen. Die Verfassungsgerichtsbarkeit hat dabei eine wesentliche Kontroll- und Katalysatorfunktion inne. Da jeder Einzelfall auch eine Interpretation des auslegungsbedürftigen Verfassungsrechts darstellt, werden durch Verfassungsgerichte im weitesten Sinne auch rechtspolitische Entscheidungen getroffen. Da diese Erkenntnisse das Verhalten (oberster) Staatsorgane zum Inhalt haben, nehmen Verfassungsgerichte funktionell betrachtet auch an der Staatsleitung teil. Die Grenze von Verfassungsgerichten liegt dort, wo durch eine zu aktive Tätigkeit das Demokratieprinzip gefährdet oder gar verletzt wird.

Verfassungsgerichte sind ja keine monolithischen Blöcke. In ihnen interagieren für die Entscheidungsfindung Richter. Ihre Urteile und Erkenntnisse zeitigen wiederum Auswirkungen auf ganz konkrete Akteure oder Individuen. Diese werden von den behavioristischen Ansätzen fokussiert, eine Forschungsrichtung, die sich allerdings mit einigen Schwierigkeiten konfrontiert sieht. So wird beispielsweise die Entscheidung samt Entscheidungsgründen dargelegt, nicht allerdings die ihnen vorangegangenen konfrontativen und deliberativen Auseinandersetzungen. Welche Auswirkungen Urteile der Verfassungsgerichte auf einzelne politische Akteure haben können, ist indes schon weiter erforscht. Die neuerdings registrierbare Tendenz der Delegation brisanter eigentlich politischer Entscheidungen an die Verfassungsgerichte wäre ein diesbezügliches Anwendungsbeispiel hierfür.

17.1.4 Die Normenkontrolle als die Kernkompetenz der Verfassungsgerichtsbarkeit

In der Verordnungs- und Gesetzesprüfung spiegelt sich die eminente Bedeutung des österreichischen Verfassungsgerichtshofes wider. Diese ist somit die praktisch bedeutsamste Funktion der Verfassungsgerichtsbarkeit. Falls der Verfassungsgerichtshof in einem Verfahren die Verfassungswidrigkeit einer Verordnung oder eines Gesetzes diagnostiziert, so entfaltet diese Entscheidung eine erga-omnes-Wirkung über die Sphäre des konkreten Anlassfalles hinaus. In dieser Aufgabe entfaltet sich die Rolle des Verfassungsgerichtshofes als negativer Gesetzgeber. Zu differenzieren gilt es zwischen dem abstrakten Normprüfungsverfahren, in dem der Verfassungsgerichtshof isoliert von einer möglichen Rechtssache eine generelle Norm überprüft, und dem konkreten Normprüfungsverfahren, bei dem die auf dem Prüfstand stehende Norm in einem konkreten Rechtsfall präjudiziell tatsächlich anwendbar sein muss. Oftmals erstrecken sich diese Verfahren nur auf einzelne Paragraphen, Absätze oder sogar nur auf einige Satzfragmente und nur ganz ausnahmsweise auf ganze Gesetze, die vor allem im Rahmen von Gesetzesnovellierungen vom Verfassungsgerichtshof beeinsprucht werden. Eingeleitet werden diese Prüfungen von Amts wegen oder auf Antrag einer der Parteien, wobei der gegenständliche Anlassfall während des Normenkontrollverfahrens unterbrochen wird.

Gegenstand der Gesetzesprüfung sind alle formellen Bundes- und Landesgesetze wie auch die Bundes- und Landesverfassungsgesetze. Der Prüfungsmaßstab der Gesetzesprüfung bezieht sich auf das gesamte Bundesverfassungsrecht und bei Landesgesetzen auch auf das Landesverfassungsrecht. Die Zuständigkeit des Verfassungsgerichtshofes zur Normenkontrolle gilt, wie schon eingangs erwähnt, als zentrales Element des rechtsstaatlichen Prinzips der österreichischen Bundesverfassung. Der Verfassungsgerichtshof kann jedoch nicht die völlige Inaktivität des Gesetzgebers substituieren, wenn dieser zur Restaurierung der Verfassungskonformität ein Gesetz erlassen müsste, dabei jedoch untätig bleibt. Denn weder Art. 140 B-VG noch eine andere verfassungsrechtliche Bestimmung ermächtigt den Gerichtshof, den Gesetzgeber zu einem Gesetzgebungsakt zu verpflichten.

Ein Erkenntnis des Verfassungsgerichtshofes kann in letzter Konsequenz die Aufhebung der Norm feststellen. Dies führt dazu, dass die Norm vollständig und unverzüglich aus dem Rechtskorpus eliminiert wird. Der Verfassungsgerichtshof kann jedoch von Fall zu Fall eine Reparaturfrist vorsehen, die sich bei Verordnungen bis auf sechs und bei Gesetzen bis auf 18 Monate erstrecken lässt. Dabei wirkt eine potentielle Aufhebung stets auf den Anlassfall zurück, den es aufgrund der bereinigten Rechtslage zu entscheiden gilt. Diese „Ergreiferprämie" erstreckt sich auch auf Anträge mit einem ähnlichen Sachverhalt, die bis zum Beginn der mündlichen Verhandlung beim Verfassungsgerichtshof anhängig gemacht wurden. Davon exkludiert ist jedoch eine rückwirkende Aufhebung der Norm, bei der sämtliche gegenständliche Fälle nicht mehr deren

Anwendungsbereich unterliegen. Sollte der Verfassungsgerichtshof nicht Anderwärtiges aussprechen, treten frühere gesetzliche Bestimmungen, die von der aufgehobenen Norm verdrängt wurden, wieder in Kraft.

Verfassungsgerichtsbarkeit ist das Messen der durch Gesetz rechtsrelevant gewordenen Politik am Maßstab des Verfassungsrechts. Das Verfassungsrecht ist die normative Grundordnung des Staates, sie ist, wie Adolf Merkl erläutert, „kodifizierte Politik" (Merkl 1931, 169). Ebenso wie der Gesetzgeber agiert der Verfassungsgerichtshof, als weiteres politisches Staatsorgan, nach seinen ganz eigenen autonomen Parametern, da die Rechtsordnung vom Verfassungsgerichtshof nach der Prämisse der Verfassungsbewahrung, der seine Mitglieder moralisch und ethisch verpflichtet sind, auf signifikante Art und Weise mitgestaltet wird. Diese Autonomie endet jedoch bei politisch umstrittenen Erkenntnissen, die nach ihrer Publikation von den unterschiedlichsten Seiten, sei es von staatlicher in Form des Gesetzgebers oder von nicht-staatlicher zumeist in Gestalt der Wissenschaft, als Ausgangs- und Ansatzpunkt für heftige Diskussionen herangezogen werden. Dieser „Wettbewerb" ist auch für den Gerichtshof selbst essentiell, da es für den Verfassungsgerichtshof stets gilt, sich im politischen System zu behaupten und zu legitimieren.

Die politische Bedeutung des Verfassungsgerichtshofes ist heutzutage sicherlich stärker in der Öffentlichkeit verankert, als dies noch vor einigen Jahren der Fall war. Der Verfassungsgerichtshof mutierte dabei in Analogie zu der permanent ansteigenden Verrechtlichung des Alltags auch zu einer gesellschaftspolitisch nicht mehr zu vernachlässigenden Institution. Eine Verfassung, die lediglich die Spielregeln der Demokratie und der Politik definiert, erfährt ihre finale Determinierung nämlich erst im Zuge des Prozesses der Verfassungskonkretisierung. Für das Spannungsverhältnis zwischen Parlament und Verfassungsgerichtshof lässt sich daraus Folgendes deduzieren: Der Gerichtshof umgrenzt die Zuständigkeitsbereiche der Legislativorgane und skizziert auch mit der Begründung der Erkenntnisse die Rechtssetzung der Zukunft voraus. Dies ist jedoch nicht unproblematisch, da sich der Verfassungsgerichtshof dabei zu intensiv in den Akt der positiven Gesetzgebung involviert. Nichtsdestotrotz schafft es der Verfassungsgerichtshof mittels seiner Judikate, die gesellschaftliche Akzeptanz der sonst als trocken bezeichneten Verfassung sozial zu realisieren und damit den Rechtstext zum sozialen Kontext der politischen Kräfte werden zu lassen.

17.1.5 Weitere Kompetenzen des österreichischen Verfassungsgerichtshofes

Im Rahmen der Kompetenzgerichtsbarkeit des Art. 138 B-VG sind zwei strukturell höchst unterschiedliche Formen normiert. So hat der Verfassungsgerichtshof einerseits über Kompetenzkonflikte im technischen Sinne zwischen bestimmten staatlichen Organen zu richten und andererseits in Form der präventiven Normenkontrolle die Grenze zwischen Bundes- und Landeskompetenzen zu ziehen.

Im Rahmen seiner Kompetenzen hat der Verfassungsgerichtshof im Erkenntnisweg auch über die Rechtswidrigkeit von Wahlen zu entscheiden. Der Antrag ist dabei spätestens vier Wochen nach Beendigung des Wahlverfahrens an den Verfassungsgerichtshof heranzutragen. Das Erkenntnis des Verfassungsgerichtshofes, an das die Wahlbehörden im Folgenden gebunden sind, kann einerseits die fälschliche Wählbarkeit respektive Nichtwählbarkeit einer Person urgieren und andererseits jede andere bewiesene Rechtswidrigkeit im gesamten Wahlprozedere beanstanden, die einen potentiellen Einfluss auf das Wahlergebnis gehabt hat oder hätte haben können. Diese speziell ausgewiesenen Teile des Wahlverfahrens sind bei entsprechender Rechtswidrigkeit aufzuheben und es kommt sodann zu einer Repetition des gegenständlichen Wahlverfahrens. Zur Wahlgerichtsbarkeit des Verfassungsgerichtshofes zählt außerdem auch der Ausspruch über einen möglichen Mandatsverlust. Dabei gilt es, das selbständige oder unmittelbare Mandatsverlustverfahren durch den Verfassungsgerichtshof selbst oder das mittelbare Mandatsverlustverfahren über den behördlichen Bescheidsweg zu unterscheiden. Ebenso unterliegen die Zuständigkeit über die Anfechtung von Volksbegehren, Volksbefragungen und Volksabstimmungen der verfassungsgerichtlichen Wahlgerichtsbarkeit.

Gemäß Art. 142 B-VG können bestimmte oberste Organwalter des Bundes oder der Länder beim Verfassungsgerichtshof aufgrund einer schuldhaften und rechtswidrigen Verfassungsverletzung verantwortlich gemacht werden. Die Analogie zum traditionellen Strafverfahren kann jedoch nicht verleugnet werden, weshalb der Verfassungsgerichtshof in diesem Verfahren mögliche Rechtfertigungs- und Schuldausschließungsgründe mitzuberücksichtigen hat. Das Verfahren tritt dabei neben ein mögliches gerichtliches Strafverfahren und endet in ähnlicher Weise entweder mit einem Schuld- oder Freispruch. Ein eventuell verurteilendes Erkenntnis hat auf Amtsverlust und bei besonders eklatanten Verfehlungen auch auf den temporären Verlust der politischen Rechte zu lauten. Bei geringfügigen intensiven Verletzungen kann sich der Verfassungsgerichtshof auch mit einer Feststellung des Verfassungszuwiderhandelns begnügen.

Die mit 2.000 Beschwerden per annum wohl quantitativ bedeutsamste Kompetenz des Verfassungsgerichtshofes stellt die Beschwerde gegen Bescheide von Verwaltungsbehörden dar. Der Beschwerdeführer behaupten dabei, dass er durch den Bescheid entweder in einem verfassungsgesetzlich gewährleisteten Recht oder durch die Anwendung einer gesetzwidrigen Verordnung, eines verfassungswidrigen Gesetzes oder eines rechtswidrigen Staatsvertrages in seinen Rechten verletzt worden sei. Vor dem Verfassungsgerichtshof kann jedoch nur ein letztinstanzlicher, also ein nach Erschöpfung des administrativen Instanzenzuges erlangter Bescheid innerhalb von einer sechswöchigen Beschwerdefrist anhängig gemacht werden. Die Entscheidung des Verfassungsgerichtshofs kann dabei auf Aufhebung des Bescheides, Zurückweisung der Beschwerde oder Abweisung der Beschwerde lauten. Im Fall einer positiven Erledigung wird der Beschwerdeführer in den Rechtszustand vor der Bescheiderlassung zurückversetzt; ein Bescheid aufhebendes Erkenntnis wirkt daher ex tunc und somit erwirbt der Beschwerdeführer einen Folgenbeseitigungsanspruch. Die bescheidausfertigende Behörde hat sodann einen Ersatzbescheid zu erlassen, wobei sie dabei an die Rechtsanschauung des Verfassungsgerichtshofes gebunden ist.

17.1.6 Ausgewählte politikwissenschaftliche Aspekte der Verfassungsgerichtsbarkeit

Die Theorie des Weichenstellers von Hans Kelsen

Eine mögliche Theorie, die die Existenz eines Verfassungsgerichtshofes innerhalb eines demokratischen Systems zu legitimieren versucht, ist die Theorie vom Weichensteller von Hans Kelsen. Nach dieser Theorie evaluiert der Gerichtshof nicht den Inhalt einer Norm, vielmehr beschränkt er sich darauf, dem Parlament anzuzeigen, welches Verfahren es bei den konkreten Gesetzesvorhaben hätte anwenden sollen, die da wären:

- Gewöhnliches Gesetzgebungsverfahren
- Verfassungsgesetzgebung
- Verfassungsgesetzgebung mit den erhöhten Anforderungsbedingungen des Art. 44 Abs. 3 B-VG Verfahrens

Deshalb auch die Metapher des Weichenstellers, der dereinst die Züge auf die richtigen Bahngeleise gelenkt hat. Der Gerichtshof mutiert somit zu einem der wesentlichsten Elemente des demokratischen Systems, da er den impliziten besonderen Bestandschutz der Verfassung gegen die Übergriffe der einfachen politischen Majorität verteidigt.

Verfassungsgerichtsbarkeit und Gleichheitssatz

Hans Kelsens scharfe Kritik an dem reichlich unpräzise definierten Begriff der Freiheit richtet sich in erster Linie gegen die offen formulierten Phrasen im Verfassungskorpus und nicht gegen deren Handhabung durch den Verfassungsgerichtshof. Die oft skurril anmutende Judikatur zum Gleichheitsgrundsatz kann daher ohne Umschweife als ein Indiz für die richterliche Rechtsschöpfung bezeichnet werden. Kelsens vehemente Ablehnung gegenüber dem in Art. 7 B-VG verankerten Gleichheitsgrundsatz begründet sich vor allem mit den nahezu unerschöpflich scheinenden Interpretationsvariationen desselben. Das heutige Verständnis des Gleichheitsgrundsatzes, das wohl von Kelsen scharf bekrittelt worden wäre, löst sich in zunehmender Weise vom bloßen Wortlaut des Art. 7 B-VG und erblickt darin vielmehr ein allgemeines Sachlichkeitsgebot sowie ein Verbot an Willkür, das sich sowohl an die Organe der Gesetzgebung als auch an diejenigen der Vollziehung richtet. Wichtiger erscheint es dem Autor, dessen ungeachtet den Gleichheitsgrundsatz als permanente Chance zu erblicken, unter der Prämisse einer dynamischen Betrachtung immer auch geänderte Lebensverhältnisse oder Wertvorstellungen mitberücksichtigen zu können.

Der Gleichheitsgrundsatz wurde also entgegen seiner ursprünglichen in der Verfassung äußerst eng verstandenen Sichtweise vom Verfassungsgerichtshof zu einem allgemeinen Sachlichkeitsgebot ummodelliert, das nunmehr die gesetzgebenden Körperschaften dazu zwingt, Gesetzesvorhaben stringenter zu formulieren und eventuelle gleichheitswidrige Mängel, die die Vollziehung berühren, vorab zu antizipieren. Diese Aussage besitzt in besonderem Ausmaß immer dann Gültigkeit, wenn auf die Legislative mittels handfester Interessen- und Lobbyingpolitik Druck ausgeübt wird, weil dadurch zwangsläufig Interessen anderer Personen vernachlässigt werden. Ein zusätzlicher Aspekt ergibt sich aus der Tatsache, dass veränderte Lebensverhältnisse sowie sich modifizierende gesellschaftspolitische Wertvorstellungen den Verfassungsgerichtshof dazu veranlassen können, den Gesetzgeber darauf aufmerksam zu machen, Normen unter diesen Gesichtspunkten erneut zu adaptieren:

> „Der VfGH kann auf diese Weise zum Katalysator gesetzlicher Reformen werden, die gesellschaftspolitisch dringend erforderlich sind, ohne dass sich das politische System (Regierungsmehrheit oder die für Verfassungsänderungen erforderliche Parteienkoalition) aus welchen Gründen immer dazu fähig erweist. Der VfGH kompensiert auch auf diese Weise strukturelle Defekte der Entscheidungskapazität und Innovationsfähigkeit eines sich aus Großverbänden und Parteien konstituierenden politischen Systems." (Öhlinger 1983, 144)

Demokratische Legitimation von Verfassungsrichtern?

Da die fachliche Qualifikation einen wesentlichen Teil der Qualität der Verfassungsgerichtsbarkeit mitbestimmt, muss im Auswahlverfahren insbesondere dem Bestellungsverfahren sowie der fachlichen Qualifikation der Verfassungsrichter erhöhte Aufmerksamkeit geschenkt werden. Die Wahl der Verfassungsrichter, zumeist herausragende Juristinnen und Juristen von tadellosem Ruf, obliegt in westlichen Demokratien den Parlamenten, Regierungen oder föderalen Organen in einem Bundesstaat, was die Verfassungsrichter zumindest indirekt demokratisch legitimiert. Aufgrund des hohen Einflusses der politischen Parteien bei der Richterwahl müssen jedoch Zweifel angemeldet werden.

Verfassungsrichter haben sich in Rechtsethos und Zurückhaltung zu üben. Die zurückhaltende Vorgehensweise artikuliert sich etwa im Umstand, dass Verfassungsrichter nur in Ausnahmefällen in den Medien präsent sein sollten. In Österreich ergreift etwa nur der Präsident des Verfassungsgerichtshofes das Wort, um in Pressekonferenzen wichtige Ergebnisse zu kommentieren. Die Verfassungsrichter, die die Entscheidung eigentlich getroffen haben, bleiben demgegenüber dezent im Hintergrund. Auftritte in Fernsehen, Rundfunk und Tageszeitungen sollten die berühmte Ausnahme der Regel darstellen, da der juristische Diskurs durch sie in keinster Weise befruchtet wird. Gerade bei brisanten Erkenntnissen müssen politische Einstellungen in den Hintergrund treten, um die Objektivität und Äquidistanz der Verfassungsrichter nicht zu gefährden. An dieser Stelle sei kurz ein Urteil des deutschen Bundesverfassungsgerichthofes zitiert, dessen Selbsteinschätzung sich grosso modo auch auf den österreichischen Verfassungsgerichtshof übertragen lässt:

> „Einem Gericht vom Rang des Bundesverfassungsgerichts und den Richtern gegenüber, die in einem besonderen Berufungsverfahren [...] gewählt werden, besteht Anlaß, grundsätzlich davon auszugehen, dass sie jene innere Unabhängigkeit und Distanz zu den rechtssuchenden Parteien besitzen, die sie befähigen in Unvoreingenommenheit und Objektivität auch in politisch heiß umstrittenen Verfahren zu entscheiden." (BVerfGE 35, 173 f.)

Durch ein selbst auferlegtes Amtsethos und das Bewusstsein für die wichtige rechtspolitische Tätigkeit gelingt es den Verfassungsrichtern, sich tatsächlich vom Vorwurf der Parteilichkeit loszulösen und sich von den nominierenden Organen zu emanzipieren und somit die geforderte Äquidistanz zu allen politischen Entscheidungsträgern zu bewahren. Dennoch wäre es ratsamer, bereits beim Akt der Bestellung die fachliche Kompetenz über die Parteizugehörigkeit zu stellen, was auch bei der für den Parteienproporz sensiblisierten Öffentlichkeit auf große Resonanz stoßen würde.

Der Entscheidungszwang bei delikaten Sachverhalten
Angesichts der großen politischen Einflussmöglichkeiten, die durch die Kompetenz der Normenkontrolle der Verfassungsgerichtsbarkeit von den Verfassungsordnungen zugewiesen worden sind, ergeben sich notgedrungenermaßen Fragen über deren Zulässigkeit. Die vom amerikanischen Supreme Court entwickelte „political question doctrine" gestattet dem amerikanischen Verfassungsgericht, vorweg Fälle abzulehnen, die seiner Meinung nach einen zu hohen politischen Impetus aufweisen. Politisch bedeutsame Fälle scheitern somit schon am Kriterium der Zulässigkeit. Das Gericht enthält sich einer inhaltlichen Würdigung und gibt daneben dem Publikum zu verstehen, dass die Lösung des Problems im Bereich des Politischen zu suchen ist. Dem österreichischen Verfassungsgerichtshof ist eine solche „political question doctrine" fremd. Wird demnach eine solche politische Frage vor den Verfassungsgerichthof gebracht, so ist dieser verpflichtet, der einschlägigen Verfahrensart gemäß eine Entscheidung zu treffen. Der Verfassungsgerichtshof kann sich demnach nicht einer Entscheidung entschlagen. In letzter Zeit wird die Neigung der Staatsorgane offenkundig, politisch brisante Konfrontationen vor den Verfassungsgerichten auszutragen und sich durch die Entscheidungen der angreifbaren Verfassungsgerichte in ihrer Verantwortung zu entlasten. Die oft kolportierte nachträgliche Kritik am Verfassungsgerichthof mutet in politisch

brisanten Erkenntnissen (wie etwa den Ortstafelerkenntnissen oder den Studiengebühren) dahingehend etwas befremdlich an, da diese von der Politik mangels politischer Einigung an diesen delegiert worden sind. Eigentlich wären jedoch die Politik und die politischen Parteien zu diesbezüglichen Entscheidungen berufen.

Die Verfassungsgerichtsbarkeit als ein Element der deliberativen Demokratie
Das lateinische Wort „deliberare“ kann in etwa mit „sich beratschlagen“ oder aber auch „überlegen“ übersetzt werden. Alleine schon diese etymologische Herangehensweise legt nahe, dass auch Verfassungsgerichte, die ja regelmäßig in Mehrrichtersenaten entscheiden, eine deliberative Staatsinstitution sind. Die deliberativen Postulate sind dabei sowohl nach innen als auch nach außen gerichtet. Zum einen verlangt man von den Verfassungsrichtern ein sorgsames und gründliches Abwägen der einzelnen vorgebrachten Argumente, zum anderen haben die Verfassungsgerichte aufgrund ihrer Kompetenz der Normenkontrolle auch die Verpflichtung, die von Rechtsdogmatik geprägte Erkenntnissprache zu dechiffrieren und die interessierte Öffentlichkeit mit Pressemitteilungen oder Pressekonferenzen über die näheren Entscheidungsgründe zu informieren. Auch die Teilnahme am Diskurs, der durch Erkenntnisse des Verfassungsgerichtshofes mit anderen Staatsorganen initiiert werden kann, scheint in gewissem Umfang geboten, um auf die Kritik der Medien, der Rechtswissenschaft sowie der Politik eingehen zu können. Das Eingehen auf verschiedene Argumentationslinien erscheint auch deshalb notwendig, da nur allzu oft Erkenntnisse von Verfassungsgerichten das Aussehen und den Wirkungskreis zukünftiger Normen mitbestimmen können.

Eine „dissenting opinion“ für den österreichischen Verfassungsgerichtshof?
Der Diskurs über die Einführung einer „dissenting opinion“ eines überstimmten Richters zur Transparenzsteigerung flammt immer wieder auf. Eine Expansion des Legitimationsprozesses, die parallel zu derjenigen der Zivilgesellschaft voranschreitet, macht auch vor einem Höchstgericht nicht halt, konnte aber bis dato nicht Eingang in das positive Recht finden. Die klassische Argumentation fokussiert die Integrität der Verfassungsgerichtsbarkeit, die durch eine abweichende Rechtsmeinung in Mitleidenschaft gezogen werden könnte, und verweist in diesem Zusammenhang auch auf die ordentliche Gerichtsbarkeit, bei der ein etwaiges Minderheitsvotum ebenfalls nicht vorgesehen ist.

Andererseits wird auch argumentiert, dass Erkenntnisse des Verfassungsgerichtshofes, ähnlich wie das positive Recht selbst, eine Orientierungsfunktion für die demokratische Gesellschaftsordnung schlechthin einnehmen. „Dissenting opinions" würden also das Verständnis für die Bedeutung des Falles hervorstreichen. Weiters könnte die Entscheidungsfindung als ein demokratischer Meinungsbildungsprozess innerhalb eines Gerichts nachvollzogen werden. Abweichende Rechtsmeinungen können darüber hinaus Vorboten für neue Rechtsprechungstendenzen sein.

17.2 Verwaltungsgerichtsbarkeit – letztgerichtliche Kontrolle des Verwaltungshandelns

17.2.1 Funktion der Verwaltungsgerichtsbarkeit

Die Verwaltungsgerichtsbarkeit ist die Überprüfung der Tätigkeit von Verwaltungsbehörden durch unabhängige Gerichte. Sie dient damit der Verwirklichung des Legalitätsprinzips. Verwaltungsgerichte entscheiden in der Regel aufgrund einer Beschwerde desjenigen, der durch einen Verwaltungsakt in seinen subjektiven Rechten verletzt zu sein behauptet (Parteibeschwerde). Mit der Verfassungsgerichtsbarkeit wird die Verwaltungsgerichtsbarkeit zur Gerichtsbarkeit des öffentlichen Rechts zusammengefasst.

In Österreich verhieß erstmals die Dezemberverfassung von 1867 eine eigene Verwaltungsgerichtsbarkeit. Die Prinzipien der österreichischen Verwaltungsgerichtsbarkeit sind seitdem im Wesentlichen konstant geblieben. Eine Besonderheit des österreichischen Rechts ist ferner die Sonderverwaltungsgerichtsbarkeit des Verfassungsgerichtshofes, die vor allem in Fällen, in denen die Verletzung verfassungsrechtlich gewährleisteter Rechte behauptet wird, zur Anwendung kommt (vgl. Kapitel „Weitere Kompetenzen des österreichischen Verfassungsgerichtshofs").

17.2.2 Die (Landes-)Verwaltungsgerichtsbarkeit als Kernbestand des rechtsstaatlichen Prinzips

Der Verwaltungsgerichtsbarkeit vorgelagert ist in Österreich die sog. Landesverwaltungsgerichtsbarkeit, das Bundesverwaltungsgericht sowie das

Bundesfinanzgericht. Die Verwaltungsgerichtsbarkeit ist dabei ein Kernbestand des rechtsstaatlichen Prinzips und impliziert auch das dringende Erfordernis nach einer rechtsförmigen, nachträglichen richterlichen Kontrollinstanz, die die Gesetzesbindung der Verwaltung kontrolliert.

Die Landesverwaltungsgerichtsbarkeit, die in Österreich aus den Unabhängigen Verwaltungssenaten (UVS) hervorgegangen ist, sind organisatorisch Organe der Länder, allerdings entscheiden sie funktional sowohl in Landes- als auch in Bundesangelegenheiten. Mit der Realisierung der Landesverwaltungsgerichtsbarkeit ist somit der Ansatz einer Zweistufigkeit innerhalb der Verwaltungsgerichtsbarkeit verwirklicht worden. Die Verwaltungsgerichtsbarkeit ist dabei zur Sicherung der Gesetzmäßigkeit der gesamten öffentlichen Verwaltung berufen (Art. 129 B-VG).

Die Kompetenzen der ersten Stufe der Überprüfung von Verwaltungshandeln können dabei in drei thematische Bereiche unterteilt werden. Der Schwerpunkt der Tätigkeit der Verwaltungsgerichtshöfe liegt in ihrer Zuständigkeit als Berufungsbehörde in Verwaltungsstrafsachen.

Möchte man etwa einen Strafzettel, der aufgrund der Überschreitung der Höchstgeschwindigkeit ausgesprochen worden ist, anfechten, so entscheidet zunächst einmal die Landesverwaltungsgerichtsbarkeit.

Die zweite Kompetenz der Landesverwaltungsgerichtsbarkeit liegt in der Beschwerdemöglichkeit gegen Akte unmittelbarer Befehls- und Zwangsgewalt, die ein Verwaltungsorgan ohne die Erlassung eines Bescheides im Rahmen der gesetzlichen Möglichkeiten gesetzt hat. Das Organ bedient sich dabei der Mittel des Befehls oder der Ausübung und Androhung von Zwangsgewalt (z.B. Verhaftungen). In einer solchen Maßnahmenbeschwerde gegen faktische Amtshandlungen können die Verletzungen gesetzlicher Rechte geltend gemacht werden.

Letztlich bietet die Landesverwaltungsgerichtsbarkeit auch die erste Stufe des Rechtsschutzes in Fällen behördlicher Säumnis von Verwaltungsbehörden erster Instanz.

Die Aufgabengebiete des österreichischen Verwaltungsgerichtshofes erstrecken sich dabei im Wesentlichen auf die Bescheidbeschwerde und die Säumnisbeschwerde. Mit der Bescheidbeschwerde wird die Rechtswidrigkeit eines an sich rechtswidrigen Bescheides aufgezeigt. Der Verwaltungsgerichtshof trifft dabei keine Entscheidung in der Sache selbst, sondern spricht seinerseits nur die Aufhebung des Bescheides aus. Mit der Aufhebung des Bescheides tritt das Verwaltungsverfahren in das Stadium zurück, in der es sich unmittelbar vor der Erlassung des angefochtenen Bescheides befunden hat. Diese Zurückdelegationsfunktion bezeichnet man als kassatorische Gerichtsbarkeit, im Gegensatz zur meritorischen Gerichtsbarkeit, welche in der Sache selbst eine Entscheidung trifft.

Die zweite Beschwerdemöglichkeit vor dem Verwaltungsgerichtshof ist die Möglichkeit der Säumnisbeschwerde. Auch die Säumnisbeschwerde kann nur erheben, wer in einem Verwaltungsverfahren Anspruch auf den Erlass eines Bescheides hat. In einem solchen Fall entscheidet der Verwaltungsgerichtshof dann meritorisch.

17.3 Der Europäische Gerichtshof (EuGH)

Der Europäische Gerichtshof (EuGH) mit Sitz in Luxemburg übt gemeinsam mit dem ihm zugeordneten Gerichtshof erster Instanz seit 1989 die Rechtsprechung der Europäischen Union aus. Die Installierung des Gerichts erster Instanz wurde aufgrund des großen Arbeitspensums des EuGH notwendig. Der Gerichtshof erster Instanz ist heute für sämtliche Direktklagen natürlicher oder juristischer Personen in erster Instanz zuständig. Gegen Entscheidungen des Europäischen Gerichts erster Instanz steht ein auf Rechtsfragen beschränktes Rechtsmittel an den EuGH zu, das jedoch keine aufschiebende Wirkung zeitigt. Sowohl EuGH als auch der Gerichtshof erster Instanz bestehen aus je einem Mitglied pro Mitgliedsland. Aufgrund der Fülle der ihm übertragenen Kompetenzen braucht der EuGH den Vergleich mit einem nationalstaatlichen Verfassungsgericht nicht zu scheuen. Sein dynamischer Rechtsprechungsstil erweist sich in Zeiten des Stillstands der europäischen Integration oftmals als Garant für eine weitere Entwicklung des europäischen Unionsrechts. Die wichtigsten Verfahrensarten vor dem EuGH sind das Vorabentscheidungs- und das Vertragsverletzungsverfahren. Darüber hinaus ist der EuGH für die Feststellung der Rechtswidrigkeit und somit Nichtigkeit von Unionsrecht und für die Untätigkeits- und die Schadensersatzklage zuständig.

Im sogenannten Vorabentscheidungsverfahren manifestiert sich das Auslegungsmonopol des EuGH in Bezug auf das Unionsrecht. Hat ein nationales Gericht, für dessen Entscheidung das Unionsrecht relevant ist, Zweifel an der Auslegung desselben, so kann es diese Frage dem EuGH vorlegen. Ein funktional letztinstanzliches Gericht ist sogar dazu verpflichtet. Diese Verpflichtung resultiert aus dem Kontrollmonopol des

EuGH hinsichtlich EU-Recht. Im Vertragsverletzungsverfahren urteilt der EuGH aufgrund einer Klage der Kommission oder eines Mitgliedsstaates darüber, ob ein anderer Mitgliedsstaat Unionsrecht verletzt hat. Das Urteil in Form eines Feststellungsurteils ist jedoch per se nicht exekutierbar; es verpflichtet jedoch den verurteilten Staat, unverzüglich Maßnahmen zu ergreifen, um einen vertragskonformen Zustand wiederherzustellen. Widrigenfalls kann die Kommission beim EuGH die Zahlung eines Bußgeldes beantragen.

17.4 Der Europäische Gerichtshof für Menschenrechte (EGMR)

Der soeben behandelte Europäische Gerichtshof (EuGH) wird bedauerlicherweise in der Öffentlichkeit des Öfteren mit dem Europäischen Gerichtshof für Menschenrechte (EGMR) verwechselt. Der in Straßburg situierte EGMR ist selbst kein Organ der Europäischen Union. Hauptaufgabe des EGMR ist die Überwachung der Einhaltung der Europäischen Menschenrechtskonvention (EMRK) in den 47 Mitgliedsstaaten des Europarates. Die Urteile des EGMR als letzte Instanz, also nach Ausschöpfung aller innerstaatlichen Rechtsbehelfe, in Menschenrechtsfragen sind für die Mitgliedsstaaten des Europarates verbindlich und unanfechtbar.

Der EGMR urteilt regelmäßig in nach thematischen Sektionen aufgegliederten Ausschüssen mit drei und Kammern mit sieben Richtern, wobei besonders wichtige Fälle von der großen Kammer mit insgesamt 17 Richtern entschieden werden. Der EGMR prüft dabei Beschwerden von Mitgliedsstaaten (Staatenbeschwerde) oder Personen, Personengruppen oder nicht-staatlichen Organisationen (Individualbeschwerde) aus den jeweiligen Mitgliedsstaaten wegen der Verletzung von Menschenrechten, die in der EMRK festgeschrieben sind. Gegen Urteile der Kammern kann in Ausnahmefällen binnen drei Monaten die Verweisung an die Große Kammer beantragt werden. Die Urteile verpflichten den verurteilten Mitgliedsstaat, die festgehaltenen Konventionsverletzungen zu beseitigen. Zumeist kommt es dabei dann zu einem Paradigmenwechsel der nationalen Rechtsprechungsbehörden. Sollten Urteile des EGMR nämlich nicht umgesetzt werden, so drohen dem jeweiligen Mitgliedsstaat teils hohe Entschädigungszahlungen.

18 Die ordentliche Gerichtsbarkeit und ihre Grenzen als Mittel zur (rechtlichen) Konfliktlösung

18.1 Die Lösung sozialer Konflikte durch die Gerichtsbarkeit

Die Rolle der Gerichtsbarkeit innerhalb einer ausdifferenzierten Rechtsordnung versteht sich als ein Entscheidungssystem für soziale Konfliktsituationen. Das soziale Konfliktlösungspotential des Entscheidungssystems des Rechts kann grafisch in etwa wie folgt illustriert werden:

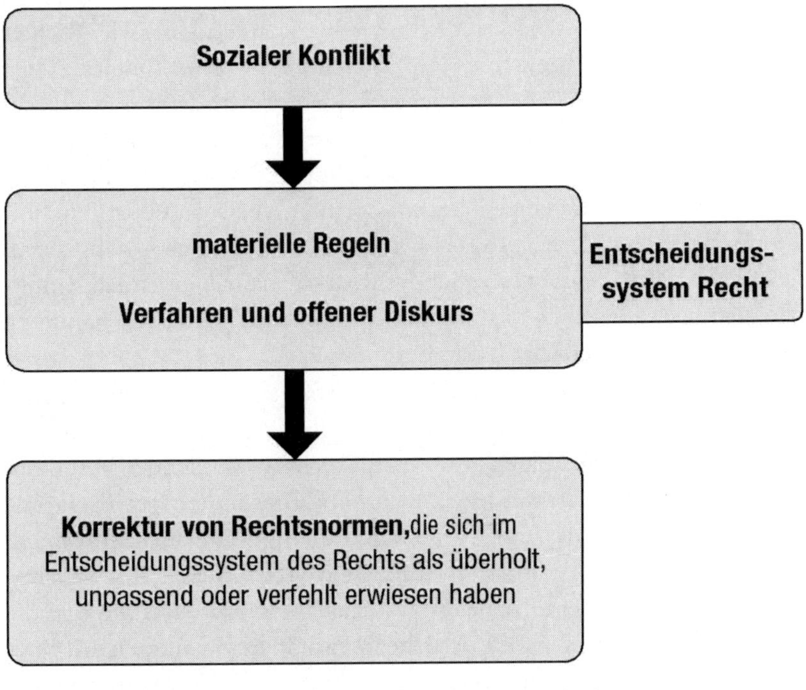

Abb. 9: **Soziale Konfliktlösung durch das Entscheidungssystem Recht**

Allgemeine in Gesetzen niedergelegte Rechtssätze bedürfen für deren konkrete Anwendung stets der Methodiken der Subsumtion und Interpretation. Gerade die Anwendung der unterschiedlichsten Interpretationsvarianten ermöglicht ein breites Spektrum von möglichen Entscheidungen. Bei mehreren Interpretationsmöglichkeiten wird oftmals Rückgriff auf sog. Rechtsprinzipien, und darin auch inkludiert Gerechtigkeitserwägungen, genommen, die den dezisiven Akt der Urteilsfindung mitbeeinflussen können. Denn eine auf Rechtsprinzipien basierende Methode kann bei der Gewichtung verschiedenster Rechtsprinzipien ebenfalls zu einer anerkannten und adäquaten Entscheidung führen.

Eine richterliche Entscheidung erfährt ihre Legitimation jedoch nicht alleine durch Verfahrensgrundsätze, sondern ebenso auch dadurch, dass sie um einen gerechten Interessenausgleich bemüht sein sollte. Verbindliche Wertmaßstäbe sind dem Richter hierbei durch das materielle Recht gesetzt. Normen des materiellen Rechts sind schließlich nichts anderes als bereits generalisierte Interessenabwägungen.

Gerichte verkünden in Österreich Urteile im Namen der Republik; d.h., gerichtliche Entscheidungen sind damit unmittelbar und direkt dem Staat zuzurechnen, was in letzter Konsequenz dazu führt, dass der Richter im Rahmen seiner Tätigkeit als Repräsentant des Staates fungiert. Dem Staat ist insofern auch das richterliche Handeln mehr oder weniger direkt zuzurechnen. Gerechtigkeit artikuliert sich in diesem Kontext als eine allgemeine Akzeptanz eines vertretbaren, unparteiischen Standpunktes. Übt man demnach an einer Verfahrensordnung bzw. an einer gerichtlichen Entscheidung Kritik, so kritisiert man dadurch auch – selbst wenn dies manchmal auch nicht beabsichtigt wird – den Staat in seiner Gesamtheit, auch wenn letztlich nur das Gericht selbst die Verfahrenshandlung gesetzt bzw. das Urteil gefällt hat.

Obwohl es also unterschiedlich viele und facettenreiche Verfahrensoptionen innerhalb gesellschaftlicher Rahmenbedingungen gibt, soll dennoch in einer überschaubaren Form auf die rechtsanwendenden Verfahren vor Gerichten fokussiert werden, ohne dabei auf besondere spezifisch-prozessuale Eigenheiten des jeweiligen Gerichtszweiges eingehen zu können. Rechtlich normierte Verfahren zeichnen sich dabei generell durch ein hohes Maß an besonderer formaler Strenge aus. Im Strafprozess, wo ja in die Rechtsstellung sowie in die körperliche Integrität der Beteiligten mit einer besonders hohen Intensität eingegriffen wird, tritt die Formenstrenge besonders deutlich zutage.

18.2 Prozessgrundsätze als rechtsstaatliche Garantien

18.2.1 Die Unabhängigkeit der Richter

Art. 87 B-VG statuiert, dass die Richter in Ausübung ihres richterlichen Amtes unabhängig sind. Sie sind daher nur dem Wortlaut des Gesetzes verpflichtet und nicht etwa – so wie Verwaltungsbeamte – an Weisungen gebunden. Richter entscheiden somit einzig und alleine nach ihrer eigentlichen rechtlichen Überzeugung. Die Unabhängigkeit des Richters wird des Weiteren noch durch seine Unabsetzbarkeit und Unversetzbarkeit garantiert.

Gerichte agieren im Rahmen der Anwendung und der Auslegung von Rechtsnormen aber niemals neutral oder wertfrei, da sie stets durch eigene, aus der Praxis gewonnene Erfahrungswerte geprägt sind. Kontrastierend zum Anwaltsberuf, der argumentativ seinem Klientel in der Pflicht steht, obliegt es dem Richter, stets nach allen Seiten offen zu sein.

Richterliche Unabhängigkeit darf keinesfalls mit dem Pflichtbewusstsein der richterlichen Unparteilichkeit verwechselt werden. Die richterliche Unabhängigkeit lässt sich als prozedurales Strukturprinzip charakterisieren, während die richterliche Unparteilichkeit auf das Ethos einer kognitiven Haltung referenziert. Die richterliche Unabhängigkeit lässt sich dabei in eine sachliche und eine persönliche Dimension untergliedern, die sich wechselseitig bedingen und ergänzen. Sachliche Unabhängigkeit bedeutet im Rahmen von Verfahren, dass der Richter bei der Ausübung seiner Tätigkeit prinzipiell weisungsungebunden ist und nicht an die Rechtsauffassung, insbesondere von höheren Gerichten, gebunden ist. Im Dienste und als Voraussetzung dieser sachlichen befindet sich auch die persönliche Unabhängigkeit. Der Richter wird namentlich auf Lebenszeit ernannt und darf gegen seinen eigenen Willen nicht versetzt werden. Er wird daher von der Rechtsordnung rechtlich so gestellt, dass er seiner Aufgabe der unparteiischen Rechtsfindung ohne die Befürchtung einer Ab- und Versetzung nachkommen kann.

Das richterliche Erkenntnisinteresse strebt dabei nach einer objektivitätssichernden Sachorientiertheit, womit die Exklusion aller sachfremden Elemente zum unmittelbaren und direkten Funktionsprinzip der richterlichen Unabhängigkeit hochstilisiert wird. Man darf sich jedoch keinesfalls der Illusion hingeben, dass trotz richterlicher Unabhängigkeit in der Sache tatsächlich auch unparteiisch geurteilt wird. Sie kann jedoch, so gut es ihr gelingt, möglichst effizient und vollständig sachfremde Elemente eliminieren, um damit zumindest das äußere Korsett für ein unparteiisches, sachbezogenes und objektives Urteil setzen zu können. Die richterliche Unabhängigkeit besitzt somit zwei systemimmanente Funktionen zur Konstituierung der Verfahrensgerechtigkeit. Zum einen hat sie die äußerlichen Bedingungen zu generieren, die eine tunlichst objektive und freie Gesetzesanwendung ermöglichen sollen; zum anderen bezweckt die richterliche Unabhängigkeit beim potentiellen Kreis der Normadressaten eine auf die Gerechtigkeit abzielende Wirkung, weil sie für diesen nicht nur als Strukturprinzip für die Absicherung von Unparteilichkeit verstanden wird, sondern gleichzeitig spiegelbildlich auch als dessen prozeduraler Reflex.

18.2.2 Recht auf einen gesetzlichen Richter

Nach den Grundsätzen der Bundesverfassung müssen Richter gesetzlich bestimmbar sein; das Gesetz muss nach generellen und abstrakten Merkmalen festlegen, welcher Richter zu einer konkreten Entscheidung in einer konkreten Rechtssache berufen ist. Keine Prozesspartei darf ihrem gesetzlichen Richter entzogen werden.

Das Recht auf einen gesetzlichen Richter ist eine Errungenschaft des Liberalismus und soll die Unparteilichkeit und Objektivität der Richterschaft gewährleisten. Es darf dabei der Justizverwaltung nicht möglich sein, eine Rechtssache einem Richter zukommen zu lassen, von dem sie ein ihr genehmes Urteil erwarten kann.

Das Recht auf den gesetzlichen Richter wird in der Praxis durch genaue Zuständigkeitsregeln und durch den Grundsatz der festen Geschäftsverteilung realisiert. Die Zuständigkeit eines Gerichtes resultiert dabei aus sachlichen, örtlichen und funktionellen Zuständigkeitsmerkmalen. Die sachliche Zuständigkeit gibt Auskunft darüber, welcher Gerichtstypus (Bezirksgericht, Landesgericht erster Instanz, Schöffen und Geschworenengerichtsbarkeit) zuständig sein soll. Die örtliche Zuständigkeit ergänzt die sachliche Zuständigkeit um das Kriterium eines örtlichen Anknüpfungspunktes. Bei der funktionellen Zuständigkeit geht es schließlich darum, ob das zur Entscheidung befähigte Gericht als erstinstanzliches oder als Rechtsmittelgericht tätig wird. Der Grundsatz der festen Geschäftsverteilung verlangt von der Richterschaft die Verteilung der anfallenden Rechtssachen auf die einzelnen Rechtsprechungsorgane samt Vertretungsregelungen im Voraus.

18.2.3 Der Grundsatz der Mündlichkeit

Im Gegensatz zum Inquisitionsprozess, in dem die Schriftlichkeit vorgeherrscht hat, darf das erkennende Gericht nur auf Grundlage des Ergebnisses der mündlichen Hauptverhandlung entscheiden. Es darf bei der Urteilsfindung nur auf jene Tatsachen Rücksicht genommen werden, die in der Hauptverhandlung tatsächlich vorgekommen sind. Die Vorteile des Mündlichkeitsgrundsatzes liegen dabei klar und offenkundig auf der Hand. Die Prozessbeteiligten können sich direkt zu den Beweisergebnissen äußern und Widersprüche können rasch aufgeklärt werden. Da naturgemäß unterschiedliche Meinungen zu verschiedenen Prozessgegenständen existieren, können diese in einem offenen Diskurs erörtert und wenn notwendig durch neue Anträge ergänzt werden.

Eine Folge des Mündlichkeitsgrundsatzes besteht darin, dass alle Richter bei sonstiger Nichtigkeit während der ganzen Hauptverhandlung anwesend sein müssen.

18.2.4 Der Grundsatz der Verfahrensöffentlichkeit

Der Grundsatz der Öffentlichkeit besagt, dass Verhandlungen vor einem Gericht öffentlich stattzufinden haben, soweit das Gesetz selbst hiervon keine Ausnahme vorsieht. Es ist somit jeder volljährigen Person gestattet, als Zuhörer bei einer Verhandlung teilzunehmen. Die Justiz soll sich der öffentlichen Kritik und der Kontrolle durch die Öffentlichkeit stellen und damit das Vertrauen der Bevölkerung bestärken. Das Wissen um die Öffentlichkeit bezweckt auch bei den handelnden Gerichtsorganen eine Steigerung ihres Pflichtbewusstseins bei der Aufgabenerfüllung.

Zur Öffentlichkeit zählt des Weiteren, dass auch die Medien aus den Gerichtssälen berichten dürfen. Fernseh- und Funkaufnahmen von Prozessen sind hingegen unzulässig. Die Öffentlichkeit kann dabei von der Verhandlung ganz oder teilweise ausgeschlossen werden, wenn es aus Gründen der Sittlichkeit oder der öffentlichen Ordnung geboten erscheint oder wenn im Prozess Umstände des intimen Lebens- und Geheimnisbereichs einer Person erörtert werden sollen.

In der Vielzahl der heutzutage anzutreffenden Verfahrensmöglichkeiten kommt das Prinzip der Verfahrensöffentlichkeit zu kurz. Dieses kann nur dann seine effektive Wirkung entfalten, wenn eine kompetente, kritische Öffentlichkeit bei den Verfahren tatsächlich persönlich auch anwesend ist. Bei leeren Zuhörerbänken wird dies regelmäßig nicht der Fall sein können. Die Kompetenz der Öffentlichkeit als kontrollierende Institution muss dabei nicht auf fundierten juristischen Kenntnissen beruhen. Die Öffentlichkeit sollte aber den oft komplizierten und hinter Paragraphen verborgenen Verfahrensabläufen folgen können. Die Rolle der Gerichtsöffentlichkeit ist per se eine passive, da sich die Teilnahme zunächst einmal in der bloßen Anwesenheit erschöpft und jedes aktive Eingreifen – unter Androhung von gerichtspolizeilichen Sanktionen – unterbunden wird. Erst mit dem Abschluss des Verfahrens öffnet sich das zunächst verschlossene prozessuale Geschehen einer diskursiven Betrachtung durch die Medien, vornehmlich aber dem juristischen Fachpublikum, das als sog. Fachöffentlichkeit den Ausgang von Verfahren kritisch kommentieren und durchleuchten kann. Dies geschieht regelmäßig anhand der Entscheidungsbegründungen. Eine kritische Evaluation und eine konkrete Überprüfung durch die Fachöffentlichkeit erweisen sich regelmäßig bedeutungsvoller als die eigentliche Verfahrensöffentlichkeit im engeren Sinne, die zeitweilig auf einen abwechslungsreichen bzw. spektakulären Verlauf des Verfahrensganges hofft. Dann verbleibt von der ursprünglich intendierten Funktion der Gerichtsöffentlichkeit freilich wenig. Vielmehr bedürfen die sonst am Verfahren Beteiligten des Schutzes vor der Öffentlichkeit.

18.2.5 Der Grundsatz des rechtlichen Gehörs

Der Grundsatz des rechtlichen Gehörs reicht noch weiter in der Historie zurück als der soeben behandelte Grundsatz der richterlichen Unabhängigkeit. Heute ist der Grundsatz des rechtlichen Gehörs ein theoretisches Allgemeingut, dessen Bedeutungs- wie Erklärungswert oftmalig nicht näher kritisch beleuchtet wird.

Um die Bedeutung und die Wichtigkeit der Prozessmaxime des rechtlichen Gehörs in der Herstellung einer materiellen Gerechtigkeit darstellen zu können, kann der Grundsatz des rechtlichen Gehörs in drei sachlich funktionale Zielbestimmungen untergliedert werden:

- Sachverhaltsaufklärung: Die umfassende Sachverhaltsaufklärung ist die ursprünglichste und prozesstechnisch notwendigste Funktion des rechtlichen Gehörs im Rahmen eines Prozesses. Jedem Beteiligten wird dabei die Möglichkeit eröffnet, sein spezifisches Sonderwissen im Rahmen des Prozesses einbringen zu können; er kann somit indirekt bestimmen, was konkret zum Verfahrensgegenstand gemacht werden soll und was nicht. Sachdienliche Fragen sollen dabei der Erörterung und der Aufklärung des Sachverhalts dienlich sein.
- Prozesssubjekt: Eine derivative Legitimationsbasis erzielt das rechtliche Gehör, wenn es die einzelnen am Verfahren Beteiligten als Prozesssubjekte anerkennt, was sich aus der ursprünglichen Verwurzelung des rechtlichen Gehörs in den Menschenrechten erklären und darstellen lässt. Der Verfahrensbeteiligte soll nicht zum bloßen Verfahrensobjekt degradiert werden, sondern ihm soll durch die Involvierung in das Verfahrensgeschehen seine Individualität zugestanden und anerkannt werden. So verlangt etwa auch Art. 90 Abs. 1 B-VG, dass Parteien ihre Standpunkte vor den jeweilig erkennenden Gerichten mündlich und unmittelbar darlegen können müssen.
- Integration: Ein ganz wesentlicher Bestandteil, der bei der rechtsdogmatischen Analyse der Verfahrensrechte geflissentlich übersehen wird, ist die Komponente der unmittelbaren Eingliederung aller Verfahrensteilnehmer in den Verfahrensablauf, der die Akzeptanzbereitschaft hinsichtlich des zu erwartenden Urteils erheblich erhöhen kann. Das Gericht vermag somit seine Entscheidung durch das rechtliche Gehör zu legitimieren – eine Chance, die es aus prozeduraler Sicht unbedingt zu nutzen gilt. Das rechtliche Gehör wird somit zum zentralen Partizipationsinstrumentarium des Verfahrens.

18.2.6 Der Grundsatz der freien Beweiswürdigung

Die Richter entscheiden nach dem Grundsatz der freien Beweiswürdigung, da formelle Beweisregelungen keine Garantie für eine verlässliche Wahrheitsfindung darstellen. Eine Tatsache gilt im Prozess als erwiesen, wenn der Richter nach gewissenhafter Prüfung aller Beweise von ihrem Vorliegen persönlich voll überzeugt ist. Die Beweismittel haben daher vom Richter sowohl einzeln als auch nach in ihrem inneren Zusammenhang sorgfältig und gewissenhaft überprüft zu werden. Der Richter darf sich dabei nicht auf Gerechtigkeitserwägungen zurückziehen, sondern muss in der Urteilsbegründung klar und offen darlegen, welche Gründe für die Urteilsfindung entscheidungsrelevant gewesen sind. Mögliche Beweismittel sind vor allem die Zeugen- und Sachverständigenbefragungen, Urkunden, der Augenschein sowie die Vernehmung der Parteien.

Aus dem Grundsatz der freien Beweiswürdigung ergibt sich unter anderem, dass auch Indizienbeweise erlaubt sind, die ihrerseits einen Schluss auf unmittelbar rechtserhebliche Tatsachen zulassen.

18.2.7 Der Instanzenzug als Sicherung der Objektivität

Die vordergründigste und offensichtlichste Aufgabe des richterlichen Instanzenzuges besteht in der nachträglichen Revision einer richterlichen Entscheidung durch ein hierarchisch übergeordnetes Gericht.

Prinzipiell besteht im österreichischen Rechtssystem die Möglichkeit, alle erstinstanzlichen Entscheidungen durch ein nächsthöheres Gericht überprüfen zu lassen. So kann gegen Urteile des Bezirksgerichts beim Landesgericht berufen werden. Zweite Instanz bei Urteilen des Landesgerichts sind wiederum die Oberlandesgerichte. Der Instanzenzug der ordentlichen Gerichtsbarkeit in Österreich endet beim Obersten Gerichtshof, der seinerseits für Revisionen gegen Berufungsentscheidungen zuständig ist. Seine Urteile und Entscheidungen prägen die zukünftige Rechtsentwicklung entscheidend. Diese werden auch in zahlreichen (juristischen) Zeitschriften publiziert und ausführlich und eingehend diskutiert.

Der Zweck der Rechtsmittel besteht zunächst darin, im Interesse der Parteien durch die Überprüfung der erlassenen Entscheidungen richtige und deshalb gerechte Entscheidungen zu bekommen. Die bloße Möglichkeit der Überprüfung zwingt außerdem die Gerichte zu einer sorgfältigen Begründung. Der Zweck der Rechtsmittel erschöpft sich darin aber nicht. Es besteht vielmehr auch ein Allgemeininteresse an einem wirksamen Rechtsmittelsystem. Das Verbot der Selbsthilfe lässt sich nur dann realisieren, wenn die Parteien eine gewisse Garantie haben, eine richtige Entscheidung zu erhalten. Außerdem führt der Instanzenzug mit seiner Konzentrierung der Rechtsprechung bei höheren und schließlich nur noch einem höchsten Gericht zu der dringend notwendigen Rechtsvereinheitlichung und Rechtsfortbildung.

Die materielle Gerechtigkeitsqualität des Instanzenzuges basiert dabei auf der konkreten Ausgestaltung der einzelnen Rechtsmittelinstanzen.

Rechtssicherheit alleine könnte nämlich auch durch ein mangelhaftes Urteil eines Einzelrichters erzeugt werden, wenn die autoritative Kraft dieses Urteils innerhalb des Systems nicht in Zweifel gezogen wird. In realiter steigt jedoch mit dem Emporsteigen einer Rechtssache in die oberen Instanzen auch die Zahl der zur Entscheidung berufenen Richter, die zumeist aufgrund justizinterner Beförderungsstrukturen über eine erhöhte Qualifikation sowie über jahrelange Erfahrungswerte verfügen. Diese Verfahren des Instanzenzuges sind meist durch eine exakte Rechtsanwendung charakterisiert, die auf einer fundierten juristischen Kenntnislage beruht und der zusammen mit einer grundsätzlich positiv konnotierten ethischen Akzeptanz des materiellen Rechts auch auf breiter gesellschaftlicher Basis Anerkennung zuteil wird. Die von so vielen Maximen geprägte Rechtsanwendung stellt naturgemäß höchste Anforderungen an die Rechtsprechungskompetenz der höherinstanzlich agierenden Richterschaft.

18.2.8 Der Grundsatz der Laienbeteiligung

Eine der großen Errungenschaften der bürgerlichen Revolution von 1848 war die Einführung der Laiengerichtsbarkeit. Im Bereich des Strafrechts haben innerhalb des österreichischen Rechtssystems Laien die Möglichkeit, in zweifacher Form mitzuwirken. Bei schweren Straftaten bzw. politischen Verbrechen sollen Geschworene über die Schuld des Angeklagten befinden. Acht Geschworene entscheiden dabei alleine über die Schuld und gemeinsam mit den Berufsrichtern über das Strafausmaß. Schöffen (zwei) bilden mit dem Berufsrichter ein einheitliches Kollegium und entscheiden gemeinsam mit dem Berufsrichter über Schuld und Strafe.

Die Laiengerichtsbarkeit steht aktuell wieder einmal unter Kritik. Die Befürworter argumentieren mit der Unabhängigkeit der Laienrichter und dem Umstand, dass durch die Laiengerichtsbarkeit auch die wahrgenommene Transparenz des Gerichtswesens gesteigert wird. Gegner bemängeln indes, dass die Rechtsprechung keine Frage des Rechtsempfindens von Laien ist, das von Umwelteinflüssen und Medien erheblich mitbeeinflusst sein kann. Auch sind Laien per definitionem nicht rechtskundige Personen und neigen dazu, ihre Entscheidung nur allzu oft nicht durch maßgebliche Umstände bestimmen zu lassen.

So sehr die Laiengerichtsbarkeit im Strafrecht in der Kritik steht, so unbestritten ist sie im Zivilrecht. In der Handels- sowie in der Arbeits-

und Sozialgerichtsbarkeit dienen Laienrichter als notwendige fachkundige Ergänzung zum Berufsrichter, da diese Expertise über die Branche mitbringen, in welcher sie tätig sind.

18.2.9 Das Transparenzprinzip in der juristischen Sprachkultur

Das Rechtssystem von heute ist geprägt von einem komplexen, oftmals kaum zu durchblickenden System von Rechtsnormen, (höchst)gerichtlichen und verwaltungsbehördlichen Entscheidungen, Kommentierungen und Instanzenzügen.

Ziel des Verfahrens darf dabei nicht bloß die rasche Beseitigung des Konflikts sein; so sehr dies vordergründig auch ein wünschenswertes Desiderat bildet. Die wichtigere Funktion des Rechts besteht in der Herbeiführung einer allgemein anerkannten und akzeptablen Lösung. Die Entscheidung des äquidistant agierenden Richters soll dabei nicht bloß deshalb befolgt werden, weil den Betroffenen aufgrund der staatlichen Zwangsgewalt keine Alternative verbleibt, sondern vor allem deshalb, weil die Konfliktparteien sie als gerecht anerkennen und akzeptieren können. Dafür ist es jedoch auch notwendig, dass der Richter die Entscheidungsrelevanz der von ihm dargebrachten Argumente ausführlich darlegt. Er muss deshalb den Mantel der verklausulierten Gerichts- wie Rechtssprache ablegen und sich einer allgemein verständlichen Sprache bedienen.

Rechts- sowie auch sozialpsychologische Untersuchungen gelangten zum Ergebnis, dass es zwei zentrale Parameter gibt, damit die soziale Konfliktlösung im Entscheidungsprozess Recht von den Beteiligten als fair und gerecht empfunden wird. Selbstredend ist natürlich hier, das Ergebnis in Form eines Urteils zu nennen, welches von den Beteiligten als gerecht empfunden werden kann. Neben dem eigentlichen Ergebnis ist es für alle Verfahrensbeteiligten jedoch auch relevant, wie sie im Prozess bzw. im Laufe des Verfahrens behandelt wurden. Auf beiden Gerechtigkeitsebenen spielt die Struktur der oft komplexen Sprache in der juristischen Argumentation eine entscheidende und wegweisende Rolle.

18.3 Das Strafverfahren

18.3.1 Grundlegende Gedanken zur Einführung

In Strafverfahren sollen die näheren Umstände geklärt werden, ob jemand, der verdächtigt wird, eine gerichtlich strafbare Handlung verübt zu haben, diese Tat tatsächlich begangen hat. Trifft dies zu, sollen diesem die Sanktionen auferlegt werden, die das Gesetz für diese Tat vorsieht. Die vom Gericht verhängten Strafen müssen jedoch dann in weiterer Folge auch vollzogen werden.

Im Zuge des Strafverfahrens soll also ein Urteil gewonnen werden, das möglichst der Wahrheit und vor allen Dingen der Richtigkeit entspricht. Die Behörden müssen daher die Möglichkeit eingeräumt bekommen, Zwangsmaßnahmen setzen zu können, um den Täter notfalls überführen zu können. Solche Zwangsmaßnahmen müssen aber immer dem Prinzip der Verhältnismäßigkeit entsprechen, denn die Rücksicht auf eine durchaus mögliche Unschuld des Beschuldigten erfordert ein möglichst schonendes Vorgehen. Der Strafrechtsprofessor Winfried Platzgummer sieht im Strafprozess angewandtes Verfassungsrecht, da er darin auch das Verhältnis zwischen dem Einzelnen und dem Staat manifestiert sieht. Die Unschuldsvermutung bedingt ein kompliziertes und ausdifferenziertes Normensystem, das die zulässigen Methoden der Aufklärung und die anzuwendenden Zwangsmittel möglichst genau definiert und dem Beschuldigten wirksame Verteidigungsrechte zur Verfügung stellt.

Die Durchsetzung des materiellen Strafanspruches stellt per se keinen Höchstwert dar. Es gibt Bereiche des menschlichen Daseins – die durch grundrechtliche Garantien geschützt werden – die für den Staat mindestens einen ebensolchen Wert einnehmen. Dazu sind zum Beispiel die Beweisverbote zu zählen, die auf einem staatlich geschützten Rechtsverhältnis beruhen, wie zum Beispiel das Verhältnis zwischen Mandant und seinem Rechtsanwalt, das Beicht- oder Amtsgeheimnis oder das generelle Vertrauen in die Objektivität der Rechtspflege.

Wo solche Werte mit dem Ansinnen der Wahrheitsausforschung in Konflikt geraten, muss der Strafprozess von Fall zu Fall eine Entscheidung treffen.

Auf Antrag eines Geschädigten kann im Rahmen des Strafverfahrens auch über privatrechtliche Ansprüche aus einer Straftat entschieden werden, um somit dem Verletzten unter Vermeidung eines langwierigen Zivilprozesses möglichst effizient und rasch zu seinem Recht zu verhelfen.

Schließlich liegt das Hauptanliegen des Strafprozesses in der Herstellung des Rechtsfriedens, da am Ende des Strafprozesses eine rechtskräftige Entscheidung endgültige Verhältnisse schaffen soll. Dies gilt letztlich auch für unrichtige Entscheidungen, da ja jedes Urteil mit der Behauptung, dass eine unrichtige Entscheidung getroffen worden wäre, inhaltlich in Frage gestellt werden könnte. Aber auch der Rechtsfriede selbst stellt keinen absoluten Wert für sich dar. Es ist nahezu unmöglich, an einem Urteil festzuhalten, wenn doch triftige Gründe für dessen inhaltliche Unrichtigkeit sprechen. Dieses Spannungsverhältnis zwischen Rechtssicherheit und Rechtsrichtigkeit wird im Strafprozess niemals endgültig gelöst werden können. Auch der Strafprozess wird einen Mittelweg finden müssen, um möglichst und tunlichst allen Interessen auch gerecht zu werden. Die Pluralität der Wertentscheidungen, die bei der Kodifizierung der Strafprozessordnung getroffen worden sind, macht diese zu einer Reflexionsfläche der jeweiligen Rechtskultur.

18.3.2 Vom Inquisitionsprozess zum modernen Strafprozess

Historisch betrachtet werden die modernen Strafprozessordnungen oft als Gegenkonzept des lange Zeit vorherrschenden Inquisitionsprozesses hochstilisiert, wobei letzterer auch heute noch mit Hexenverbrennungen oder mit den qualmenden Scheiterhaufen assoziiert wird. Gerade aber der Inquisitionsprozess, wie er Anfang des 19. Jahrhunderts praktiziert wurde, war bereits weit entfernt von solchen Gräueltaten. Charakteristisch für den Strafprozess war dabei, dass die Funktion des Richters (Inquirent) nicht von der Funktion des Anklägers getrennt war. Die Unabhängigkeit der verbeamteten Richterschaft war damit nicht garantiert. Der Beschuldigte (Inquisit) war lediglich nur Objekt des Verfahrens und konnte lange Zeit durch Folter zu einem Geständnis gezwungen werden. Seine Verteidigungsrechte waren sehr eingeschränkt. Die Verfahren selbst waren sehr intransparent gestaltet. Das erkennende Gericht war zwar an grundsätzliche Beweisregeln gebunden, konnte aber auch aufgrund der Aktenlage des Vorverfahrens entscheiden.

Alles in allem wurden diese Grundsätze des Inquisitionsprozesses im Zuge der aufklärerischen Bestrebungen als unhaltbar angesehen. Interessanterweise war es der napoleonische „Code d'instruction criminelle" von

1808, der die liberalistischen Reformbewegungen erstmals im kontinentaleuropäischen Raum auf entscheidende Weise weiterentwickelt hat. So war darin zum ersten Mal vorgesehen, dass die Anklagebehörde und das Richteramt in allen Verfahrensabschnitten voneinander getrennt sein sollten. Es wurde die Institution der Staatsanwaltschaft als Anklagebehörde ins Leben gerufen. Der Beschuldigte bekam als Subjekt des Prozesses umfassende Verfahrensrechte zuerkannt. So waren der Wegfall des Zwanges zur Selbstbezichtigung, der Anspruch auf rechtliches Gehör, die Stärkung der rechtsfreundlichen Vertretung sowie die Rechtsmittelbefugnis weitere wesentliche Neuerungen. Die Verfahren waren nicht mehr geheim und mittelbar, sondern öffentlich, mündlich und unmittelbar. Der Prozess basierte zwar auf den Ergebnissen des Vorverfahrens, jedoch wurde auch in der Hauptverhandlung ein Beweismittelverfahren durchgeführt. Als besondere Errungenschaft der aufklärerischen Reformbestrebungen ist die Einführung von Laienbeteiligungen zu nennen.

In Österreich haben sich diese Grundsätze erst zu einem wesentlich späteren Zeitpunkt durchgesetzt. Nach vielen Reform- und Gegenreformbewegungen wurde erst mit der Strafprozessordnung von 1873 den Grundsätzen des reformierten Strafprozesses zum Durchbruch verholfen. Diese Strafprozessordnung von 1873 gilt in ihren Dogmatiken auch heute noch, obwohl die aktuell geltende Strafprozessordnung von 1975 vielfach novelliert und durch eine Reihe von Nebengesetzen ergänzt worden ist.

Die letzte große Novelle der Strafprozessordnung, die manche Beobachter als größte Reform seit 1873 deklarierten, datiert in das Jahr 2007 zurück (BGBl. I Nr. 93/2007). Die wohl bedeutendste Änderung lag dabei in einer Kompetenzausweitung der Staatsanwaltschaft, denn diese ist zukünftig zur Leitung des Vorverfahrens (anstelle der Untersuchungsrichter) berufen. Die kriminalpolizeilichen Ermittlungen werden ihrer Kontrolle unterworfen. Erstmals wurden dabei die Staatsanwälte in Art. 90 B-VG als „Organe der Gerichtsbarkeit" definiert. Im Zuge dieser Reform gab es eine weitere rechtspolitisch interessante Neuerung. So wurde damals auch die Sonderstaatsanwaltschaft zur Verfolgung von Wirtschaftsstrafsachen und Korruption geschaffen, in der neben Staatsanwälten auch Experten mit Spezialwissen über Geldwäsche, EDV, Wertpapierhandel und Buchprüfung angesiedelt wurden. Nach Jahren der Einarbeitung und Personalaufstockung kann man dieser Sonderstaatsanwaltschaft nunmehr eine gewisse Effizienz in der Verfolgung von Korruptionsfällen attestieren.

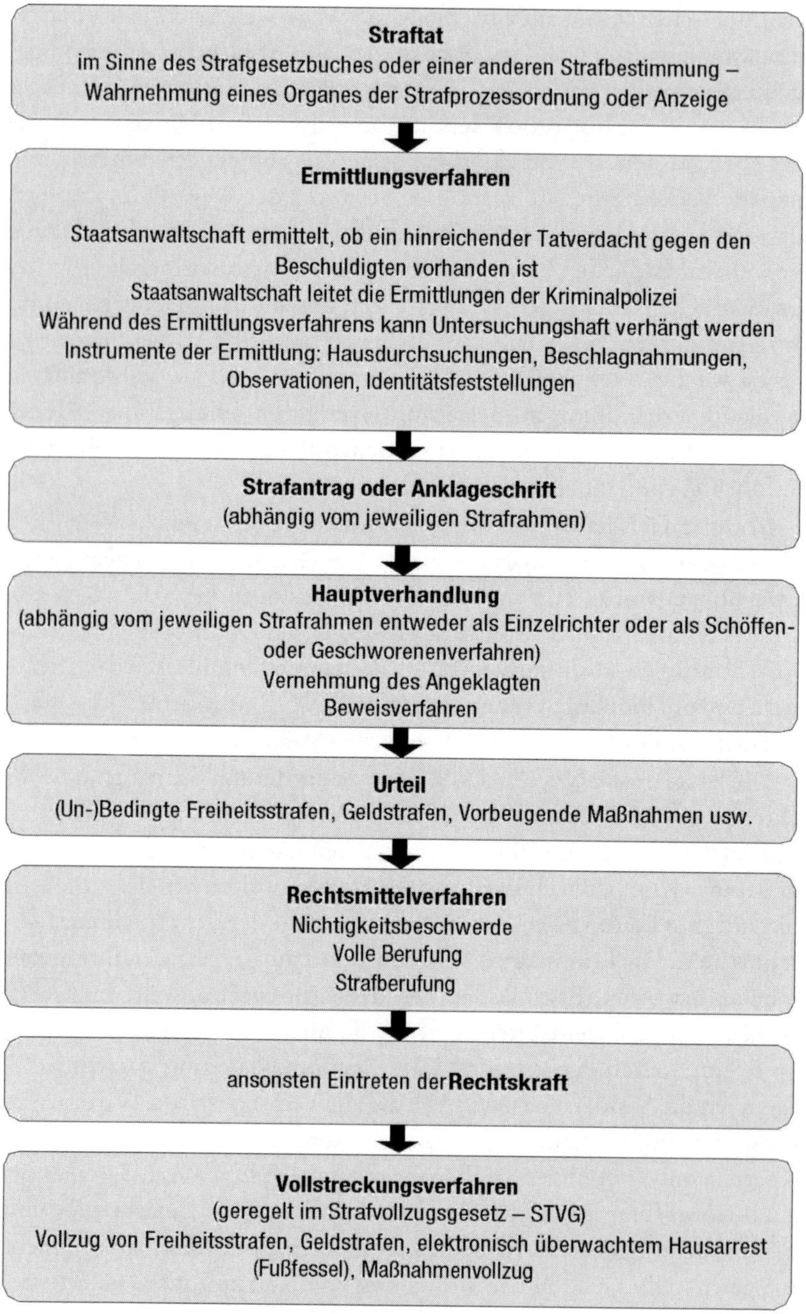

Abb. 10: **Zentrale Verfahrensschritte im Strafverfahren**

18.3.3 Gang des Strafverfahrens

Zu Beginn dieses Subkapitels ist der Strafprozess als ein gesetzlich statuiertes Verfahren definiert worden, um die im materiellen Strafrecht abstrakt vorhandenen Strafansprüche zu verfolgen und bei Vorliegen einer Straftat zu verurteilen.

Abbildung 10 stellt überblicksmäßig den Ablauf eines Strafverfahrens dar. Dabei sind verschiedene Verfahrensabschnitte zu differenzieren. Im Ermittlungsverfahren untersucht die Staatsanwaltschaft unter Mithilfe der Kriminalpolizei, ob ein hinreichender Tatverdacht gegen einen Beschuldigten besteht. Gelangt die Staatsanwaltschaft zum Ergebnis, dass Anklage zu erheben ist, so formuliert sie je nach Strafrahmen und Delikt entweder einen Strafantrag oder eine Anklageschrift oder legt die Anzeige zurück. Im Mittelpunkt der Hauptverhandlung steht die gerichtliche Prüfung, ob der Angeklagte oder Beschuldigte die Straftat tatsächlich schuldhaft begangen hat. Der Richter hält danach die Strafhöhe sowie deren Begründung in einem Urteil fest. Dabei hat er den entscheidungsrelevanten Sachverhalt unter Berücksichtigung aller Beweismittel selbst zu bestimmen. Sollten trotz umfassender Beweiserhebungen dennoch Tatsachen zweifelhaft bleiben, so hat der erkennende Richter zugunsten des Angeklagten zu entscheiden und diesen freizusprechen (in dubio pro reo). Sollte dabei kein Rechtsmittel erhoben werden, so erlangt das Urteil Rechtskraft. Die Strafe wird sodann vollstreckt, so sie nicht zur Bewährung ausgesetzt wurde.

18.4 Das Zivilverfahren

Die zentrale Rechtsquelle für die Zivilgerichtsbarkeit in Österreich stellt zum einen die Zivilprozessordnung (ZPO) und zum anderen die Jurisdiktionsnorm (JN) dar. Während die Zivilprozessordnung den näheren Verfahrensablauf regelt, klärt die Jurisdiktionsnorm Fragen der Zuständigkeit.

Die örtliche Zuständigkeit richtet sich dabei nach dem gewöhnlichen Wohnort des Beklagten bzw. der Niederlassung bei juristischen Personen. Beide Streitparteien können allerdings davon abweichende Gerichtsstandvereinbarungen treffen.

Die sachliche Zuständigkeit hängt wiederum vom Gegenstand des Rechtsstreits bzw. vom Streitwert ab. Bis zu einem Streitwert von € 15.000

werden die Streitigkeiten vor einem Bezirksgericht ausgetragen. Darüber sind die jeweiligen sachlichen Landesgerichte örtlich zuständig.

Das Verfahren in Zivilrechtssachen wird mit der Klageeinreichung des Klägers begonnen. Der Kläger bestimmt mittels seines Klagebegehrens den Prozessgegenstand. Wenn der Kläger also nur einen bestimmten Prozessgegenstand überprüft haben möchte, so dehnt dieses das Gericht nicht selbstständig aus, auch wenn dieses der Ansicht wäre, dass sich der Klagegegenstand auch auf eine andere Anspruchsgrundlage stützen könnte.

Bei Klagen auf Geldleistungen, die eine Streitwertgrenze von € 75.000 unterschreiten, ist nunmehr ein obligatorisches ADV-Mahnverfahren zu führen. Die Klage muss dabei mittels eines Formblattes oder einer dieser entsprechenden Form eingebracht werden. Bei Vorliegen aller prozessualen Voraussetzungen erlässt der Richter daraufhin einen bedingten Zahlungsbefehl. Dieser kann seinerseits mittels der Möglichkeit des Einspruchs des Beklagten außer Kraft gesetzt werden. In der Folge wird danach der Zivilprozess eingeleitet.

Die Motive zur Einführung eines obligatorischen Mahnverfahrens sind prozessökonomischer Natur: Der Bearbeitungsaufwand soll für alle diejenigen Fälle verringert werden, in denen der Beklagte keine inhaltlichen Einwände gegen die geltend gemachte Forderung erheben kann oder will, sondern aus mangelnder Zahlungsfähigkeit oder sonstigen Gründen bislang nicht geleistet hat.

Mit der Streitanhängigkeit wird dem Beklagten die Klage zugestellt. Dem Beklagten wird sodann die Möglichkeit eingeräumt, mit der Klagebeantwortung auf die Klage gegen ihn zu reagieren, seine Einwände gegen die Klage zu artikulieren sowie diesbezügliche Beweismittel zu benennen.

Nach dem Einlangen von Klage und Klagebeantwortung wird eine mündliche Streitverhandlung anberaumt. Zwischen der Anberaumung der Streitverhandlung und dem Beginn der mündlichen Streitverhandlung können die Streitparteien noch weitere Schriftsätze einbringen, um damit entweder das Klagebegehren oder auch die gegen dieses gerichteten Einwände zusätzlich zu präzisieren. Die Streitverhandlung selbst dient dann primär der Aufnahme von Beweisen (Parteienvernehmung, Zeugenbefragungen, Vorlage von Urkunden, Ortsaugenschein etc.). Falls es für notwendig erachtet wird, kann die mündliche Streitverhandlung auch vor Ort durchgeführt werden oder mit einem Ortsaugenschein verbunden werden. Im Zivilprozess herrscht dabei der Grundsatz der freien Beweiswürdigung vor. Der Richter hat also nicht wie im Strafrecht die Prozesswahrheit auszuforschen. Im Zivilprozess herrscht die Parteienmaxime. Einleitung, Umfang und Ende des Verfahrens werden dabei von den Parteien selbst bestimmt. Es steht den Parteien dabei frei, jederzeit über den Streitgegenstand zu disponieren. Es ist ihnen somit möglich, den Prozess mittels Vergleich oder Anerkenntnis zu beenden.

Wurden alle Beweise in der mündlichen Streitverhandlung aufgenommen, stellt der Richter zunächst den entscheidungsrelevanten Sachverhalt fest, den er dann dem Urteil zugrundezulegen hat. Er hat im Urteil sowohl die Würdigung der Beweise als auch die rechtlichen Schlussfolgerungen klar und deutlich darzulegen. Der Richter darf dabei die Entscheidung nicht ablehnen, weil ihm der Sachverhalt oder die Rechtslage unklar und unpräzise erscheint. Er hat somit dem Klagebegehren entweder ganz oder teilweise stattzugeben oder es abzuweisen.

19 Über das Wesen und die Funktion von Rechtsinstituten

19.1 Das Rechtsinstitut als politikwissenschaftliches Analyseinstrumentarium bei Karl Renner

Die Begrifflichkeit des Rechtsinstitutes wurde bislang sowohl im juristischen als auch im politikwissenschaftlichen Diskurs äußerst stiefmütterlich behandelt. Wiewohl die Begrifflichkeit ab und an auch in diversen Aufsätzen Verwendung findet, so fehlt es dennoch an einer umfassenden, methodologisch umfangreichen Studie zu dem sozialwissenschaftlichen Phänomen des Rechtsinstitutes.

Dieses Verdikt trifft allerdings nur für den modernen politikwissenschaftlichen Diskurs auch tatsächlich zu. Karl Renner, der ja bekanntlich auch als Politiker sowohl in der 1. als auch in der 2. Republik seine Meriten verdienen konnte, hat mit seinem 1904 veröffentlichten und 1929 grundsätzlich überarbeiteten Werk „Die Rechtsinstitute des Privatrechts und ihre soziale Funktion“ den Begriff des Rechtsinstitutes in einer methodologisch äußerst fruchtbaren Weise instrumentalisiert und methodologisch aufbereitet. Renner definierte dabei das Rechtsinstitut wie folgt:

> „Die Rechtssätze, die eine Gesellschaft ordnen, bestehen und wirken keineswegs in einem chaotischen Nebeneinander, sie ergänzen, stützen und beschränken einander, sie gruppieren sich so um ein sie beherrschendes Rechtsverhältnis, das einen grundlegenden Tatbestand des Lebens regelt. Ein solches Rechtsverhältnis mit allen es bestimmenden Rechtssätzen ist ein Rechtsinstitut. […] Die Gesamtheit der eine Gesellschaft regelnden Rechtsinstitute ist deren Rechtsordnung.“ (Renner 1965, 230)

Für Renner ist das Rechtsinstitut erheblich umfangreicher konzipiert als die von der Rechtsdogmatik geformten einzelnen Rechtsgebiete, die Renner als eine Kompilation aller zu einer Thematik zugehörigen Normen und ihrer rechtsdogmatischen Analyse definiert. Das Wesen eines Rechtsinstitutes geht dabei aber über die enge juristische Betrachtungsweise hinaus. Renner formuliert demzufolge auch eine Handlungsanweisung an die gerade neu entstehenden Sozialwissenschaften (wie z.B. die Soziologie):„Wir haben die ökonomische und soziale Wirksamkeit der Norm, nachdem sie einmal besteht und in Geltung ist, und unter der Voraussetzung, daß sie unverändert bleibt, zu untersuchen." (Renner 1965, 58)

Bei Karl Renner fungiert das Rechtsinstitut als ein bzw. das zentrale Analyseinstrumentarium der sozialen Wirklichkeit unter der Zugrundelegung der Umschreibung und Untersuchung von grundlegenden Rechtsfunktionen. Rechtsinstitute sind letztlich dafür geeignet, Zusammenhänge der einzelnen Rechtsnormen in ihrer gesellschaftlichen Funktion begreifen und beschreiben zu können.

Zusammenfassend lässt sich an dieser Stelle nochmalig konstatieren, dass unter einem Rechtsinstitut die Gesamtheit aller Bestimmungen verstanden wird, die ein bestimmtes Rechtsverhältnis oder einen bestimmten Lebenssachverhalt regeln. Bekannte Rechtsinstitute sind beispielsweise das Eigentum, das Vertragsrecht, die Ehe usw. Aufgrund ihrer umfassenden Bedeutung für das zwischenmenschliche Zusammenleben ist der Bestand mancher Rechtsinstitute sogar verfassungsrechtlich garantiert, wie zum Beispiel das Eigentum oder aber auch das Wahlrecht. Das Wissen um die Beständigkeit einzelner Rechtsinstitute bildet auch die Basis, auf die man sich im rechtsgeschäftlichen oder gesellschaftlichen Verkehr als Privater verlassen können muss.

Oftmalig wird jedoch das Rechtsinstitut mit einem Rechtsverhältnis in Verwechslung gebracht. Ein Rechtsverhältnis ist dabei die Beziehung zweier oder mehrerer Rechtssubjekte zueinander oder die Beziehung eines Rechtssubjekts zu einem Rechtsobjekt, soweit sie durch rechtliche Kategorien bestimmt ist. Aus einem Rechtsverhältnis lassen sich dabei individuelle subjektive Rechte und Ansprüche ableiten. Das Rechtsinstitut selbst ist hingegen ein bloßes Abstraktum im Gegensatz zum Rechtsverhältnis, das in realiter existiert.

Beispiel: Zur Illustration des unterschiedlichen Verständnisses von Rechtsverhältnis und Rechtsinstitut seien kurz einige Beispiele angeführt. Rechtsinstitute sind zum Beispiel das Eherecht, das Vertragsrecht oder aber auch das Eigentum. Zwischen zwei konkreten Eheleuten besteht hingegen das Rechtsverhältnis der Ehe, zwischen zwei real existenten Vertragspartnern Ansprüche, die sich aus einem von diesen geschlossenen

Vertrag ableiten lassen, und zwischen dem Eigentümer und dem Eigentumsobjekt das Rechtsverhältnis des Eigentums.

19.2 Grundlage der Rechtsinstitute des öffentlichen Rechts

Das öffentliche Recht regelt das Verhältnis des Einzelnen zum Staat oder anderen Trägern öffentlicher Gewalt sowie das Verhältnis der Verwaltungsträger oder Staaten zueinander. In diesem Sinne gehört zum öffentlichen Recht insbesondere das Verfassungsrecht, das Völkerrecht, das Religionsrecht, aber auch das Strafrecht, dazu die Prozessrechte, insbesondere auch das Zivilprozessrecht und das Strafprozessrecht, sowie das gesamte Verwaltungsrecht, das Steuerrecht usw. Verfassungs- und Verwaltungsrecht werden nach älterer Terminologie unter dem Begriff des Staatsrechts zusammengefasst.

Zum öffentlichen Recht gehören regelmäßig jene Teile der Rechtsordnung, die allgemein mit Politik und Politikwissenschaft in Verbindung gebracht werden: Verfassung, Verwaltung, Parlament und Regierung. Dazu gehört aber auch das Strafrecht, dessen politik- und gesellschaftsrelevante Funktion insbesondere im historischen Zusammenhang erschlossen werden kann. Das gesamte vorliegende Studienbuch befasst sich mit dem öffentlichen Recht im weitesten Sinne, weshalb diese hier angestellten Erörterungen bewusst knapp gehalten werden.

19.3 Grundlage der Rechtsinstitute des Privatrechts

Das Privatrecht regelt die Rechtsbeziehungen der einzelnen Personen zueinander auf der Basis der Privatautonomie. Zum Privatrecht gehört insbesondere das bürgerliche Recht bzw. das Zivilrecht, zu dem allgemeine Grundsätze, das Personenrecht, das Familienrecht, das Erbrecht, das Sachenrecht und das Schuldrecht gezählt werden. Das bürgerliche Recht (Zivilrecht), also das Privatrecht, in dem sich der allergrößte Teil der Rechtsbeziehungen zwischen den Mitgliedern der Gesellschaft und deren Konflikte abspielt, ist zum Verständnis, zur Analyse einer konkreten Gesellschaft unverzichtbar.

Das allgemeine Privatrecht wird heute von Lehre und Wissenschaft allgemein nach dem Pandektensystem eingeteilt, das eine Fünfteilung des privatrechtlichen Stoffes vorsieht. Die Pandektistik war bemüht, den Stoff des Privatrechts systematisch aufzuarbeiten und damit den Anforderungen der Zeit Rechnung zu tragen. Das deutsche Bundesgesetzbuch (BGB) von 1900 orientiert sich dabei schon vollständig an diesem System.

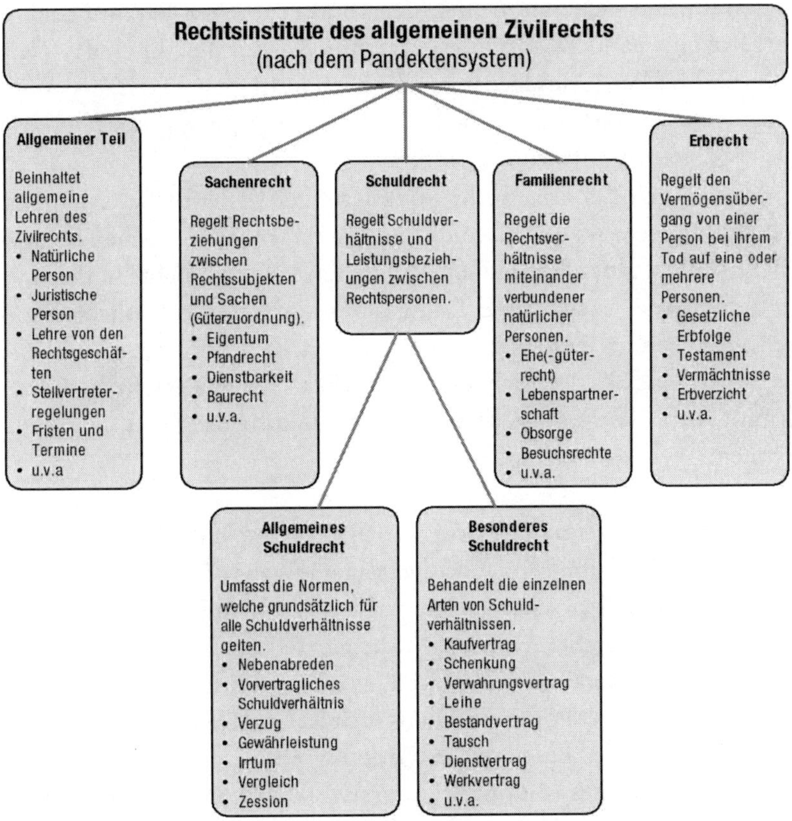

Abb. 11: **Die Rechtsinstitute des allgemeinen Zivilrechts nach dem Pandektensystem**

Das AGBG verfolgt diese Logik der Pandektistik jedoch nicht. Es ist nach der Logik des römischrechtlichen Institutionensystems, das von einer Zweiteilung von Personen- und Vermögensrecht ausgeht, geprägt.

Das weite Feld des Privatrechts umfasst demnach das gesamte menschliche Leben in vielfältiger und unterschiedlicher Weise. Das Privatrecht berührt dabei nicht nur die Sphäre des einzelnen Individuums, sondern vielmehr auch der Gesellschaft in ihrer Gesamtheit. So ist die von Karl Renner schon einer eingehenden Analyse unterzogene gesellschaftspolitisch bedeutungsvollste Einrichtung des Privateigentums per se von privatrechtlicher Natur. Das gesamte Wirtschaftsleben wird auf der Basis des Privatrechts sowie seiner Sonderprivatrechte abgewickelt. Die Wettbewerbsfreiheit ist nicht nur Ausfluss der grundrechtlichen Garantie der Gewerbefreiheit, sondern beruht im Wesentlichen auf den durch das Zivilrecht vermittelten Grundgedanken der Vertragsfreiheit. Das Ehe- und Familienrecht auf der anderen Seite strukturieren unsere gesamte Gesellschaftsordnung seit Jahrhunderten.

Diese durch das Privatrecht garantierte gesellschaftliche Grundordnung ist ihrerseits im Großen und Ganzen frei von behördlichen Eingriffen. Deshalb wurde auch im Laufe der Privatrechtsgeschichte immer wieder treffend festgestellt, dass die Ausgestaltung der privatrechtlichen Normen gleichzeitig einen Indikator für die Freiheitsaffinität sowohl der Rechtsordnung als letztlich des politischen Systems darstellt. Dieter Grimm fasste diese gesellschaftspolitische Funktion des Zivilrechts so zusammen:

> „Unter der bürgerlichen Prämisse, daß Gerechtigkeit die automatische Folge von Freiheit sei, bestand die Primäraufgabe des Rechts in der Organisation der herrschaftsfreien gesellschaftlichen Sphäre. Sie vollzog sich im Privatrecht. Privatrecht als jenen Teil des Rechts, welcher die Beziehungen der Privatleute untereinander regelt, hatte es seit der Aufspaltung der älteren societas civilis in Staat und Gesellschaft gegeben. Es erfuhr in der bürgerlichen Ordnung aber einen grundlegenden Wandel, indem es von objektiven Verhaltensanforderungen auf subjektives Belieben umgestellt wurde. Oberster Grundsatz des Privatrechts war danach die Privatautonomie. Ihre Hauptanwendungsfälle fand sie in der Eigentumsfreiheit, der Vertragsfreiheit und der Vererbungsfreiheit. Diese Freiheit ließ rechtliche Bindungen unter Privatleuten nur zu, wenn sie auf den Willen der Betroffenen zurückgeführt werden konnten. Gesellschaftliche Kooperation war daher auf intersubjektive Willenseinigung angewiesen. Ihr Mittel ist der Vertrag. Er stieg folglich zur beherrschenden Rechtsfigur des bürgerlichen Privatrechts auf." (Grimm 1987, 24)

Das Privatrecht ist allerdings auch im bürgerlichen Staat auf die öffentliche Ordnung angewiesen:

> „Im Abgrenzungsbereich sichert dieses die freie Willensbetätigung und ihre Substrate, wie Leben und Eigentum, an besonders gefährdeten Stellen durch Strafdrohungen ab, die präventiv potentielle Rechtsbrecher von Grenzüberschreitungen abschrecken sollen und bei fehlgeschlagener Prävention den Staat zu repressiven Maßnahmen, eben der Verhängung von Strafe, ermächtigen." (Grimm 1987, 25)

Privatrechtliche Normen weisen insgesamt eine höhere Beständigkeit als öffentlich-rechtliche Normen auf, da sie sich ihrerseits stets an sachlichen Notwendigkeiten orientierten und damit im Zuge politischer Umwälzungen sich weit weniger reformanfällig erwiesen haben. Das Privatrecht konnte sich somit im Rechtsbewusstsein der Normunterworfenen einen Platz erkämpfen. Die Normunterworfenen besitzen das Rechtsgefühl, dass die Privatrechtsordnung auch ohne staatlichen Druck funktioniert. Verglichen mit der Unzahl an täglich abgeschlossenen Geschäften zeigt sich die Anzahl der Streitfälle, die tatsächlich vor den Gerichten ausgetragen werden, als verhältnismäßig gering. Nichtsdestoweniger wird diese freiwillige Pflichterfüllung durch das staatliche Sanktionsregime in nicht unwesentlichem Maße unterstützt.

Das bedeutungsvollste Rechtsinstitut innerhalb des Privatrechts stellt sicherlich das Rechtsgeschäft dar. Ein Rechtsgeschäft dient der Selbstgestaltung von rechtlichen Verhältnissen. Es besteht dabei aus übereinstimmenden Willenserklärungen, die auf die Herbeiführung von konkreten Rechtsfolgen gerichtet sind. Eine derartige rechtsgeschäftliche Willensübereinkunft bezeichnet man als Vertrag. Dass Rechtsfolgen durch einen Vertrag herbeigeführt werden können, ergibt sich aus dem Grundsatz der Privatautonomie. Heinz Krejci beschreibt die Privatautonomie dabei wie folgt:

> „Privatautonomie heißt die für das Privatrecht charakteristische, rechtliche Möglichkeit der Rechtssubjekte, im Rahmen des gesetzlich Zulässigen ihre Angelegenheiten und Interessen nach ihren eigenen Vorstellungen auf rechtswirksame, dh: mittels staatlicher Zwangsgewalt durchsetzbare Art und Weise untereinander zu regeln. Sie gibt

> den Rechtssubjekten die Chance auf Selbstbestimmung und insofern Freiheit." (Krejci 2002, 21)

Die Privatautonomie räumt dem einzelnen Rechtssubjekt weitgehend die Möglichkeit ein, seine rechtlichen Beziehungen nach seinem Willen frei zu gestalten. Der Abschluss einer Vertrages sowie seine konkrete inhaltliche Ausgestaltung ist selbstredend auch vom Einverständnis des Vertragspartners abhängig.

Die Privatautonomie wird von den meisten Rechtsordnungen allerdings durch materielle Vorschriften wesentlich eingeschränkt. Das Schutzbedürfnis einzelner Vertragspartner wird dabei umso höher, je größer sich das Ungleichgewicht von Leistung und Gegenleistung aus einem Vertrag darstellt. Ein typisches Beispiel für einen solchen in der Rechtsordnung festgehaltenen Schutzmechanismus sind die Regelungen bezüglich des Wuchers. Die wohl größte Schranke der Privatautonomie hat sich die Rechtsordnung mit der „Guten-Sitten-Klausel" selbst gegeben. Rechtsgeschäfte, die sich gegen die Guten Sitten, sich also in Änderung begriffene gesellschaftliche Grundwerte, richten, werden von der Rechtsordnung ex ante mit der wohl schärfsten privatrechtlichen Sanktion, nämlich jener der Nichtigkeit, belegt.

Zu den wichtigsten Prinzipien der Rechtsgeschäftslehre zählt darüber hinaus noch die Vertragstreue und der Vertrauensschutz. Die Vertragstreue geht dabei von einer (unformulierten) Selbstverständlichkeit aus. Verträge, die einmal abgeschlossen worden sind, sind auch dann einzuhalten, wenn sie dem Willen des Verpflichtenden später nicht mehr entsprechen sollten (pacta sunt servanda). Eine etwas differenziertere Betrachtungsweise verlangt der Vertrauensschutz. Bei Unstimmigkeiten wird auf den objektiven Erklärungswert einer Willensäußerung abgestellt. Dabei wird auf das Verständnis eines redlichen Erklärungsempfängers abgestellt. Die Privatautonomie kann somit aufgrund der Schutzwürdigkeit des Vertrauens eines anderen eingeschränkt werden.

19.4 Zur Wichtigkeit der Unterscheidung von öffentlichem Recht und Privatrecht

Mit der Unterscheidung zwischen öffentlichen und Privatrecht haben sich auch diverse Abgrenzungstheorien beschäftigt. Die älteste diesbezüglich stellt wohl die Interessentheorie dar, welche die grundsätzlich ja richtige Aussage tätigt, dass das öffentliche Recht die Interessen der Allgemeinheit berücksichtigt, während das Privatrecht hingegen prinzipiell den Interessen des Einzelnen dient. Die Grundsätze der Interessentheorie lassen sich auf die zunehmend ausdifferenzierte Rechtsordnung nur mehr schwerlich anwenden, da zahlreiche Rechtsvorschriften (z.B. Arbeitnehmerschutzrechte) ja sowohl öffentliche als auch individuelle Rechte schützen.

Die Subjektionstheorie stellt auf eine hierarchische Betrachtungsweise der Rechtsordnung ab. Diese besagt, dass sich öffentlich-rechtliche Rechtsverhältnisse durch ein Über- und Unterordnungsverhältnis beschreiben lassen. Am Privatrecht hingegen nehmen die Bürger gleichrangig und gleichberechtigt teil. Allerdings lassen sich auch im öffentlichen Recht gleichrangige Rechtsabschlüsse (etwa Gliedstaatenverträge nach Art 15a B-VG) finden und auch im Privatrecht existieren Über- und Unterordnungsverhältnisse (z.B. Weisungsrecht des Arbeitgebers).

Die Subjektionstheorie wurde von der Subjektstheorie weiterentwickelt. An einem öffentlich-rechtlichen Rechtsverhältnis ist zumindest ein Hoheitsträger beteiligt, also ein Rechtsträger, der mit Hoheitsgewalt auftritt. Die Subjektstheorie stellt also darauf ab, ob an einem Rechtsverhältnis ein Hoheitsträger in seiner Eigenschaft als Hoheitsträger beteiligt ist.

Rechtsvorschriften zählen entweder zum öffentlichen Recht oder zum Privatrecht. Eine andere, weitere Rechtskategorie gibt es daneben nicht. Diese Unterscheidung hat vor allen Dingen Bedeutung für die Behördenzuständigkeit und den Weg der Rechtsdurchsetzung. Die Gerichtsbarkeit in bürgerlichen Rechtssachen wird von den ordentlichen Gerichten ausgeübt. Öffentlich-rechtliche Angelegenheiten werden demgegenüber von Verwaltungsbehörden entschieden.

Auch im Rahmen der Kompetenzverteilung zeitigt diese Differenzierung ihre Auswirkung. So liegt nämlich in Zivilrechtssachen die Kompetenz zur Gesetzgebung und Vollziehung beim Bund. Nur das Verwaltungsrecht ist in der Gesetzgebung zwischen Bund und Ländern aufgeteilt.

Auch gesellschaftspolitisch spielt die Abgrenzung von „öffentlich" und „privat" nach wie vor eine bedeutende Rolle. Das Bedeutungsverhältnis von öffentlichen und privaten Gesellschaftssphären und damit auch das Verhältnis von öffentlichem und privatem Recht spiegelt wider, wie viel soziale und demokratische Verantwortung eine Ideologie oder Partei zu tragen bereit oder nicht bereit ist. Der konservative Kampfruf „Weniger Staat, mehr privat" zielt letztendlich auf den Abbau gesellschaftlicher, also öffentlicher Verantwortung. Welche Folgen das zeitigen kann, macht nicht nur, aber besonders aktuell die letzte Finanzkrise deutlich.

20 Das Strafrecht – zwischen anachronistischen Vergeltungsgedanken und modernen Resozialisierungsmaßnahmen

20.1 Das Wesen des Strafrechts

Die Rechtsordnung ist eine Werteordnung. Gewisse sich aus den gesellschaftlichen Strukturen herausentwickelte Wertvorstellungen scheinen dabei der Rechtsordnung so wichtig zu sein, dass sie diese unter den speziellen Schutz des Strafrechts stellt.

Die Rechtsgüter, welche durch die einzelnen Strafnormen geschützt werden sollen, sind beispielsweise das menschliche Leben, die körperliche Unversehrtheit, fremdes Vermögen, persönliche Ehre, das Vertrauen in Urkunden usw. Anhand der Strafandrohungen, die einzelnen Delikten zugeordnet werden, lässt sich ablesen, wie hoch die zu schützenden Rechtsgüter von der Gesellschaft bewertet werden. So gibt es zahlreiche Schutzgüter (das menschliche Leben), die in vielen Strafrechtssystemen ähnlich bewertet werden. Andere Schutzgüter (persönliche Ehre) sind wiederum stark von den jeweiligen kulturellen Vorstellungen abhängig. Diese Unterschiedlichkeiten zeigen sich etwa auch in der Art der Bestrafung und vor allem im Strafrechtsvollzug.

Die Bestrafung bestimmter Handlungsweisen ist die elementarste Grundlage des Schutzes der Gesellschaft vor diesen Handlungen und trägt damit exorbitant zum Sicherheits- und Schutzbedürfnis der Bevölkerung bei. Unabhängig von diesem Sicherheitsbedürfnis soll mit dem Strafrecht auch dem gesellschaftlichen Wunsch nach Vergeltung als Teil des allgemeinen Rechtsbewusstseins entsprochen werden. In den Straftatbeständen gelangt der staatliche Strafanspruch gegen den Rechtsbrecher zum Ausdruck. Das Strafrecht ist dabei eine Zwangsordnung, da sie dem Rechtsbrecher eine Strafe gegen dessen Willen auferlegt, und soll durch die präventive Wirkung der Strafandrohungen andere von der Begehung solcher Straftaten abhalten. In gleichem Maße ist das Strafrecht aber auch eine Freiheitsordnung, da durch den Schutz der Rechtsgüter die Freiheit des Einzelnen bewahrt und geschützt werden soll. Das Strafrecht soll daher Menschen davon abhalten, die Rechtsgüter anderer Personen zu schädigen, und Menschen zu einem rechtskonformen Handeln ermutigen.

Im weitesten Sinne sind zum Strafrecht alle Normen zu zählen, die regeln, unter welchen Voraussetzungen (materielles Strafrecht) und nach welchen verfahrensrechtlichen Bestimmungen (Strafprozessrecht) Strafen zu verhängen und danach auch zu vollziehen sind (Strafvollzugsrecht). Eine strafrechtliche Norm enthält neben allgemeinen Bestimmungen auch einen Strafrahmen.

Im demokratischen Rechtsstaat existiert keine Strafe außerhalb der Rechtsordnung. Es mag zwar Handlungen und Taten geben, die gewaltexzessiv sind, jedoch handelt es sich dabei nicht um Strafen; diese vollziehen sich stets innerhalb eines Rechtssystems. Das vornehmliche Ziel einer effizienten Strafverfolgung intendiert dabei eine möglichst allumfassende flächendeckende Erfassung kriminellen Geschehens innerhalb eines Rechtssystems.

Die zwei österreichischen Strafrechtslehrer Diethelm Kienapfel und Frank Höpfel definieren dabei Strafe als ein mit Tadel verbundenes Übel, das aufgrund einer strafbaren Handlung von einem Strafgericht nach Maßgabe der Schuld des Täters verhängt werden soll. Diese Definition indiziert bereits die inhärenten Schranken von Strafen. Grundvoraussetzung für die Verhängung einer solchen ist demnach die individuelle Schuld eines Täters, die gleichzeitig auch die Höhe der jeweils verhängten Strafe limitiert.

Neben die individuelle Verurteilung tritt auch eine nach außen wirksame soziale Ächtung des Straftäters, da dieser ja gegen zuvor definierte allgemein akzeptierte Rechtsgüter und Grundfesten des zivilisierten Zusammenlebens, wie Leben, körperliche Integrität, Gesundheit, Ehre, Freiheit, Vertrauen, das in die Echtheit der Urkunden gesetzt werden kann, usw. in doloser Weise verstoßen hat. Aufgrund der evidenten Wichtigkeit dieser Rechtsgüter hält das Strafrecht auch entsprechend massive protektionistische und repressive Instrumentarien parat. Umso wichtiger erscheint es, die durch das Strafrecht kolportierte Macht unter strenge revisionistische Aufsicht und permanente Kontrolle zu stellen. Willkürliche und unbegründete Eingriffe des Strafrechts in die Sphäre des Persönlichen können nämlich potentiell das menschliche Dasein gefährden.

Wie bereits im Rahmen der Begriffserörterung kurz erwähnt, ist eine der rudimentärsten und wichtigsten inhaltlichen Funktionen des Rechts die Sicherung des innergesellschaftlichen Friedens. Die Grundmaximen des heutigen Strafrechtsverständnisses verbieten die Anwendung jedweder physischer Gewalt und schufen deshalb ein ausgeklügeltes und ausdifferenziertes Verfahrenssystem, welches der Konfliktprävention dienen soll. Das Strafrecht verbietet nicht nur jegliche Form der Privatjustiz, nein, es macht vielmehr die Strafverfolgung gänzlich und exklusiv zu einer Sache des Staates. Das staatliche Anklagemonopol sowie die Anklageverpflichtung der Staatsanwaltschaft bei der Wahrnehmung von Straftaten sollen dabei garantieren, dass an den Staat abgetretene Strafansprüche tatsächlich und effizient auch verfolgt werden.

20.2 Von absoluten und relativen Strafrechtstheorien zur General- und Spezialprävention

Absolute Strafrechtstheorien verstehen Strafe als einen kompensatorischen Akt einer individuell erlittenen Verletzung im Sinne einer retrospektiven Evaluierung. Relative Strafrechtstheorien bleiben demgegenüber nicht so sehr in einer solchen Auseinandersetzung mit der Tat selbst beschränkt, sondern betonen schwerpunktmäßig Zukünftiges. Fasst man Strafe nämlich zukunftsorientiert auf, so lässt sich dadurch auch ein gewisser zusätzlicher gesellschaftlicher Nutzen generieren. Und so verfolgen Strafen in den aktuellen strafrechtlichen Diskursen auch zwei Stoßrichtungen. Zum einen möchte man die inkriminierten Handlungen in einem gesellschaftlichen Kontext erfassen (Generalprävention) und zum anderen möchte man durch die Strafe tunlichst erreichen, einem potentiellen Rückfall eines Täters präventiv vorzubeugen (Spezialprävention).

Die Generalprävention entfaltet unmittelbare Wirkung auf das Verhalten der Allgemeinheit. Die potentielle Aufoktroyierung von Strafen soll letztlich dazu dienen, strafbaren Handlungen durch andere entgegenzuwirken. Dabei kann zwischen einer positiven und negativen Dimension der Generalprävention differenziert werden. Die alte traditionalistische negative Ausformung der Generalprävention setzt auf den drakonischen Effekt der Abschreckung der Allgemeinheit durch Furcht und Strafe. Die neue Lesart der Generalprävention skizziert hingegen ein weitaus positiveres Bildnis. Strafen existieren nur deshalb, um positiv und verstärkend die Rechtstreue der Bürger zu befördern und diese auch in ihrer Vertrauenshaltung in und gegenüber der Strafverfolgung zu bestärken. Gerade letzterem Aspekt ist eine gewisse, nicht negierbare Befriedungskomponente inhärent. Nachdem der Täter seine Strafe abgebüßt hat, ist der Rechtskonflikt zwischen Täter und Gesellschaft als bereinigt anzusehen.

Bei der Analyse des Strafrechts war ursprünglich der Generalprävention erhöhte Aufmerksamkeit entgegenzubringen. Die Subsumtion der Strafe unter eine Norm, welche à la longue zur Orientierung sozialer Kontakte geschaffen worden ist, wird unter anderem auch damit gerechtfertigt, um mit der Strafe die durch die Rechtsverletzung infrage gestellte Norm zu rehabilitieren:

> „Ein Normbruch ist also eine Desavouierung der Norm. Diese Desavouierung bewirkt in dem Maß einen sozialen Konflikt, in dem die Norm als Orientierungsmuster in Frage gestellt wird. [...] Aufgabe der Strafe ist die Erhaltung der Norm als Orientierungsmuster für sozialen Kontakt. Inhalt der Strafe ist ein auf Kosten des Normbrechers erfolgender Widerspruch gegen die Desavouierung der Norm." (Jakobs 1991, 9 f.)

Dem Gedanken der Spezialprävention ist allerdings heute sicherlich ein höherer Stellenwert als den generalpräventiven Ideen beizumessen. Die Spezialprävention orientiert sich dabei an der individuellen Gefährlichkeitsprognose eines Straftäters, der durch die Verhängung bzw. Androhung der Strafe künftig von strafbaren Handlungen abgehalten und zu einem rechtstreuen Verhalten erzogen werden soll. Neue, von Gerechtigkeitserwägungen beeinflusste Betrachtungen im Strafrecht gehen dabei von der Zweckmäßigkeit der Normen oder der menschlichen Emanzipation als Leitwert aus und machen ein Eingehen auf den jeweiligen Täter erforderlich. Im Fokus dieser spezialpräventiven Überlegungen steht dabei immer wieder der Begriff der Resozialisierung. Wer unter der Resozialisierung lediglich die äußere Anpassung des Täters an die jeweilig aktuellen gesellschaftlichen Wertvorstellungen versteht und als einziges Kriterium des Erfolgs das Unterbinden eines Rückfalls sieht, hat kein emanzipatorisches Verständnis von der Begrifflichkeit der Resozialisierung. Resozialisierung bedeutet in einem neueren Kontext vielmehr die Berücksichtigung der konkreten Persönlichkeitsstruktur sowohl bei der Bemessung der Strafe als auch bei der Vollzugsform. Das neue zentrale Schlagwort bei der Schaffung eines gerechten Strafrechts lautet Individualisierung. Die Wichtigkeit der individuellen Behandlung des Täters sowie die voranschreitende Ausdifferenzierung der ihn erwartenden Strafe bzw. Maßnahmen wird sowohl in der juristischen Praxis als auch im Schrifttum nicht mehr infrage gestellt. Dies zeitigte jedoch unterschiedliche Auswirkungen auf die agierenden Akteure, die es noch eingehender zu analysieren gilt.

Gerade die präventiven Maßnahmen sind den Opfern des Strafrechts oftmals zu wenig restriktiv. Der Ruf nach Vergeltung wird manchmal unmissverständlich klar und laut artikuliert. Deshalb wird von einigen Strafrechtstheoretikern heutzutage versucht, das Strafrecht mit und durch seine duale Funktion zu rechtfertigen: auf der einen Seite der Rechtsverletzung nachzugehen und die Priorität der Gerechtigkeit der Strafe gegenüber dem sozialen Nutzen zu akzeptieren und auf der anderen Seite zukünftigen Verbrechen vorzubeugen. Damit kommt es zu einer Verteilung von verschiedenen Zwecken der Strafe: „Generalprävention mit dem Drohpotential der Strafe, Vergeltung durch die staatliche Sanktion und Spezialprävention bei der Verbüßung der Strafe." (Mizrahi 2010, 234)

20.3 Mögliche Strafsanktionen und aktuelle Strafrechtsentwicklungen

Das Strafrecht ist ebenso wie alle anderen Rechtsinstitute den rasanten gesellschaftlichen Veränderungsprozessen unterworfen. Das moderne Strafrecht hat darauf reagiert und sieht nunmehr neben den traditionellen Strafsanktionen der Freiheits- und der Geldstrafe noch andere Rechtsfolgen vor, die auch im Sinn einer zunehmenden Opferorientiertheit des Strafrechts geboten erscheinen. Das Strafrecht hat sein enges Korsett abgelegt und sich in Richtung eines breit aufgestellten Strafrechts entwickelt, welches den Strafrechtsverfolgungsbehörden eine breitere Palette an Reaktionsmöglichkeiten auf strafbares Verhalten offeriert, aus denen diese jeweils die beste und adäquateste Reaktion auszuwählen haben.

So ist es seit dem Jahr 1975 nunmehr möglich, neben Freiheitsstrafen auch vorbeugende Maßnahmen anzuordnen. Solche Maßnahmen können nach der Logik des österreichischen Strafgesetzbuches etwa Einweisung in eine Anstalt für geistig abnorme Rechtsbrecher oder die Einziehung gefährlicher Gegenstände sein. Bei diesen vorbeugenden Maßnahmen fehlt des Weiteren jede Tadelfunktion, wie sie bei der Verhängung von Strafen üblich ist.

Eine relativ junge Errungenschaft des österreichischen Strafrechts ist die Diversion. Diese eröffnet den Strafgerichten bei leichten und mittelschweren Taten, die nicht den Tod eines Menschen zur Folge gehabt haben, auf eine Strafe zu verzichten und stattdessen eine andere, geeignetere Maßnahme zu ergreifen (Geldbußen, Außergerichtlicher Tatausgleich usw.) Jährlich werden in Österreich etwa 40.000 Strafverfahren, also nahezu jedes zweite, nach einer Diversion eingestellt.

Die neueste Innovation innerhalb der Rechtsfolgen ist die sog. Verbandsverantwortlichkeit. Verbände, das sind im Wesentlichen sämtliche juristischen Personen, können für Straftaten ihrer Entscheidungsträger (Vorstände, Geschäftsführer usw.) verantwortlich gemacht und mit Verbandsgeldbußen belegt werden.

Die neuesten Tendenzen im Strafrecht fokussieren darüber hinaus eine größere innere Differenzierung der Strafe sowie eine zunehmende Involvierung der Opfer und deren Interessenlagen in das Strafverfahren. Auch deshalb treten die früher so dominanten Aspekte der Generalprävention zugunsten spezialpräventiver Betrachtungen zunehmend in den Hintergrund. Die Strafe selbst soll letztlich so bemessen werden, dass ihre Auswirkungen – nebst anderer zu erwartender Konsequenzen – auch auf das künftige Leben im Rahmen der Gesellschaftsordnung Bedacht nehmen. Die Opferinteressen werden im Rahmen des Strafverfahrens bereits beachtet, da darin sowohl adhäsiv auch über die Höhe eines etwaigen Schadenersatzanspruches abgeurteilt als auch durch einen möglichst schonenden Umgang mit dem Opfer eine Sekundärviktimisierung verhindert werden soll. Auch das Prinzip des außergerichtlichen Tatausgleichs soll auf eine möglichst rasche Restitution des Rechtsfriedens hinwirken.

Im außergerichtlichen Tatausgleich als Teil des modernen Maßnahmenstrafrechts tritt die Befriedigung legitimer Opferinteressen zusehends in den Vordergrund. Bei nicht schwerer Schuld steht es den Strafverfolgungsbehörden frei, auf die Einleitung eines formellen Strafverfahrens unter der Voraussetzung zu verzichten, dass eine durch umfassende Konfliktregelung begleitende Wiedergutmachung erfolgen soll, ohne den eigentlichen Sinn und Zweck des Strafrechts allzu sehr zu perpetuieren. Sollte ein außergerichtlicher Tatausgleich erfolgreich sein, wird von einer weiteren Strafverfolgung abgesehen.

So kann eine Strafgesetzgebung, die heutzutage auf dem Grundsatz Erziehung statt Sühne beruht, für die einen als durchaus gelungen und gerecht gelten, offeriert sie ja dem Straftäter eine faire Chance auf Resozialisierung. Andere wiederum verfolgen auf das Strafrecht bezogen eher antiquierte Gerechtigkeitsvorstellungen und vermissen daher in den heutigen Strafrechtskonzeptionen die Komponente der Sühne. Die inhärente (Gerechtigkeits-)Logik des modernen Strafrechts basiert auf einer Zweispurigkeit, die sich darin manifestiert, dass Strafgerichte einerseits Strafen, andererseits aber auch vorbeugende Maßnahmen verhängen können.

21 Das Steuerrecht – die fiskalische Basis des Staatshandelns

21.1 Aufgaben und Funktionen des Steuerrechts

Die Besteuerung ist im modernen Verfassungsstaat ein Massenphänomen geworden. Jeder Bürger hat in seinem Alltag mit dem Steuerrecht zu tun; man ist laufend mit Steuern konfrontiert.

Steuern tragen dabei seit Anbeginn ihrer Existenz den Nimbus von nicht unerheblichen Belastungen mit und in sich, die der Staat seinen Bürgern aufoktroyiert, um im Gegenzug adäquate Leistungen zur Verfügung stellen zu können, von denen über kurz oder lang wiederum alle profitieren können sollen. Demokratische Gesellschaftsformen, die auf die grundsätzliche Partizipationsbereitschaft ihrer Bürger angewiesen sind, stehen jedoch vor dem evidenten Problem, den Umfang der Steuerbelastung rechtfertigen und permanent Nachweise darüber erbringen zu müssen, dass das existente Steuersystem auch den Prämissen der Effektivität, der Sparsamkeit sowie der allgemeinen Wirtschaftlichkeit folgt und deshalb im Umkehrschluss auch als gerecht anzusehen ist.

Steuern sind in den entwickelten Industriestaaten der westlichen Welt die mit Abstand wichtigste Einnahmequelle der öffentlichen Gebietskörperschaften. Rund 30 % des Bruttoinlandsprodukts werden dabei gegenwärtig in Österreich auf diese Gebietskörperschaften durch die Besteuerung verschiedener Besteuerungstatbestände übertragen.

Steuern können dabei intensiv in die privaten Vermögenssphären eingreifen und wirtschaftliche und persönliche Dispositionen der Bürger nachhaltig beeinflussen. Viele Entscheidungen des gesellschaftlichen Zusammenlebens und insbesondere der Wirtschaftsordnung werden durch das Steuerrecht mitgeprägt. So besteht beispielsweise eine enge Verflechtung des Steuerrechts mit dem Gesellschaftsrecht. Die kalkulatorische Höhe der Steuerbelastung bedingt dabei in entscheidendem Ausmaß die Unternehmensformwahl. Rechtsgeschäfte werden in der Unternehmenswelt möglichst steuerschonend oder gar steuervermeidend getätigt.

Steuern definieren sich im Allgemeinen als Geldleistungen, die auf Grundlage von Rechtsbestimmungen vom Staat bzw. dessen Organen eingehoben werden. Kontrastierend zu Gebühren stehen Steuern dabei keine äquivalenten Gegenleistungen gegenüber. Vielmehr sollen Steuern letztlich dazu beitragen, durch ihren sinn- wie maßvollen Einsatz das Wohl der Allgemeinheit (das sog. „bonum commune") zu befördern. Reinhold Beiser gelangt von dieser basalen Grundlogik des Rechtsinstituts des Steuerrechts zu dessen prominenten drei Funktionen:

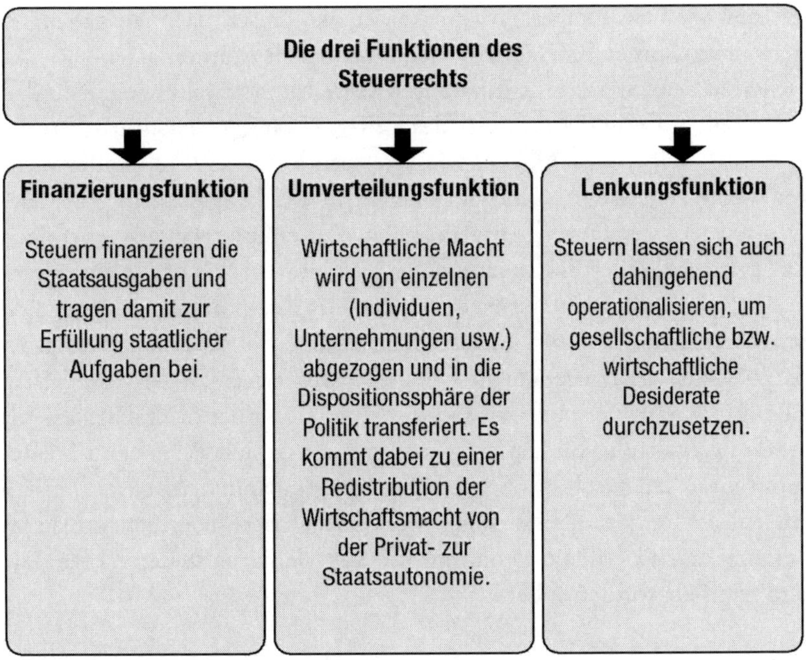

Abb. 12: **Die drei Funktionen des Steuerrechts**

Der Lenkungscharakter von Steuern impliziert die gewollte und intendierte Steuerung gesellschaftlichen Verhaltens. Dies gilt insbesondere für Steuern, die Verhalten verteuern, welches gesellschaftlich unerwünscht ist. Alkohol- und Tabaksteuern sind Beispiele für solche Sozialzwecksteuern. Wer sich demnach gesellschaftlich unerwünscht verhält, soll mit einer nicht zu vernachlässigenden Steuerbürde belastet werden. Steuern erfüllen im Sinne der Lenkungsfunktion naturgemäß auch nicht fiskalische Aufgaben. Das Steuerrecht wird als wesentliches Instrumentarium der Konjunktur-, Wachstums- und Verteilungspolitik eingesetzt. Steuerbegünstigungen sowie gezielte Steuerbelastungen können finanz-, wirtschafts-, sozial-, kultur-, verkehrs-, gesundheits- oder umweltpolitische und ähnliche Zielvorstellungen verfolgen. Der Lenkungseffekt von Steuern artikuliert sich somit in einer oft erheblichen Sonderbelastung staatlich unerwünschten Verhaltens. Die steuerpflichtigen Normunterworfenen werden im Rahmen ihrer individuellen Freiheit vor die Wahl gestellt. Ihnen wird durch die additive Steuerbelastung ein weiteres Motiv geboten, gewisse Handlungen (beispielsweise ökologisch nachhaltige) präferiert vorzunehmen bzw. andere wiederum gezielt zu unterlassen.

Diese dem Steuerecht inhärenten Gestaltungsmöglichkeiten finden jedoch nicht unter der Prämisse des weiter unten noch ausführlich zu erörternden Leistungsfähigkeitsprinzips statt; sie unterliegen anderwärtigen Motivationslagen. Konzeptionell sind Lenkungssteuern Finanzierungssteuern diametral entgegengesetzt. Lenkungssteuern verfolgen nicht das Ziel einer Finanzierung des Gemeinwesens. Dies sollte eigentlich nur ein willkommener Nebeneffekt sein. Realpolitisch zeichnet sich unterdes ein anderes Bild. Immer dann, wenn erhöhter Finanzierungsbedarf besteht, werden gerade diese Lenkungssteuern (man denke in diesem Zusammenhang beispielsweise an die Mineralöl- oder die Tabaksteuern) erhöht. Der Erfolg von Lenkungssteuern bemisst sich viel eher an der Responsivität der durch das Steuerrecht zu vermitteln versuchten Verhaltensempfehlungen, die allerdings von außerhalb des Steuerrechts an dieses herangetragen werden und nur mithilfe des Mediums Steuerrecht erklärt und realisiert werden sollen.

21.2 Das Steuerrecht als Teil der Rechtsordnung

Das Steuerrecht ist Teil des öffentlichen Rechts und wird rein formal dem Verwaltungsrecht zugeordnet, da es von Steuerverwaltungsbehörden vollzogen wird. Nichtsdestotrotz konnte sich das Steuerrecht von den Logiken des allgemeinen Verwaltungsrechts befreien und ist zu einem eigenständigen Rechtsgebiet aufgestiegen. Das Steuerrecht gilt ferner auch noch als Teil des Finanzrechts. Zum Finanzrecht zählen all jene Rechtsvorschriften, die sich mit der öffentlichen Finanzverwaltung im weitesten Sinne beschäftigen. Neben dem Steuerrecht zählen dazu jedenfalls noch das Finanzverfassungsrecht, das Finanzausgleichsrecht und das Haushaltsrecht.

Zwischen dem Steuerrecht und anderen juristischen Teildisziplinen bestehen dabei zahlreiche Verflechtungen. Besonders bei den Verkehrssteuern (Umsatzsteuer) knüpft der Gesetzgeber an zivilrechtliche Rechtsgeschäfte, wie etwa den Kauf von Waren oder die Erbringung von Dienstleistungen, an.

Das österreichische Steuerrecht ist kein homogenes Gesetzeswerk, sondern in viele Einzelgesetze aufgeteilt. Das Steuerrecht hat den Ruf eines novellierungsfreudigen Rechtsgebietes. Das Steuerrecht gilt als Massenrecht und muss deshalb leicht administriert werden können. Es kann daher auf individuelle Besonderheiten nur schwerlich Rücksicht nehmen. Das Steuerrecht reagiert auf tagespolitische Diskussionen und auf medialen Druck. Es hat gruppenspezifischen Wünschen, wirtschaftspolitischen Erfordernissen sowie gesellschaftspolitischen Zielen in der legistischen Weiterentwicklung Rechnung zu tragen.

Aktuell werden an die Steuerrechtsordnung neue wirtschaftliche und ökonomische Herausforderungen gestellt. So gilt es im österreichischen Steuersystem, die Abgabenbelastung auf den Faktor Arbeit zu entlasten und dafür die im Bereich der Vermögenssteuern existenten Steuerbegünstigungen in Sinne der Gleichheit kontinuierlich abzubauen. Des Weiteren ist auch die ökologische Komponente eine zentrale Prämisse bei der Steuergestaltung. Ökologisch kontraproduktive steuerliche Regelungen werden deshalb immer wieder infrage gestellt (z.B. Steuerbegünstigung bei Diesel). Daneben gilt das Steuerrecht seit langem als ein Instrument der Beschäftigungsförderung, indem es gewisse förderungswürdige Beschäftigungsverhältnisse (z.B. Lehrlingsverhältnisse) gezielt fördert.

21.3 Überlegungen zum Ideal der Steuergerechtigkeit

21.3.1 Gerechtigkeit im Steuersystem?

Die Frage nach Gerechtigkeit einzelner Steuergesetze oder eines ganzen Steuersystems stellt sich seit dem Zeitpunkt, ab dem Menschen sich zusammengeschlossen haben, um innerhalb eines zivilisierten Gemeinwesens ihren Lebensalltag zu bestreiten.

Steuergerechtigkeit kann dabei als eine idealtypische Subkategorie der distributiven Gerechtigkeit angesehen werden. Denn letztlich sollen im Rahmen des Steuerrechts Einnahmen lukriert werden, um soziale Lasten des gemeinschaftlichen Gesellschaftslebens finanzieren zu können. Dabei tritt ein evidentes Spannungsverhältnis zwischen öffentlichen und privaten Interessenlagen ganz offen zutage. Während nämlich der Staat permanent die Steueroberbelastungsgrenzen auszuloten versucht, geht beim einzelnen Steuersubjekt die Tendenz dahin, möglichst wenig Steuern bezahlen zu wollen. Auch im Rahmen des Steuerrechts zeigt sich, dass diesem das Prädikat der Gerechtigkeit nur dann zuerkannt werden kann, wenn dieses in der sozialen und gesellschaftlichen Realität auch empfunden wird. Aus dem universellen Fundamentalprinzip der Gerechtigkeit gilt es daher, zunächst mittels Deduktion einzelne Subprinzipien abzuleiten, die wiederum den Regelungsinhalt einzelner Normen determinieren.

Von Gerechtigkeit im Steuerrecht ist gerade in Zeiten knapper Budgets und der dazugehörigen Notwendigkeit der Konsolidierung von staatlichen Etats die Rede. Trotz unterschiedlich gebräuchlicher Terminologien drehen sich die Gerechtigkeitsdebatten im Steuerrecht letztlich um eine zentrale Fragestellung: Nach welchen nachvollziehbaren Kriterien bzw. Werturteilen hat sich der Steuergesetzgeber zu orientieren, damit zu guter Letzt die Besteuerung einer politischen Sozietät als gerecht bezeichnet werden kann? Dabei sind die sozialstaatlichen Leistungen bei ihrer Finanzierbarkeit auf die solide Basis eines erwirtschafteten Steuereinkommens angewiesen. Neben diesen sozialstaatlichen Aspekten kommt auch eine erst durch die Besteuerung ermöglichte schützende Sicherstellung der bürgerlichen Freiheiten. Die Errungenschaften des Gemeinwesens sollen dabei durch rechtsstaatliche Institutionen, wie jene der Polizei oder der Justiz, gewährleistet werden. Aufgrund dieser von einem Staat erwarteten Sicherheitsleistungen erscheint die Besteuerung des menschlichen Zusammenlebens grundsätzlich legitimiert. Um mögliche Gewalt- bzw.

Willkürexzesse a priori auszuschließen und Tendenzen zur Selbstjustiz zu vermeiden, benötigt der Staat ein geregeltes und kontinuierliches Steueraufkommen; denn nur so scheint eine friedliche, die Freiheit der anderen achtende Koexistenz der Menschen untereinander möglich zu sein. Die Quintessenz „Steuern als ein Preis für unsere Freiheit" scheint demnach keine hohle Phrase. Der ehemalige New Yorker Bürgermeister Robert Wagner bringt dies pointiert so auf den Punkt: „Steuern sind der Preis der Zivilisation. Im Urwald gibt es keine." (zitiert nach Tipke 2000, 36)

21.3.2 Das Leistungsfähigkeitsprinzip als Fundament eines gerechten Steuersystems

Staaten gewinnen und erhalten ihre Macht und ihren Einfluss gemeinhin auch durch die Möglichkeit, Steuern und Abgaben festsetzen zu können. In freiheitsorientierten, demokratischen Staatsgebilden liegt der Besteuerungsgegenstand in der Sphäre des Privaten, wie beispielsweise die individuelle Arbeitskraft oder aber auch das Produktionskapital, was eine unmittelbare Verweisung des Staates bei der Lukrierung von Einnahmequellen durch steuerliche Teilhabe daran zur Folge hat. Die in der Höhe grundsätzlich unbeschränkte staatliche Besteuerungsgewalt unterliegt allerdings den immanenten Grenzen eines effektiven Grundrechtsschutzes, der wiederum auch dem Staat legislative Verpflichtungen aufoktroyiert. Die Idee der Besteuerung nach der individuellen Leistungsfähigkeit zählt dabei zu den ältesten und traditionellsten Grundsäulen des Steuerrechts schlechthin. In stillschweigender Abgrenzung zu Gebühren, denen äquivalente Gegenleistungen gegenüberstehen sollten, gelangt das Leistungsfähigkeitsprinzip ohne Zweckbindung zur Anwendung. Der Staat erhält durch die lukrierten Einnahmen einen finanziellen Gestaltungsspielraum, wobei es an dieser Stelle wichtig und zentral festzuhalten gilt, dass sich das Steuerausmaß nach der individuellen Belastbarkeit des einzelnen Steuersubjekts und nicht nach dem individuellen Interesse des Staates orientieren sollte, da der Höhe der Steuerbemessung ebenfalls grundrechtliche Restriktionen entgegentreten. Dem Leistungsfähigkeitsprinzip ist somit auch eine wichtige und zentrale demokratiepolitische Komponente eigen. Das Steuerzahlen wird zur allgemeinen Bürgerpflicht hochstilisiert, wiewohl dieses keinen direkten Einfluss auf die politische Willensbildung und damit auf die Verwendung der eingehobenen Steuern zeitigen sollte.

Das Leistungsfähigkeitsprinzip beruht keineswegs auf dem Erfindungsgeist der Juristen. Es ist vielmehr das Resultat eines ökonomischen Versuchs, ein tunlichst rationales Steuersystem zu entwerfen. Jedes Individuum mit vergleichbaren ökonomischen Bedingungen sollte in etwa einer gleichen Besteuerungslast unterworfen sein. Das Leistungsfähigkeitsprinzip vereinigt somit Facetten von horizontaler wie vertikaler Gerechtigkeit.

Das Leistungsfähigkeitsprinzip ist eine der wichtigsten Leitprämissen des Steuerstaates und sohin das Orientierungsideal für die Steuergesetze schlechthin und daher e contrario auch aus diesen ableitbar. Die Inauguration zum Leitprinzip lässt das Leistungsfähigkeitsprinzip auch zu einer wichtigen höchstgerichtlichen Interpretationsquelle werden. Das Leistungsfähigkeitsprinzip steht daher im Kontext der aktuellen Steuergerechtigkeitsdebatte ganz zentral im Interessenfokus. Denn all jene Prämissen und Maximen, die wir zuvor als essentielle Attribute eines gerechten positiven Rechts zugewiesen haben, kulminieren im Kontext des Steuerrechts im Leistungsfähigkeitsprinzip. Prinzipien wie Gleichheit, Freiheit, Existenz- und Friedenssicherung haben im und durch das Leistungsfähigkeitsprinzip ihre steuerrechtliche Verwirklichung erlangt.

Das Leistungsfähigkeitsprinzip ist der zentrale Indikator für die individuelle Bemessung der Steuerlast. Es gilt dabei als einzig möglicher Modus Operandi, der allen Verfassungen bekannter Verfassungsstaaten gerecht zu sein scheint. Niemand möchte demnach stärkeren finanziellen Belastungen ausgesetzt sein als ein anderer, der sich in einer vergleichbaren Ausgangslage befindet. Das Prinzip der Leistungsfähigkeit ist dabei teleologisch wie programmatisch so konzipiert, dass es auf Dauer aus dem leistungsfähigen disponiblen Einkommen eines Steuersubjekts schöpft, ohne sich jedoch darin selbst zu erschöpfen. Klaus Tipkes Versuch einer potentiellen Definition des Leistungsfähigkeitsprinzips lautet dabei wie folgt:

> „Jeder soll Steuern zahlen entsprechend der Höhe seines Einkommens, soweit dieses das Existenzminimum überschreitet und nicht für unvermeidbare private Verpflichtungen verwendet werden muß. Dieses Sollen ist durch das empirische Ist, dass Steuern nur aus dem Einkommen entrichtet werden können, vorkonstruiert. Zwar ist der Bürger in Höhe seines gesamten Einkommens wirtschaftlich leistungsfähig. Soweit er das Einkommen für seine eigene Existenz und zur Erfüllung unvermeidbarer privater Verpflichtungen benötigt, ist das Ein-

kommen für die Steuerzahlung nicht disponibel. Insoweit besteht keine steuerliche Leistungsfähigkeit." (Tipke 2000, 18)

21.4 Die Gleichheit in der Rechtsanwendung als eine Grundbedingung für Steuergerechtigkeit

Mit der angewandten Gleichheit steht und fällt auch das Gerechtigkeitsempfinden im Steuerrecht. Mögen manche Steuervergünstigungen von den Privilegierten als gerechtfertigt angesehen werden, so können gleichzeitig auch die steuerlich nicht Privilegierten verdrossen reagieren. Aus dem Gleichheitsgrundsatz wird für das Steuerrecht eine materielle und formelle Dimension abgeleitet. Letztere soll durch eine gleichmäßige Anwendung der materiellen Rechtsgrundlagen sichergestellt werden. Gewährleistet das Verfahrensrecht im Steuerwesen keine gleichmäßige Umsetzung der materiellen Rechtsvorschriften oder werden von den Finanzbehörden materielle Rechtsvorschriften ungleich angewandt, so können die ursprünglich mit dem Gleichheitssatz konform gehenden materiellen Gesetzesnormen ebenfalls nicht mehr dem Gleichheitssatz genügen. Das Gesetz für sich alleine betrachtet vermag demnach noch keine umfassende Belastungsgleichheit der Steuerunterworfenen zu garantieren. Die Rechtsgleichheit ist dabei ohne die Rechtsanwendungsgleichheit nichts wert.

Die Gewährleistung der eben eingeforderten gleichmäßigen Rechtsanwendung ist dabei im operativen Betätigungsfeld der Finanzbehörden gelegen. Gelangen diese zum Ergebnis, dass Verfahrensordnungen Vorschriften beinhalten, die eine gleichmäßige Anwendung des Steuer- und Abgabenrechts erschweren oder gar verunmöglichen, so haben diese akuten Handlungsbedarf. Es obliegt dann den Finanzverwaltungsbehörden, diese Verfahrenswidrigkeiten verwaltungsintern ins Bewusstsein der dort agierenden Personen zu rücken und darauf hinzuwirken, dass die Regierung – vor einer etwaigen Aufhebung durch den Verfassungsgerichtshof – eine Gesetzesinitiative in den parlamentarischen Prozess einbringt. Eine weitere Facette zur Erzielung von mehr Bürgernähe und dadurch auch mehr Gerechtigkeit im Rahmen des Steuersystems würden einfachere, transparentere und intersubjektiv nachvollziehbare Steuergesetze bieten.

22 Das Arbeitsrecht – die Kompensation von Machtungleichgewichten in der Arbeitswelt

22.1 Über das Wesen des Arbeitsrechts

Als Arbeitsrecht bezeichnet man das Sonderprivatrecht der unselbständigen Erwerbstätigkeiten, also der Arbeitnehmer, die ihre Arbeitstätigkeit in persönlicher und de facto auch in wirtschaftlicher Abhängigkeit zum jeweiligen Arbeitgeber zu verrichten haben. Das zentrale Rechtsinstitut des Arbeitsrechts ist dabei der Arbeitsvertrag und die sich daraus ergebenden Konsequenzen. Wiewohl das Arbeitsrecht zu den Sonderprivatrechten gezählt wird, und in den juristischen Curricula zumeist auch in den privatrechtlichen Abschnitten gelehrt wird, so weist es dennoch starke Interdependenzen und Tangenten zum öffentlichen Recht auf. Dieser öffentlich-rechtliche Einschlag offenbart sich vor allen Dingen in zahlreichen Arbeitnehmerschutzbestimmungen.

Alle Normen des Arbeitsrechts verfolgen allesamt einen ähnlichen Zweck: Den Schutz des einzelnen Arbeitnehmers vor der Gefahr des Missbrauchs der existenten ökonomischen Macht seines Arbeitgebers, die in der Realität der Arbeitswelt gar nicht vorhanden sein muss. Der gesamte Rechtsbestand arbeitsrechtlicher Normen ist dabei vom Prinzip des Arbeitnehmerschutzes durchzogen.

22.2 Die Rechtsquellen des Arbeitsrechts

22.2.1 Die Unterscheidung von Individual- und Kollektivarbeitsrecht

Das Arbeitsrecht hat dabei verschiedenste Möglichkeiten gewählt, dem Schutz der einzelnen Arbeitnehmer zum Durchbruch zu verhelfen. Dabei vermochte sich eine allgemeine Systematik des Arbeitsrechts durchzusetzen, nämlich dessen Einteilung in Individual- und Kollektivarbeitsrecht.

Das Individualarbeitsrecht beschäftigt sich dabei mit den eigentlichen Rechtsbeziehungen zwischen den Arbeitnehmern und dem Arbeitgeber wie auch mit einzelnen den Arbeitgebern auferlegten staatlichen Schutzverpflichtungen. Das Hauptaugenmerk des Individualarbeitsrechts liegt dabei im Arbeitsvertragsrecht, das durch zahlreiche relativ zwingende Gesetzesregeln gekennzeichnet ist, deren primäres Anliegen es darstellt, die Privatautonomie des Arbeitgebers zugunsten des Arbeitnehmers einzuschränken. Dabei geht es um die Statuierung von Mindestleistungen des Arbeitgebers und Höchstleistungen des Arbeitnehmers.

Die zweite Säule des Individualarbeitsrechts ist das sog. Arbeitnehmerschutzrecht, eine Gesetzesmaterie, die dem öffentlichen Recht zuzuordnen ist. Missstände bei der Verrichtung der Arbeitstätigkeit sind von derartigem öffentlichen Interesse, dass diese von den Verwaltungsbehörden (Arbeitsinspektorat) einer peniblen Prüfung unterzogen werden.

Zum Arbeitnehmerschutzrecht gehören Regelungen zum Kinder- und Jugendschutz, der Schutz von werdenden Müttern, Schutz vor einer massiven Überschreitung der Arbeitszeit sowie der Schutz vor gefährlichen Anlagen und Maschinen.

22.2.2 Charakteristik und Stufenbau der Arbeitsrechtsordnung

Die basale Grundlage des Arbeitsrechtes liegt im allgemeinen Zivilrecht begründet. So sah beispielsweise auch das Allgemeine Bürgerliche Gesetzbuch von 1811 einen eigenen Abschnitt über den Dienstvertrag vor. Die Regelungen des ABGB über den Dienstvertrag sind heutzutage nahezu bedeutungslos geworden, da sie aufgrund der zahllosen gesetzlichen Spezialmaterien nur subsidiäre Geltung besitzen. Das österreichische Arbeitsrecht umfasst aktuell mehr als 100 Einzelgesetze. Bemühungen, das Arbeitsrecht in wenigen Gesetzen zusammenzufassen und somit eine eigenständige Arbeitsrechtskodifizierung zu erzielen, sind gescheitert. Lediglich im Bereich des überbetrieblichen und betrieblichen Kollektivarbeitsrechts konnte mit der Erlassung des Arbeitsverfassungsgesetzes (ArbVG) im Jahr 1973 ein kodifizieller Meilenstein gesetzt werden.

Das Arbeitsrecht ist eine kompilatorische Zusammenstellung zahlreicher besonderer Gesetze, die teilweise zwingenden obligatorischen Charakter haben, das heißt, von denen durch einen Vertrag nicht abgewichen werden kann (z.B. das eben erwähnte Arbeitsverfassungsgesetz), oder halbzwingende Gesetzesbestimmungen (wie sie zum Beispiel das Angestelltengesetz [AngG] vorsieht), von denen nur zum Vorteil der einzelnen Arbeitnehmer abgewichen werden kann.

Diese Regelungen befassen sich zum Teil mit bestimmten Arbeitnehmergruppen (AngG, JournG) bzw. mit einzelnen arbeitsrechtlichen Problemstellungen (UrlG, ASchG).

Bei nicht zwingenden Gesetzen können auch Abweichungen zulasten des Arbeitnehmers getroffen werden. Um dies grundsätzlich zu verhindern, ist in einigen Gesetzen vorgesehen, dass diese nur durch kollektivvertragliche Bestimmungen abgeändert werden können. All diese Gesetzesbestimmungen werden wiederum von öffentlich-rechtlichen Bestimmungen (z.B. das Mutterschutzgesetz [MuttSchG] tangiert, die vor allen Dingen Regelungen zum Arbeitnehmerschutz zum Inhalt haben.

Im Bereich des Arbeitsrechts kommt auch der Rechtsprechung besonders hohe Bedeutung zu, da trotz der Vielzahl an gesetzlichen Regelungen viele Teilprobleme vom Gesetzgeber nicht explizit geregelt worden sind.

22.2.3 Kollektivverträge als ein Garant des sozialen Friedens

Kollektivverträge werden zwischen Arbeitnehmer- (das sind in der Regel Gewerkschaften sowie Kammer für Arbeiter und Angestellte [AK]) sowie Arbeitgebervertretern (das ist in der Regel die Wirtschaftskammer) abgeschlossen. Kollektivverträge enthalten eine Vielzahl an Bestimmungen (etwa über Mindestlohntarife, Sonderzahlungen, Arbeitszeiten, Überstundenzulage, Kündigungsfristen usw.), die die gegenseitigen aus einem Arbeitsverhältnis resultierenden Rechte und Pflichten sowohl der Arbeitgeber als auch der Arbeitnehmer regeln. Sie normieren aber auch das Verhältnis zwischen den Kollektivvertragsparteien sowie Sondermaterien, wie etwa Sozialpläne, die dann notwendig werden, wenn ein größerer Betrieb seine Produktion einstellen muss.

Kollektivverträge erstrecken ihre rechtliche Wirkung über alle branchenspezifischen Arbeitsverträge und sind in ihrem Geltungsbereich unmittelbar für den einzelnen Arbeitsvertrag rechtsverbindlich. Abänderungen, die Verschlechterungen von kollektivvertraglichen Bestimmungen vorsehen, sind grundsätzlich unzulässig. Inhalte des Kollektivvertrages besitzen zugunsten des Arbeitnehmers eine einseitig zwingende Wirkung und können durch den Arbeitsvertrag weder aufgehoben noch in irgendeiner Weise beschränkt werden.

Kollektivverträge nehmen somit eine zentrale Stellung in der Rechtsordnung ein, gleichwohl sie keine Gesetze im engeren Sinne darstellen. Durch die Kollektivvertragspartner kommt es zur Ausverhandlung von branchenspezifischen Arbeitsbedingungen, ohne dass dem Staat hierbei eine Einflusssphäre zuerkannt wird. Zum Schutz des einzelnen Arbeitnehmers werden nicht unterschreitbare Mindeststandards bezüglich Arbeitsbedingungen und der Entgeltzahlung normiert. Solange dem Kollektivvertrag Rechtsgültigkeit zukommt, d.h., von keiner der Vertragsparteien gekündigt worden ist, gilt die Verpflichtung, keine Arbeitskampfmaßnahmen zu setzen. Für die Praxis erweist sich der Kollektivvertrag ebenfalls als nicht zu unterschätzende Erleichterung. Arbeitgeber und Arbeitnehmer müssen nicht bei jedem individuellen Arbeitsvertrag langwierig die Arbeitsbedingungen ausverhandeln, sondern können diesen die Bestimmungen des Kollektivvertrags zugrunde legen. Somit werden auch die Kosten für neue Mitarbeiter leichter vorhersehbar und kalkulierbar. Zu guter Letzt erweist sich der Kollektivvertag noch flexibler, wenn es gilt, einzelne neue Gestaltungsmöglichkeiten in der sich schnell ändernden Arbeitswelt auszutesten.

In den Kollektivverträgen manifestiert sich in paradigmatischer Weise der eigentliche Zweck des Arbeitsrechts, nämlich die Überwindung der wirtschaftlichen Ungleichgewichtssituation, welche zwischen den Arbeitgebern und Arbeitnehmern typischerweise existiert. Durch die politische, gesellschaftliche und vor allen Dingen rechtliche Akzeptanz dieser unmittelbaren Wirkung der Kollektivverträge wird zum Frieden sowie zu einer Nivellierung von materiellen Ungleichgewichten entscheidend beigetragen.

22.2.4 Betriebsvereinbarungen als Grundlage der Betriebsorganisation

Betriebsvereinbarungen sind schriftlich festzuhaltende Verträge, welche zwischen dem Betriebsinhaber und der Belegschaft, die zumeist durch einen Betriebsrat vertreten wird, ausbedungen und abgeschlossen werden. Betriebsvereinbarungen fungieren – in Analogie zu den Kollektivverträgen – zum innerbetrieblichen Ausgleich gegensätzlicher Arbeitnehmer- und Arbeitgeberinteressen und sind damit das wohl wichtigste Element der Mitbestimmung der Belegschaft vor allen Dingen in sozialen Belangen.

Je nach Thematik können Betriebsvereinbarungen zwingend sein oder von den Betriebsvereinbarungsparteien freiwillig abgeschlossen werden. Ähnlich wie beim Kollektivvertrag darf von den Inhalten der Betriebsvereinbarung in individuellen Arbeitsverträgen nicht zu Lasten des Arbeitnehmers abgewichen werden. Sie sind daher dazu angetan, die Inhalte eines konkreten Arbeitsvertrages verbindlich gestalten zu können.

Inhalte von Betriebsvereinbarungen werden zum Teil durch Gesetz und zum anderen Teil durch Kollektivvertrag bestimmt. Typische Inhalte von Betriebsvereinbarungen sind betriebsorganisatorische Fragen, wie Beginn und Ende der Arbeitszeit, Betriebsurlaube sowie Grundsätze des Urlaubsverbrauchs. Weitere typische Inhalte von Betriebsvereinbarungen sind zum Beispiel Angelegenheiten, die die Persönlichkeitssphäre der einzelnen Arbeitnehmer tangieren können. Dies sind beispielsweise Zeiterfassungsgeräte oder Systeme von Personalbeurteilungen. Weitere Inhalte berühren die formellen Arbeitsbedingungen der Belegschaft, wie die Verhaltensvorschriften im Betrieb, den Zeitpunkt von Entgeltzahlungen, Zulagen sowie Schulungs- und Wohlfahrtseinrichtungen.

22.2.5 Rechte und Pflichten aus dem Arbeitsvertrag

Ein Arbeitsvertrag legt gegenseitige Rechte und Pflichten in einem Arbeitsverhältnis fest. Er kann dabei auf bestimmte und auf unbestimmte Zeit abgeschlossen werden. Er kommt – wie auch alle anderen Verträge – durch die Willensübereinkunft beider Vertragsparteien zustande und kann schriftlich, aber auch mündlich fixiert werden.

Innerhalb des Rechtsinstitutes des Arbeitsvertrages verpflichtet sich der einzelne Arbeitnehmer zur persönlichen Erbringung der Arbeitsleistung für den Arbeitgeber und zwar unter dessen Leitung, unter Verwendung dessen Arbeitsmittel sowie auf dessen Rechnung. Besonderes Merkmal des Arbeitsverhältnisses ist die persönliche Abhängigkeit des Arbeitnehmers, der bei der Erbringung seiner Arbeitsleistung dem Arbeitgeber weisungsunterworfen ist. Aus diesem durch den Arbeitsvertrag konstituierten Arbeitsverhältnis ergeben sich diverse Rechte, aber auch Pflichten, sowohl für den Arbeitgeber als auch für den Arbeitnehmer. Diese Pflichten sind teilweise so stark dimensioniert, dass man diese nicht zu bloßen Nebenpflichten degradieren darf. Diese Pflichten stehen dabei nicht in einem strengen Verhältnis der

Äquivalenz, sondern hängen ganz zentral vom jeweilig konkreten Arbeitsverhältnis ab. Generell lässt sich jedoch sagen, dass sowohl in Gesetzgebung als auch in Judikatur die Pflichten des Arbeitgebers umfassender als die Pflichten des Arbeitnehmers Behandlung finden.

Die wichtigste Verpflichtung des Arbeitgebers ist die Entgeltzahlungspflicht. Zum Entgelt ist in diesem Zusammenhang all das zu nennen, was der Arbeitnehmer als Gegenleistung für seine Arbeitskraft erhält. Neben dem laufenden Entgelt zählen dazu auch die Bezahlung der Überstunden sowie die Sonderzulagen. Darüber hinaus hat der Arbeitgeber die Pflicht, das Entgelt auch dann zu bezahlen, wenn der Arbeitnehmer seine Arbeitspflicht (etwa durch Krankheit) gar nicht erbringen kann. Als zweite wesentliche Pflicht trifft den Arbeitgeber eine Fürsorgepflicht im Hinblick auf seine Arbeitnehmer. So hat der Arbeitgeber all jene Maßnahmen zu setzen, die notwendig sind, dass dem Arbeitnehmer bei der Verrichtung seiner Arbeitstätigkeit kein Schaden an schutzwürdigen Rechtsgütern, wie beispielsweise der körperlichen Integrität, der Gesundheit, sonstigen Persönlichkeitsrechten (etwa durch Mobbing) oder dem Eigentum der Arbeitnehmer, entsteht. Zur Fürsorgepflicht der Arbeitgeber zählt auch die vollständige Umsetzung von Arbeitnehmerschutzmaßnahmen. Der Arbeitgeber muss darüber hinaus aus der Gehilfenhaftung auch für deliktische Handlungen einstehen, bei denen anderen Personen ein Schaden entstanden ist.

Als wesentlichste Pflicht trifft den Arbeitnehmer die Verpflichtung, seine Arbeit arbeitsvertragskonform zu verrichten. Dabei schuldet der Arbeitgeber ein sorgfältiges Bemühen, wiewohl er nicht für den Erfolg seiner Arbeitsleistung haftet. Prinzipiell wird der Arbeitnehmer für die bloße Arbeitsbereitschaft entlohnt. Er ist aber dazu angehalten, Weisungen des Dienstgebers zu befolgen. Der Arbeitnehmer ist dem Arbeitgeber auch zur Treue verpflichtet. Er hat dabei all jene Handlungen zu unterlassen, die die schutzwürdigen Arbeitgeberinteressen beeinträchtigen könnten. Die Treuepflicht des Arbeitnehmers findet darin ihre Begründung, dass er in der Sphäre des Arbeitgebers seine Tätigkeit verrichtet und dadurch auch Einblicke und Erkenntnisse erhält, die den Arbeitgeber schützenswert erscheinen lassen. Zur Treuepflicht ist daher auch die Verschwiegenheitspflicht zu zählen, d.h. die Geheimhaltung von Betriebsgeheimnissen.

23 Das Unternehmensrecht – das alte Recht der Kaufleute vor den neuen Herausforderungen der Globalisierung

23.1 Das Unternehmensrecht – das Sonderprivatrecht für Unternehmer

Das Unternehmensrecht gilt als das Sonderprivatrecht der Unternehmer. Die zentrale Rechtsquelle im Unternehmensrecht stellt in Österreich das Unternehmensgesetzbuch (UGB) dar, das im Jahr 2006 mit der Handelsrechtsreform 2005 aus dem altbekannten Handelsgesetzbuch (HGB) hervorgegangen ist. Materielle Grundlage dieses Handelsgesetzbuches war das deutsche Handelsgesetzbuch, welches ab 1939 auch in Österreich aus den bekannten historischen Begebenheiten in Rechtsgeltung gesetzt worden ist. Der Grund für die Novellierung war die begriffliche Enge des Kaufmanns im Handelsrecht, die systematisch nicht mit zahlreichen neuen Sondergesetzen harmonierte.

Trotz seiner besonderen Ausrichtung auf die Welt der Unternehmer ist das Unternehmensrecht nach wie vor fest im allgemeinen Privatrecht verwurzelt. So gelten auch im Unternehmensrecht die gesetzlichen Grundlagen des allgemeinen Schuldrechts oder des Sachenrechts, die auch in der modernen Unternehmerwelt noch immer fundamentale Bedeutung haben.

Neben dem allgemeinen Zivilrecht (ABGB) und dem Unternehmensgesetzbuch (UGB) war auch dem Unternehmensrecht – im Übrigen eine nochmalige Parallele zum Arbeitsrecht – keine gebündelte Kodifikation beschieden. So werden wesentliche Teile des Unternehmensrechts, wie das Gesellschaftsrecht oder das Firmenbuchrecht, nur ganz peripher im UGB behandelt. Andere wesentliche Teile des Unternehmensrechts, wie zum Beispiel das Wettbewerbs- oder das Immaterialgüterrecht, finden keinerlei Beachtung im Rahmen des UGB.

In Analogie zum eben im Kapitel „Das Arbeitsrecht – die Kompensation von Machtungleichgewichten in der Arbeitswelt“ behandelten Arbeitsrecht darf die Bezeichnung als Sonderprivatrecht nicht darüber hinwegtäuschen, dass auch das Unternehmensrecht vom öffentlichen Recht mitgestaltet wird. Beispiele hierfür sind etwa das Firmenbuchrecht oder diverse Aufsichtsrechte im Bereich der Finanzdienstleistungen (v.a. Banken- und Versicherungsaufsicht).

23.2 Ziel- und Zweckbestimmung des Unternehmensrechts

Die Notwendigkeit eines eigenen Rechtsinstitutes des Unternehmensrechts ist auch deshalb zielführend, weil im Rahmen unternehmerischer Tätigkeiten ein höheres Maß an Professionalität vorherrscht, was wiederum die Schutzbedürftigkeit des Vertragspartners durch Gesetze nicht so vordergründig wichtig erscheinen lässt. Spezielle Bestimmungen für Unternehmen lösten sich aufgrund der besonderen Bedürfnisse des professionellen und unternehmerischen Wirkens in einem relativ frühen Stadium aus dem allgemeinen Privatrecht heraus. Das Unternehmensrecht beschäftigt sich demnach mit speziellen Ordnungsfragen der unternehmerischen Tätigkeiten.

Charakteristisch für die Regelungsbedürfnisse des Unternehmensrechts sind diverse Formerleichterungen des unternehmerischen Geschäftsverkehrs, die die Schnelligkeit des Geschäftsverkehrs fördern oder zumindest nicht behindern sollten. Daneben werden im Unternehmensrecht auch Fragen der Organisation und des unternehmensrechtlichen Schutzes behandelt.

So legt das Unternehmensrecht beispielsweise auch besonderen Wert auf die Publizität unternehmerischen Wirkens, die etwa durch das Firmenbuch gewährleistet wird. Unternehmer finden im Wettbewerbs- und Patentrecht Schutz ihrer immateriellen Güter (Patente, Muster usw.).

Im Folgenden werden in gebotener Kürze Wesen und Funktion von fünf Teilbereichen des Unternehmensrechts andiskutiert.

23.3 Ausgewählte Teilgebiete des Unternehmensrechts

23.3.1 Die Publizität unternehmerischen Handelns

Das Unternehmensgesetzbuch gebietet den Unternehmern die Einhaltung bestimmter Publizitätserfordernisse. Jeder soll erkennen, wer zum Kreis der Unternehmer zu zählen ist und wer andererseits nicht. Unternehmer haben sich zu diesem Zwecke in einem eigenen Register, dem Firmenbuch, einzutragen. Im Firmenbuch wird insbesondere die Firma, also die Unternehmensbezeichnung, vermerkt. Durch den Firmenwortlaut soll zum einen die Rechtsform des Unternehmens klar zum Ausdruck kommen und andererseits der Unternehmensgegenstand.

23.3.2 Das Gesellschaftsrecht

Aufgrund der vielfältigen Gestaltungsmöglichkeiten in der Rechtsformwahl kommt dem Teilgebiet des Gesellschaftsrechts innerhalb des Unternehmensrechts besonders große Bedeutung zu. Dabei muss konstatiert werden, dass die äußerst allgemein gehaltenen Regelungen des ABGB nicht mehr den Bedürfnissen des heutigen schnelllebigen und komplexen Wirtschaftslebens genügen. Da der Ruf vor allen Dingen von sehr großen Unternehmen nach neuen, effizienteren Organisations- und Rechtsformen mit der Zeit immer lauter wurde, konnte sich außerhalb der Struktur des Allgemeinen Bürgerlichen Gesetzbuches das eigenständige Rechtsinstitut des Gesellschaftsrechts etablieren. Die möglichen Rechtsformen des Gesellschaftsrechts lassen sich diesbezüglich in zwei große Gruppen von Rechtsformen differenzieren.

Zu den Personengesellschaften zählen etwa die offene Handelsgesellschaft und die Kommanditgesellschaft, die in sich wiederum mannigfache Erscheinungsformen einnehmen können. Wesentliches Merkmal von Personengesellschaften ist die persönliche Haftbarkeit aller Gesellschafter mit ihrem Privatvermögen (mit Ausnahme des Kommanditisten, der nur beschränkt haftet). Im Gegenzug sind jedoch auch alle Gesellschafter geschäftsführungs- und auch vertretungsbefugt.

Die andere große Gruppe von möglichen Rechtsformen bilden die Kapitalgesellschaften, deren wichtigste Erscheinungsformen im Wirtschaftsalltag die Aktiengesellschaft sowie die Gesellschaft mit beschränkter Haftung sind. Es handelt sich dabei bei den Kapitalgesellschaften um juristische Personen. Nicht jeder an einer Kapitalgesellschaft beteiligte Gesellschafter ist gleichzeitig auch Organ der jeweiligen Kapitalgesellschaft. In der Praxis ist es daher auch durchaus üblich, dass auch Nichtgesellschafter zu Organen der Kapitalgesellschaft berufen werden. Die Form der Aktiengesellschaft ist für große Unternehmungen gedacht, die sich über die Emission von Aktien am Kapitalmarkt finanzieren können sollen. Gesellschaften mit beschränkter Haftung findet man dahingegen in mittelständischen Unternehmungen. Auch bei der Gesellschaft mit beschränkter Haftung haften die Gesellschafter nicht mit ihrem Privatvermögen, sondern mit ihrer Gesellschaftseinlage.

23.3.3 Das Recht zur Vertretung in unternehmerischen Belangen

Das sehr förmlich gehaltene Vertretungsrecht des allgemeinen Zivilrechts kommt den herausfordernden Bedürfnissen des unternehmerischen Alltags nicht hinreichend nach. Das Unternehmensrecht schuf deshalb vertretungsrechtliche Instrumentarien. So sind im Gesetz etwa die Vertretungsverhältnisse für Kapital- und Personengesellschaften detailliert geregelt. Auch gibt es die Möglichkeit der unbeschränkten Vertretungsmacht der Prokura sowie der beschränkten Handlungsvollmacht.

23.3.4 Zur Pflicht der Rechnungslegung

Wer ein Unternehmen betreibt, hat den Überblick über eine Vielzahl von Geschäften und Geschäftsvorgängen zu bewahren. Er ist darüber hinaus verpflichtet – vor allen Dingen seinen Gesellschaftern, Arbeitnehmern, Lieferanten, Kunden, Gläubigern –, über die Gebarung der Geschäfte sowie seine Finanz- und Vermögenslage Auskünfte zu erteilen. Da diese Gruppen von der wirtschaftlichen Entwicklung des Unternehmens mehr oder weniger stark beeinflusst werden, selbst jedoch nur wenige Informationen über das Unternehmen haben, soll die Rechnungslegung dieses Informationsungleichgewicht teilweise kompensieren. Der Unternehmer hat deshalb nach den Grundsätzen ordnungsgemäßer Buchführung Bilanzen und eine Gewinn- und Verlustrechnung aufzustellen. Die dabei zu beachtenden Rechtsvorschriften werden Rechnungslegungsrecht genannt.

23.3.5 Das Wettbewerbs- und Immaterialgüterrecht

Der Telos des Wettbewerbs-und Immaterialgüterrechts liegt im Grundgedanken, dass auch Unternehmer vor rechtswidrigen und missbilligenden Eingriffen in ihre Unternehmenssphäre beschützt werden sollten.

So sollen Unternehmer beispielsweise davor geschützt werden, dass sich Konkurrenten unlauterer Methoden bedienen. Das Akquirieren neuer Kunden und der Kampf um neue Marktanteile soll mit fairen und sachlichen Instrumenten betrieben werden. Unfaire Wettbewerbsmethoden gefährden nicht nur den freien und fairen Wettbewerb, sondern können auch makroökonomische Auswirkungen auf das ganze System des Leistungswettbewerbs (etwa durch angestrebte Monopolbildungen) zeitigen. Dies gefährdet dann nicht nur die Existenz möglicher Mitbewerber, sondern kann sich letztlich auch für den Kunden negativ auswirken. Um den vielfältigen Möglichkeiten des unlauteren Wettbewerbs effizient begegnen zu können, wurde sogar mit dem Bundesgesetz zum unlauteren Wettbewerb ein eigenes Gesetz (UWG) erlassen, dessen § 1 Abs. 1 ein programmatisches Bekenntnis zum freien und fairen Wettbewerb enthält:

> „Wer im geschäftlichen Verkehr eine unlautere Geschäftspraktik oder sonstige unlautere Handlung anwendet, die geeignet ist, den Wettbewerb zum Nachteil von Unternehmen nicht nur unerheblich zu beeinflussen, […] kann auf Unterlassung und bei Verschulden auf Schadenersatz in Anspruch genommen werden."

Zum Wettbewerbsrecht zählt das Kartellrecht, dem ebenso ein hohes makroökonomisches Interesse innewohnt. Durch das Kartellrecht sollen wettbewerbsbeschränkende Abreden und somit eine Kartellbildung verhindert werden, um einen gesunden Wettbewerb zu ermöglichen. Zugleich soll durch das Kartellrecht verhindert werden, dass marktbeherrschende Unternehmen ihre Marktposition missbrauchen und dadurch die Wettbewerbsbedingungen massiv beeinflussen. Im Bereich des Kartellrechts gibt es mit der Fusionskontrolle eine Vorabüberprüfungsmöglichkeit der staatliche Behörden.

Das Immaterialgüterrecht schließlich soll das geistige Eigentum, das durch innovative unternehmerische Forschungsarbeit entstanden ist, vor der unrechtmäßigen Nutzung durch andere schützen. Das Immaterialgüterrecht weist den Berichtigten ausschließliche Nutzungsrechte zu. Zum

Immaterialgüterrecht sind etwa Marken-, Muster-, Patent- oder auch das Urheberrecht zu zählen.

24 Das Völkerrecht – das Recht der Staaten und internationalen Organisationen

24.1 Das Wesen des Völkerrechts

Als Völkerrecht bezeichnet man die Summe all jener Rechtsnormen, die Beziehungen der souveränen Völkerrechtssubjekte untereinander regeln und nicht dem inneren Recht eines der innerhalb des Völkerrechts agierenden Akteure angehören. Als souverän bezeichnet man dabei Staaten, die in ihren Beziehungen zu anderen Staaten keinem fremden Willen und keiner anderen Rechtsordnung als dem Völkerrecht unterworfen sind. Ein ganz wesentliches und sicherlich das charakteristische Merkmal des Völkerrechts ist das Fehlen einer verbindlichen Autorität. Eine zentrale Instanz, die für alle verbindliche Normen zu setzen vermag, gibt es innerhalb des Völkerrechts nicht. Das Völkerrecht ist daher ganz entscheidend auf zwischenstaatliche Konsens- bzw. Kompromissbereitschaft der Staatengemeinschaft angewiesen. Deswegen wird dem Völkerrecht oftmalig auch das Charakteristikum eines Koordinationsrechts verliehen.

Das Völkerrecht regelt nicht nur das Verhältnis von souveränen Staaten untereinander. Nein, auch das Recht der internationalen Organisationen sowie die Beziehungen der Staaten zu diesen zählen nach allgemeiner Überzeugung zum Völkerrecht. Das Völkerrecht kennt aber auch Rechtsnormen, die unmittelbar an Einzelpersonen adressiert sind.

Das Völkerrecht bezeichnet man als horizontales Rechtssystem. Neben autoritativen Rechtssetzungsorganen fehlen im Völkerrecht sowohl eine obligatorische Gerichtsbarkeit (so ist der Internationale Gerichtshof in seiner Jurisdiktion von der Anerkennung der Parteien abhängig) als auch Exekutivorgane, die das Völkerrecht entsprechend durchsetzen können. Wiewohl bei allen drei Staatsgewalten nicht die gleiche obligatorische Verbindlichkeit wie innerhalb der Nationalstaaten vorherrscht, handelt es sich beim Völkerrecht um verbindliches Recht, welches auch in der Staatenpraxis so gehandhabt wird. Oft wird im Völkerrecht auch der Ausdruck „soft law“ verwendet, der den Mangel an ultimativer Verbindlichkeit und den gleichzeitigen Orientierungscharakter des Völkerrechts nochmalig betont.

Aufgrund des Fehlens einer bindenden Legislative, einer Exekutive im engsten Verständnis sowie einer obligatorischen Gerichtsbarkeit wurde des Öfteren versucht, die Qualität des Völkerrechts als eigenständige Rechtsordnung infrage zu stellen. Alleine jedoch die Auswirkungen, welche das Völkerrecht auf die innerstaatlichen Rechtsordnungen zeitigt, und der Umstand, dass unzählige Verwaltungsbeamte mit der Durchführung und Beachtung des Völkerrechts betraut sind, widerlegen die vorgebrachten Kritiken. Dem Völkerrecht ist ein System repressiv-obligatorischer Gerichtsbarkeit fremd, aber es wird aus anderen Motivationen heraus befolgt. Der Gedanke der Wechselseitigkeit sowie die Angst vor anarchen Zuständen motiviert die Staaten und die anderen Subjekte des Völkerrechts zu dessen Einhaltung. Die Völkerrechtsgemeinschaft hat diesbezüglich der Staatengemeinschaft andere Sanktionsmöglichkeiten zur Seite gestellt, falls ein Staat die allgemeinen Regeln des Völkerrechts nicht einhält. So können beispielsweise Kontoguthaben eingefroren oder die Gültigkeit bestehender Verträge suspendiert werden. Gewalt selbst darf im Völkerrecht nur im Rahmen des Selbstverteidigungsrechts angewandt werden. Des Weiteren hat der Sicherheitsrat der Vereinten Nationen die Möglichkeit, bei einer möglichen Bedrohung des Weltfriedens die dazu bereiten Staaten zur Gewaltanwendung gegenüber dem Aggressor zu ermächtigen oder gegen diesen verbindliche nichtmilitärische Sanktionen auszusprechen. Die Vielzahl der kriegerischen Auseinandersetzungen legen aber zugleich die Grenzen des völkerrechtlichen Gewaltverbots unverblümt offen.

Das Völkerrecht ist eine von den nationalen Staatsordnungen unabhängige, also selbstständige Normenordnung. Während das Unionsrecht und staatliches Recht oftmalig als einheitliche Rechtsordnung angesehen werden, existieren die Normen des Völkerrechts grundsätzlich neben den nationalstaatlichen Normen. Damit der Geltungsbereich völkerrechtlicher Normen in innerstaatliches Recht Eingang findet, bedarf es seiner Transformation, also im weitesten Sinne seiner Umwandlung in innerstaatliches Recht. Die seltensten Rechtsmaterien, wie zum Beispiel die Europäische Menschenrechtskonvention, werden dabei generell transformiert; d.h., die Völkerrechtsnorm selbst wird die Grundlage des staatlichen Vollzugshandelns. Die meisten völkerrechtlichen Bestimmungen verlangen Akte der speziellen Transformation, was wiederum eine spezielle Transformation in eine staatliche Rechtsform, wie etwa jene eines Gesetzes oder eines Vertrages, erforderlich werden lässt. Bei der speziellen Transformation bedarf es demnach einer zweifach ausgestalteten Rechtssetzung, zunächst der völkerrechtlichen Norm und danach der Erlassung einer innerstaatlichen Durchführungsbestimmung.

24.2 Eine kurzer historischer Abriss des Völkerrechts

Das abendländische Völkerrecht hat seine Geburtsstunde im Spätmittelalter. Hervorgerufen durch die Konfrontation zwischen Papst und Kaiser standen sich erstmals gleichberechtigte Staaten in kriegerischen Auseinandersetzungen gegenüber. Die ersten systematischen Auseinandersetzungen mit dem Völkerrecht stammen dabei von Hugo Grotius (1583–1642), der zum ersten Mal versuchte, die rechtlichen Beziehungen, die zwischen souveränen Staaten herrschten, zu ordnen.

In neuester Zeit traten neben den Staat als Völkerrechtssubjekt auch andere, weitere Akteure, wie internationale Organisationen, die per definitionem die staatliche Allmacht einzuschränken versuchten. Nach dem Scheitern des Völkerbundes und des Kellog-Briand-Pakts in der Zwischenkriegszeit wurde nach den Gräueltaten des 2. Weltkrieges im Jahr 1945 die Charta der Vereinten Nationen erlassen, die ihrerseits noch heutzutage nahezu alle Staaten bindet. Die internationale Dimension dieser Charta ist dabei mehr als nur vorbildhaft geblieben, wiewohl es naturgemäß immer wieder zu Rückschlägen bei der Durchsetzung ihrer Grundgedanken gekommen ist. Bei der Formulierung der UN-Charta 1945 stand primär der Erhalt der globalen Sicherheit im Fokus und nicht so sehr jene Herausforderungen (globale Armut, Kampf gegen den internationalen Terrorismus, nachteilige Konsequenzen der Globalisierung), die heutzutage die internationalen Beziehungen bestimmen.

Auf Grundlage dieser Charta erfuhr das Völkerrecht eine thematische Verbreiterung. Die Palette der völkerrechtlichen Normen reicht heute von der friedlichen Nutzung der Atomenergie bis hin zum Schutz der Artenvielfalt. Unterzeichneten im Jahr 1945 lediglich 51 Staaten die Verträge zur Gründung der Vereinten Nationen, so hat sich deren Anzahl insbesondere durch den Prozess der Dekolonisierung auf mittlerweile 193 erhöht.

Die Regeln und die Prozesse des Völkerrechts haben sich dabei nicht wesentlich verändert, da die grundlegenden Prämissen des Völkerrechts auf dem Prinzip der Gleichheit aller Staaten beruhen. Um eine Ahnung von der unglaublichen Fülle der völkerrechtlichen Normen zu geben, sei auf die umfassendste Darstellung des Völkerrechts verwiesen, die „Encyclopedia of Public International Law", die ihrerseits etwa 5.000 Druckseiten umfasst.

Aufgrund des völkerrechtlichen Einstimmigkeits- und Konsensprinzips findet das Völkerrecht aktuell nicht immer die probaten Antworten auf die an es herangetragenen Herausforderungen. Staaten verlieren in ihrer Bedeutung, andere Akteure wie die transnationalen Unternehmen oder NGOs kommen in den internationalen Beziehungen hinzu und segmentieren dadurch das Völkerrecht zusehends.

24.3 Rechtssubjekte des Völkerrechts und Völkerrechtsquellen

Unter einem Völkerrechtssubjekt versteht man in der Völkerrechtsordnung einen Träger bestimmter völkerrechtlicher Rechte und Pflichten. Zu den Völkerrechtssubjekten zählen in erster Linie und originär die Nationalstaaten. Im Laufe des 20. Jahrhunderts sind zu diesen weitere relevante Völkerrechtsakteure hinzugekommen: die internationalen Organisationen. Daneben existieren noch sog. traditionelle Völkerrechtssubjekte, wie der Heilige Stuhl oder das Internationale Komitee des Roten Kreuzes. Die Völkerrechtssubjektivität von Einzelpersonen war lange Zeit umstritten. Nach heutiger herrschender Lehre steht dem einzelnen Individuum zwar noch keine eigene Völkerrechtssubjektivität zu, doch wird seine Rechtsposition innerhalb des Rechtsinstitutes des Völkerrechts immer weiter ausgebaut. So werden im Rahmen des Ausbaus des Menschenrechtsschutzes zunehmend mehr Möglichkeiten geschaffen, sich direkt an internationale Gremien zu wenden, um dort direkt Verletzungen seiner Rechte geltend machen zu können. Aufständische, die einen Bürgerkrieg gegen etablierte Regierungen – wie zum Beispiel vor Kurzem im „Arabischen Frühling" – führen, können durch Anerkennung anderer Völkerrechtssubjekte partielle Völkerrechtssubjektivität, primär mit Wirkungen gegenüber dem Anerkennenden, verliehen bekommen. Üben Aufständische über ein gewisses Gebiet für einen längeren Zeitraum effektive Herrschaftsgewalt aus, so wird diesen zumeist der Status von beschränkter Völkerrechtssubjektivität zugesprochen.

Rechtsquellen des Völkerrechts sind zum einen einseitige völkerrechtliche Erklärungen wie zum Beispiel die Anerkennung eines Staates durch einen anderen, das bedeutungsvolle Völkergewohnheitsrecht und allgemein von den zivilisierten Nationen anerkannte Rechtsgrundsätze. Gerichtsentscheidungen des Internationalen Gerichtshofes sowie wissenschaftliche und akademische Lehrexpertisen im Bereich des Völkerrechts fungieren als sog. Hilfsquellen des Völkerrechts. Die wichtigste Quelle des Völkerrechts sind aber die völkerrechtlichen Verträge, von denen seit dem Inkrafttreten der Charta der Vereinten Nationen rund 45.000 abgeschlossen worden sind.

24.4 Internationale Strafgerichtsbarkeit als Ausdruck globaler Gerechtigkeit

Das zarte und zunächst zögerliche Erwachen der internationalen Strafgerichtsbarkeit in institutioneller Hinsicht lässt sich auf die Mitte der 1990er-Jahre zurückdatieren. Vom Sicherheitsrat der Vereinten Nationen wurde im Mai 1993 der Strafgerichtshof für Jugoslawien und im November 1994 jener für Ruanda installiert. Ersterer sollte in Jugoslawien verübte Kriegsverbrechen zum Untersuchungsgegenstand haben, während zweiterer die Völkerrechtsverbrechen in Ruanda einer allumfassenden Aufklärung zuführen sollte.

Nach allgemeiner hoher Zustimmung und breiter Zufriedenheit über diese beiden Versuchsballone der internationalen Strafgerichtsbarkeit herrschte auf internationaler Ebene ungewöhnliche Einhelligkeit. Schließlich rang man sich im Jahr 1998 zur Verabschiedung des sog. „Romstatuts“ und damit zur Installierung eines in Permanenz agierenden und operierenden Strafgerichtshofes durch. Dieser konnte schließlich nach langwierigen und zähen Verhandlungen im Juli 2002 seine Tätigkeit aufnehmen.

Mit der Einigung auf das „Romstatut“ verzichteten die Signatarstaaten auf einen Teil ihrer ureigensten nationalstaatlichen Souveränität. Die Eigenlogik des „Romstatuts“ versteht sich dabei als eine komplementäre Ergänzung zu den nationalen völkerstrafrechtlichen Normen. So ist beispielsweise im Rahmen des Statuts auch verankert, dass grundsätzlich nationalstaatliche Normen prioritär zu den Normen des Internationalen Strafgerichtshofes stehen. Das normiert eine subsidiäre Zuständigkeit des Internationalen Strafgerichtshofes, der nur bei Fehlen strafrechtlicher Bestimmungen bzw. bei deren menschenrechtswidriger oder rechtsmissbräuchlicher Anwendung zum Einsatz gelangen sollte. So wird der Gerichtshof immer dann tätig, wenn innerhalb der nationalstaatlichen Grenzen eine effektive und faire Strafverfolgung nicht mehr gewährleistet werden kann.

Die internationale strafrechtliche Verfolgung von Kriegsverbrechen zeigt die immanenten Grenzen der Möglichkeiten von Strafjustiz auf und konfrontiert diese mit großen Herausforderungen, welche zumeist aus praktischen Gegebenheiten resultieren. So macht es u.a. Schwierigkeiten, vermutete Kausalitätsketten im Rahmen eines Prozesses tatsächlich zu rekonstruieren. Auch stehen sich die Täter und die als Zeugen herangezogenen Opfer in solchen Prozessen in den seltensten Fällen kontradiktorisch gegenüber. Auch die Richtigkeit sowie die Authentizität der herangeschafften Dokumente lässt sich oft ex post nicht einwandfrei feststellen. Auch die Zeitspannen zwischen dem Tatzeitpunkt und der Anklageerhebung sowie zwischen der Anklageerhebung und der Verhandlung sind entsprechend lang und können von den Tätern bzw. deren Erfüllungsgehilfen dafür verwendet werden, die inkriminierten Hintergründe zu verschleiern.

Der Internationale Strafgerichtshof existiert und seine Existenz darf bereits als ein Meilenstein der Strafrechtshistorie zelebriert werden. Lange Zeit war nämlich ein Internationaler Strafgerichtshof nur als Theorem in den theoretischen Strafrechtsdiskursen denkbar. Wiewohl bedauerlicherweise immer noch nicht alle Völkerrechtsverbrechen durch den Internationalen Strafgerichtshof geahndet werden können, erfährt er dennoch mit zunehmender Fortdauer seines Bestehens mehr und mehr an Legitimität. Schon zum heutigen Tage bedeutet er für die Verdächtigen sowie für deren Vermögen die Setzung immanenter Schranken. Befindet man sich einmal auf der Auslieferungsliste des Internationalen Strafgerichtshofes, so ist man seiner internationalen Reputation längst verlustig geworden. Der Bewegungsradius auf internationalem Terrain erleidet dann eine erhebliche und nicht unwesentliche Restriktion. Daneben werden Vermögenswerte des Delinquenten eingefroren, was regelmäßig auch erhebliche Machteinbußen zur Folge hat.

Trotz allem ist eine vollständige Strafverfolgung durch den Internationalen Strafgerichtshof mehr als illusorisch. Der Internationale Strafgerichtshof kann vielmehr nur äußerst selektiv vorgehen. Die Hauptprämisse der Internationalen Strafgerichtsbarkeit sollte es vielmehr sein, dass man die Hauptschuldigen an Mord- und Gewalttaten exzessiven Ausmaßes – so man ihrer habhaft wird und sie von den Staaten auch an den Internationalen Strafgerichtshof ausgeliefert werden – zur Rechenschaft zieht.

Dessen ungeachtet kann die Etablierung eines Internationalen Strafgerichtshofes auf dem Gebiet des humanitären Völkerrechts als epochaler Fortschritt von historischer Dimension bezeichnet werden. Insbesondere kann zum jetzigen Zeitpunkt resümierend festgehalten werden, dass er seine generalpräventive Signalwirkung in Richtung der Haupttäter von Genoziden keinesfalls verfehlt hat. Diese evidente Funktion der Internationalen Strafgerichtsbarkeit ist vor allem für die (mediale) Außenwirksamkeit, aber auch für ihre Legitimationsansprüche von signifikanter Bedeutung. Daneben darf der durch die Internationale Strafgerichtsbarkeit generierte Eigenwert nicht vernachlässigt werden. Eine möglichst emotionsfreie, wahrheitsgetreue Rekonstruktion der in den Unrechtsregimen begangenen Gräueltaten kann, unabhängig von der strafrechtlichen Verantwortung Einzelner, helfen, den Nährboden für einen demokratischen Wiederaufbau der unter Diktaturen gelittenen habenden Gesellschaftssysteme zu bereiten.

25 Grund- und Menschenrechte – unverbrüchliche Grundlagen des menschlichen Zusammenlebens

25.1 Grundrechte als Determinanten des demokratischen Verfassungsstaates

Grundrechte stellen sich als die konstanten kodifizierten Determinanten eines demokratischen Verfassungsstaates dar. Eine staatliche Entität und die darin lebende Gemeinschaft definiert und legitimiert sich durch von Gleichheit, Freiheit und Würde geprägten fundamentalen Rechten, die in der allgemeinen Staatstheorie auch als Grund- bzw. Menschenrechte bezeichnet werden.

Ausgehend von den kontraktualistischen, nach Aufklärung trachtenden Theorien konnte sich ein universell anerkanntes und akzeptiertes Dogma entwickeln. Nur ein Staat, der Grund- und Menschenrechte akzeptiert und fördert und durch seine Verfassungsgerichtsbarkeit schützen lässt, wird à la longue von seinen Untertanen auch (Rechts-)Gehorsam entgegengebracht bekommen und darf sich zurecht das Etikett eines Rechts- und Verfassungsstaates metaphorisch auf sein Revers heften. Demokratische Verfassungsstaaten werden unter anderem auch dadurch charakterisiert, dass sie neben der allgemeinen Anerkennung von Grund- und Menschenrechten auch Verfahren bereitstellen, um diese effektiv durchsetzen zu können.

Nur eine dogmatische Rechtsanwendung der Grundrechte alleine vermag noch nicht den vollen inhaltlichen Telos der Grundrechte auch nur einigermaßen adäquat zu skizzieren. Grundrechte sind Hindernisse für das politische Handeln, denn sie beschränken dasselbe. Somit unterliegen die Grundrechte einer generellen und allgegenwärtigen Gefährdung, von verschiedenen anderen Staatsgewalten zu jeweils deren Gunsten uminterpretiert zu werden. Zum einen muss dabei die Verfassungsgerichtsbarkeit der nur allzu verlockenden Gefahr widerstehen, die Grenze der Grundrechtsjudikatur zu überschreiten, indem sie rudimentäre politische Gestaltungsaufgaben für sich reklamiert. Dennoch darf die Verfassungsgerichtsbarkeit auch nicht zum anderen Extrem tendieren, indem sie sich in übervorsichtiger Zurückhaltung übt und der Politik die inhaltliche Schrankenwirkung der Grundrechte nicht aufzeigt.

Als Grundelemente des modernen Grundrechtsverständnisses können sohin fundamentale Rechtspositionen, die Unverbrüchlichkeit sowie die Durchsetzbarkeit der Grundrechte genannt werden. Um zu diesem Grundrechtsverständnis zu gelangen, galt es allerdings, einen durchaus weiten und konfliktreichen Weg zu beschreiten. Mit den zunehmenden Kodifizierungstendenzen änderte sich auch das ursprüngliche Grundrechtsverständnis. Während das liberale Grundrechtsverständnis noch auf die Disparität zwischen herrschendem Souverän und dem in seiner Freiheitssphäre zu schützenden Individuum aufbaut, überbrückt das oben gerade eben illustrierte Grundrechtsverständnis die vorher existente Kluft zwischen Staat und Gesellschaft. Der demokratische Verfassungsstaat konstituiert sich vielmehr auf den bürgerlichen Strukturen der Gesellschaft. Der Staat ist kein opponierender Konterpart der bürgerlichen Freiheit mehr, sondern vielmehr ein Garant deren Realisierung und Durchsetzung, ohne dass dabei die ursprünglich beabsichtigte Abwehrfunktion der Grundrechte verloren gegangen wäre. Darum bilden Grund- und Menschenrechte heutzutage die basale Wertgrundlage sowie eine innere tiefere Legitimation des demokratischen Verfassungsstaates.

Daneben darf aber auch die bedeutsame Funktion der Grundrechte für den Einzelnen nicht außer Acht gelassen werden. Grund- und Menschenrechte statuieren Freiheits- und Gleichheitsräume für einzelne Individuen, aber auch für andere innerhalb einer demokratischen Verfassungsordnung agierenden gesellschaftlichen Gruppierungen. Grundrechte sind somit verfassungsgesetzlich verankerte Grundmaximen des Verfassungsstaates und verbürgen Freiheit und rechtliche Gleichheit innerhalb der staatlichen Gemeinschaft. Sie rekurrieren dabei auf die Grundrechtsideale, wie sie Ende des 18. Jahrhunderts erkämpft wurden und hernach Eingang in die Grundrechtskataloge westlicher Verfassungsstaaten gefunden haben und mit zunehmender Internationalisierung der Menschenrechtsidee auch zu einer Fixgröße der internationalen Politik avanciert sind.

25.2 Die österreichische Grundrechtsordnung

Die österreichische Grundrechtsordnung ist in ihren Rechtsquellen stark zersplittert und zum Teil auch sehr unübersichtlich. Der Grund für diese Zersplitterung liegt vor allen Dingen in den verschiedenen Rechtsquellen, die die österreichische Grundrechtsordnung zusammensetzen. So entspringen etwa große Teile noch dem Zeitalter der konstitutionellen Monarchie (dies ist vor allem das Staatsgrundgesetz von 1867).

Vergegenwärtigt man sich dabei die nüchterne, formelle Textierung der österreichischen Bundesverfassung, so entsteht auf den ersten Blick nicht der Eindruck, dass Österreich den durch die Grundrechte mediatisierten Staatsidealen entsprechen wollte. Der aus der Mitte des 19. Jahrhunderts entstammende Grundrechtskatalog des Staatsgrundgesetzes wäre demnach nicht geeignet, eine solche „Staatsfundamentalnorm" eines demokratischen Verfassungsstaates zu begründen. In einer Demokratie erweisen sich nämlich die inhaltlichen Dimensionen der Grundrechte als determinierende Orientierungsmaßstäbe gerechter Politik. Politisches Handeln, welches es sich zur Aufgabe gesetzt hat, die Grundrechte zu respektieren und aktiv zu befördern, fokussiert das Gemeinwohl des gesellschaftlichen Zusammenlebens und wird somit auch einen gesellschaftlichen Grundkonsens auf sich vereinigen können.

Erst die Erhebung der Europäischen Menschenrechtskonvention (EMRK) in den Rang eines Verfassungsgesetzes prägte auch in Österreich in entscheidender Weise sowohl in Gesetzgebung als auch innerhalb der Verfassungsjudikatur die operative Handhabung der Grundrechte. Die gelangt auch in der programmatischen Präambel der Europäischen Menschenrechtskonvention zum Ausdruck, deren bedeutsamer Inhalt im Rahmen des Verfassungsdenkens absorbiert wurde:

> „Die Unterzeichnerregierungen, Mitglieder des Europarats – in Anbetracht der Allgemeinen Erklärung der Menschenrechte, die am 10. Dezember 1948 von der Generalversammlung der Vereinten Nationen verkündet worden ist; in der Erwägung, daß diese Erklärung bezweckt, die universelle und wirksame Anerkennung und Einhaltung der in ihr aufgeführten Rechte zu gewährleisten; in der Erwägung, daß es das Ziel des Europarats ist, eine engere Verbindung zwischen seinen Mitgliedern herzustellen, und daß eines der Mittel zur Erreichung dieses Zieles die Wahrung und Fortentwicklung der Menschenrechte und

> Grundfreiheiten ist; in Bekräftigung ihres tiefen Glaubens an diese Grundfreiheiten, welche die Grundlage von Gerechtigkeit und Frieden in der Welt bilden und die am besten durch eine wahrhaft demokratische politische Ordnung sowie durch ein gemeinsames Verständnis und eine gemeinsame Achtung der diesen Grundfreiheiten zugrunde liegenden Menschenrechte gesichert werden; entschlossen, als Regierungen europäischer Staaten, die vom gleichen Geist beseelt sind und ein gemeinsames Erbe an politischen Überlieferungen, Idealen, Achtung der Freiheit und Rechtsstaatlichkeit besitzen, die ersten Schritte auf dem Weg zu einer kollektiven Garantie bestimmter in der Allgemeinen Erklärung aufgeführter Rechte zu unternehmen."

Die Präambel der Europäischen Menschenrechtskonvention illustriert paradigmatisch nochmalig die dualen Gestaltungsmaximen in grundrechtsgeprägten demokratischen Verfassungsstaaten: die Gewährleistung individueller Gleichheit, Freiheit und Würde des Menschen, die diesen zur aktiven Partizipation sowie zur gesellschaftlichen Teilhabe und Teilnahme animieren soll, auf der einen sowie die immanente Schrankenwirkung der Grundrechte für die durch die Rechtsordnung vorskizzierten Handlungsspielräume der Politik auf der anderen Seite. Selbstredend können diese beiden Grundmaximen nicht isoliert voneinander betrachtet werden, denn sie beeinflussen sich beide gegenseitig. Diese Wechselseitigkeit legt zwangsläufig auch ein evidentes Spannungsverhältnis offen, da die Grundrechte einzelner mit den nach Gemeinwohl strebenden Idealvorstellungen der Politik in Konflikt geraten können. Dennoch macht gerade dies die reizvolle Brisanz des Grundrechtsschutzes in einem demokratischen Verfassungsstaat aus.

Gerade der Minderheitenschutz wird zur Nagelprobe für das innergesellschaftliche Demokratie- und Freiheitsverständnis, denn durch die reziproke Anerkennung der Freiheitsrechte und -räume des Einzelnen innerhalb einer Rechtsgemeinschaft werden diese verbürgt und der Dispositionssphäre des politischen Agierens entzogen. Somit wird auch allgemein verständlich, warum Grundrechte als der fundamentale Legitimationsgrund von staatlichen Gemeinschaften bezeichnet werden.

25.3 Der verfassungsrechtlich verbürgte Gleichheitssatz als zentraler Garant der Verfahrensgerechtigkeit

Der verfassungsrechtlich statuierte Gleichheitssatz wirft zwangläufig auch Fragen nach dem Ideal der Gerechtigkeit auf. Die Gleichheit und der Gleichheitssatz sind dabei die fundamentalsten und notwendigsten Merkmale eines formellen Verständnisses von Gerechtigkeit. Ihre unparteiische Anwendung gilt es im Idealfall unter allen Umständen zu gewährleisten.

Der Gleichheitssatz kann dabei sicherlich als das anspruchsvollste aller Grundrechte bezeichnet werden, denn: Gleichheit teilt diesbezüglich das Schicksal der Gerechtigkeit. Beide sind mittlerweile zu rhetorischen Allgemeinplätzen der politischen Diskurse verkommen.

Die Gewährleistung und die Erzeugung rechtlicher Gleichheit, eines anzustrebenden Gleichgewichts, stellt eine zentrale und überaus bedeutungsvolle Aufgabe der Rechtsordnung dar. Schon die Personifizierung der Gerechtigkeit mit und in der römischen Göttin der Justitia, die versinnbildlicht eine Waage in ihrer Hand hält, macht durchaus deutlich bzw. lässt erahnen, dass Gerechtigkeit auch mit dem Gedanken der Gleichheit eng verwoben ist. Damit soll nicht die Verschiedenheit der Menschen geleugnet, sondern vielmehr ihre Gleichheit vor dem Recht garantiert werden. Die Freiheit vor den Gesetzen setzt dabei einen vorgelagerten denklogischen Schritt voraus; nämlich die prinzipielle und unverbrüchliche Freiheit und Gleichheit aller Menschen.

Grundrechtsträger des Gleichheitssatzes sind dabei prinzipiell nur inländische Staatsbürger und auch inländische juristische Personen. Obwohl der Gleichheitsgrundsatz durch weitere Verfassungsgesetze und internationale Abkommen eine materielle und inhaltliche Aufwertung erfahren hat, sind hierzulande gesetzliche Differenzierungen zwischen Staatsangehörigen und Nicht-Staatsangehörigen weiterhin zulässig. Der Gleichheitsgrundsatz wurde jedoch durch die Rechtsprechung auch auf die Behandlung der Fremden untereinander weiterentwickelt.

Letztlich ist die Verfassungsgerichtsbarkeit dazu aufgerufen, zu beurteilen, welches politische Handeln hic et nunc unsachgemäß oder gar willkürlich gewesen sein soll. Somit darf sowohl über die Autorität der zur Entscheidung berufenen Verfassungsgerichte als auch über die von diesen herangezogenen Verfassungsbestimmungen keinerlei Zweifel gegeben sein. Die Rechts- und Verfassungsordnung allein vermag von sich aus eigenständig diese diffizile Aufgabe nicht zu lösen, auch wenn ihr mit der Verfassungsgerichtsbarkeit ein durchaus effizientes Instrumentarium zur Seite gestellt wurde. Diese Lösungskompetenz kann der Verfassungsgerichtshof allerdings nur dann leisten, wenn ihm der Gesetzgeber durch die positiv-rechtliche Ausfüllung des Gleichheitssatzes auch probate Prüfungsmaßstäbe zur Hand gibt.

Dennoch bleibt die inhaltliche Ausgestaltung primär eine Handlungsaufgabe der Legislative und in concreto des einfachen Gesetzgebers. Dieser ist demnach dazu berufen, Kontexte so zu interpretieren, dass der Gleichheit im Rahmen der allgemeinen Gesetze zum Durchbruch verholfen werden kann. Somit war es historisch auch möglich, Diskriminierungen, wie jene der rechtlichen Benachteiligung unehelicher Kinder, die Exklusion der Frauen vom subjektiv-öffentlichen Wahlrecht sowie die Schlechterstellung von Angehörigern anderer Konfessionen, mit teils abstrusen Rechtfertigungskonstrukten zu legitimieren, die uns heutzutage als Relikte längst vergangener Zeiten erscheinen. Diese Kontextgebundenheit des Gleichheitssatzes und die damit einhergehenden Werturteile zeigen auch die Schwierigkeiten auf, allgemein gültige Aussagen über den jeweiligen Inhalt rechtlich gebotener Gleichheit zu treffen. Die angestrebte Nivellierung gesellschaftlicher Differenzen und Ungleichheiten scheint zwar eine wünschenswerte politische Zielvorstellung zu sein, stößt aber unter anderem auch deshalb auf Probleme, weil ihr eine heterogene gesellschaftliche Differentialität, eine unterschiedliche Leistungsfähigkeit und -bereitschaft sowie divergierende individuelle Fähig- und Fertigkeiten gegenüberstehen, die eben ein auf Freiheit und Gleichheit basierender Verfassungsstaat nicht ohne weiteres nivellieren darf. Dies verdeutlicht auch der hohe Anspruch, den die Realisierung des Gleichheitssatzes sowohl an die Politik als auch an das politische System stellt. Rechtliche Gleichheit lässt sich auf dem Papier relativ leicht vorskizzieren und auch verbürgen, jedoch sind damit noch keinerlei inhaltliche Kriterien der rechtlichen Gleichheit festgemacht.

Die vom Gesetz zu erzielende Gleichheit ist somit grundsätzlich nur von formaler Natur. So beschrieb etwa Ernst-Wolfgang Böckenförde die Gleichheit vor dem Gesetz folgendermaßen:

> „Das formale, für alle gleiche Recht, wie es der modernen Gesellschaft als ihre Rahmenordnung zugehört, hat aus sich die Tendenz, die von Natur oder Besitz Starken noch stärker, die von Natur oder kraft feh-

lenden Besitzes Schwachen noch schwächer zu machen. Wer ohne eigene gesellschaftliche Macht oder besonderen Schutz ist, ohnmächtig aus sich selbst, kommt in die Lage, seine rechtliche Freiheit gegenüber den Trägern gesellschaftlicher Macht nicht mehr realisieren zu können. Die Freiheit als allgemeine, grundsätzlich für jedermann realisierbar zu haltende Gleichheit, verflüchtigt sich, wird zunehmend zur leeren Form. Die soziale Ungleichheit schlägt um in soziale Unfreiheit. Darf das sein?“ (Böckenförde 1976, 338 f.)

25.4 Soziale Grundrechte als richtig verstandene Handlungsimplikationen des Staates

Die sozialen Grundrechte sind wohl die markantesten Demarkationsposten zu der bereits beschriebenen Abwehrprogrammatik des liberalen Grundrechtsverständnisses. Soziale Grundrechte fokussieren dabei in scharfer Abgrenzung zur allgemeinen Grundrechtsthematik nicht exklusiv auf Freiheit und Gleichheit, sondern basieren nebenbei noch auf einer anderen wichtigen gesellschaftspolitischen Wertvorstellung: der Solidarität. Obzwar die innerhalb eines Gemeinschaftsverbandes lebenden Menschen in unterschiedlicher Intensität auf ihr gegenseitiges kooperatives Interagieren angewiesen sind, bedarf Solidarität auch in demokratischen Verfassungsstaaten nachhaltiger Unterstützungs- und Förderungsmaßnahmen.

Als demonstrative Beispiele für soziale Grundrechte werden immer wieder das sogleich auch näher zu behandelnde „Recht auf Arbeit“ und das „Recht auf Gesundheits- und Altersvorsorge“ sowie auch andere Sozialleistungen genannt. So wünschenswert und unterstützungswürdig zunächst all diese Forderungen erscheinen, so sehr stellt sich letztendlich dennoch die Frage, wie dieser Kanon sozialer Grundrechte in realen Lebensverhältnissen durch das Medium des Rechts transformiert und wie ihm zum Durchbruch verholfen werden kann. Vor ihrem Bewährungstest stehen die sozialen Grundrechte regelmäßig bei ihrer Einklagbarkeit. Ein bloß pauschales Recht auf eine Grundversorgung lässt sich entweder gar nicht oder zumindest nur unter erschwerten Voraussetzungen einklagen. So werden die Funktion und der Kernbestand der Grundrechte heutzutage auch in einer Einrichtungs- und Bestandsgarantie gesehen, die vor wesentlichen Verschlechterungen sozialpolitischer Standards bewahren soll.

Die Ein- bzw. Nichteinklagbarkeit sozialer Grundrechte wirft eine Reihe weiterer Fragestellungen auf, die es im Rahmen von demokratischen Verfassungsstaaten zu lösen gilt. So existiert in einem föderalen Staatsgebilde zumeist mehr als nur ein Grundrechtsverpflichteter, was naturgemäß eine effiziente Rechtsdurchsetzung der sozialen Grundrechte nochmalig erschwert. Neben den Umstand der problematischen Justiziabilität tritt vor allem noch die Problematik der mangelnden Finanzierbarkeit. Soziale Grundrechte gehören wie sämtliche andere staatliche Garantien solide finanziert, weshalb auch die sozialen Grundrechte bei ihrer Realisierung dem Grundsatz der Verhältnismäßigkeit zu folgen haben.

Da die Umsetzung sozialer Grundrechte regelmäßig dem Gesetzgeber aufoktroyiert ist, erfordert dessen Fehlverhalten bzw. dessen Untätigkeit ein erhöhtes Maß an Aufmerksamkeit. Sollten bereits gesetzliche Regelungen geschaffen worden sein, die grundrechtliche Garantien in einer verfassungswidrigen Weise beschränken, so kann diese Einschränkung vom Verfassungsgerichtshof aufgehoben werden. Problematisch erweist sich hingegen die vollständige Untätigkeit des Gesetzgebers, die vom Verfassungsgerichtshof regelmäßig nicht aufgegriffen werden kann.

Insgesamt lässt sich jedoch behaupten, dass sich durch die neue Akzentuierung der sozialen Grundrechte ein weiterer politischer Akteur innerhalb des politischen Systems zu etablieren vermochte: die Zivilgesellschaft. Engagierte Bürger sind bereit, sie betreffende Angelegenheiten aktiv mitzugestalten, die zuvor nur durch den Staat und dessen Akteure exklusiv geregelt worden sind. Auch deshalb kam es zu einem umfassenden Bedeutungsgewinn der sozialen Grundrechte innerhalb des politischen Systems.

26 Das Ideal der Gerechtigkeit als integraler Bestandteil des Rechts?

26.1 Eine Annäherung an den Begriff der Gerechtigkeit

Eine ganz simple und dennoch zutreffende Auffassung sieht in der Gerechtigkeit ein oder das ideale Ziel der legislativen, exekutiven und rechtsprechenden Gewalt. Dieses Testat stößt allgemein auf hohe Zustimmung, doch ist damit bei einem zweiten, gründlicheren Blick noch nichts gewonnen. Denn es muss sich vielmehr die Frage gestellt werden: Was können adäquate Wertmaßstäbe bei der Eruierung und Präzisierung der Gerechtigkeit sein? Um nicht der Gefahr eines unendlichen, in sich tautologischen Zirkels ausgesetzt zu sein, müssen zunächst oberste normative Prinzipien und Leitmaximen gefunden werden.

Doch so pluralistisch, wie sich der Gerechtigkeitsbegriff selbst gibt, so pluralistisch und ausdifferenziert zeigen sich auch die normativen Gerechtigkeitsformeln. Sie könnten beispielsweise u.a. wie folgt formuliert werden:

- Jedem das Seine;
- Jedem das Gleiche;
- Jedem nach seiner Natur;
- Jedem gemäß seinem Rang;
- Jedem gemäß seiner Leistung;
- Jedem nach seinem Bedürfnis;
- Jedem ein Höchstmaß an Freiheit;
- Jedem gemäß dem ihm vom Gesetz Zugeteilten.

Was lässt sich nunmehr aus dieser kolportierten Vielfältigkeit ableiten? Eines kann gleich zu Beginn demonstrativ festgehalten werden: Gerechtigkeit kann nicht auf einen vorher determinierten gesellschaftlichen Grundkonsens rekurrieren. Sie muss immer wieder kontextual und situationsspezifisch neu gezirkelt und erfunden werden. So wird der Begriff der Gerechtigkeit in den politischen Kommunikationsarenen auch dazu verwendet, menschliche Handlungen und soziale Interaktionsmuster wie auch andere gesellschaftliche Ordnungsprinzipien kritisch zu durchleuchten. Gerechtigkeit zeigt sich dabei als vielschichtiges, in sich äußerst komplexes Konzept, das einmal normativ und ein anderes Mal deskriptiv gebraucht wird und das sich dabei eben durch ein hohes Maß an Kontextsensitivität auszeichnet; es erfährt somit abhängig vom jeweilig gebrauchten Kontext maßgebliche Bedeutungsänderungen.

Gerechtigkeit als allgemein anerkanntes politisches Postulat hat jedoch auch eine intrinsische Dimension. Es ist eng und untrennbar mit moralischen und politischen individuellen Attitüden und Einstellungen verknüpft. Diese Widersprüchlichkeiten in der Bedeutung des umfassenden Gerechtigkeitsbegriffs kommen in regelmäßigen Abständen in kontrovers und heftig geführten politischen Diskussionen zum Ausdruck, wenn Gerechtigkeit zwar inflationär verwendet, allerdings höchst unterschiedlich gedeutet wird. Dies führt in der Gerechtigkeitsliteratur zu der zentralen Fragestellung, ob nämlich Gerechtigkeit wenigstens auf einen Restbestand an gesellschaftlichem Konsens, einen intersubjektiv anerkannten Bedeutungskern, referenzieren kann oder mittlerweile zu einer hohlen, leeren Phrase in der politischen Rhetorik verkommen ist? Im Laufe der Theoriegeschichte finden sich auffällig viele Vertreter, die die absolute Subjektivität des Gerechtigkeitsbegriffs akzentuieren und sämtliche Definitionsannäherungsversuche schon ex ante als gescheitert deklarieren. Dies ist jedoch gleichsam unpraktikabel wie unplausibel.

Auf der anderen Seite scheinen subjektive Gerechtigkeitsurteile häufig mit einem Anspruch an Objektivität ausgestattet zu sein. Die wenigsten von uns beurteilen etwas als gerecht und relativieren diese Einschätzung mit dem Zusatz, dass dies selbstverständlich nur eine subjektive Beurteilung ist und dass jedenfalls eine andere Sicht der Dinge ebenso im Bereich des Möglichen liegt. Das Gegenteil ist oftmalig der Fall. Wenn etwas von einer Majorität der Menschen als gerecht oder ungerecht bezeichnet wird, so vertreten diese die Ansicht, dass alle anderen ebenfalls in gleicher oder zumindest in ähnlicher Weise urteilen sollten.

26.2 Formelle versus materielle Aspekte von Gerechtigkeit

Was kennzeichnet also eine Handlung als gerecht? Was ist ihr oft beschworenes Kernsubstrat? Gerechte Handlungen folgen demnach vordeterminierten Regularien, die andere Individuen auch oder auf eine ähnliche Weise hätten handeln lassen. Nach diesen Regeln soll willkürliches Verhalten nach Tunlichkeit aus den sozialen Lebensrealitäten verbannt werden. Gleiches soll auch gleich behandelt werden. Dieses gelebte Verständnis von Gleichheit wird gemeinhin als formale Gerechtigkeit bezeichnet, da sie zwar konstitutive Rahmenbedingungen vorgibt, sonst jedoch weitgehend inhaltlich im Vagen verhaftet bleibt und somit nur die formalen Grundkonditionen gerechter Handlungen vorzuskizzieren vermag.

Formale Gerechtigkeit gibt somit nur eine rudimentäre Grundarchitektur des äußeren gerechten Handelns vor, bleibt darüber hinaus aber weitergehende inhaltliche Konkretisierungen schuldig. Die konkreten inhaltlichen Regeln des zwischenmenschlichen Zusammenlebens bilden den Gegenstand, der gewöhnlich als materielle, von Zeit zu Zeit auch als materiale, Gerechtigkeit bezeichnet und beschrieben wird. Im Gegensatz zum Prinzip der formalen Gerechtigkeit bildet der Deutungsgehalt der materiellen Gerechtigkeit den Ausgangspunkt veritabler inhaltlicher Konfliktlinien. Infolgedessen eröffnet sich die Frage nach universellen Indikatoren von materieller Gerechtigkeit, welche für alle akzeptabel und annehmbar erscheinen. Nach Ansicht Kelsens ist die Suche nach allgemeingültigen Maßstäben der materiellen Gerechtigkeit aussichtslos, da hierüber schwerlich Übereinstimmung erzielt werden könne. Diese absolutistische Ansicht Kelsens mag zwar stimmen, wenn man antizipiert, dass moralische Gerechtigkeitsstandards nur dann für sich Gültigkeit reklamieren können, wenn sie überall und immer ungeteilte Zustimmung finden sollen und darüber hinaus auch noch rational begründbar sein müssen; sie verhindert jedoch auch, substantielle Gerechtigkeitsstandards entwickeln und etablieren zu können. Materielle Gerechtigkeit darf viel eher schon dort vermutet werden, wo allgemeine moralische Standards gesellschaftsübergreifend registriert werden können. Kontrastierend zu den universalistischen Tendenzen der formalen Gerechtigkeit sind die basalen Prinzipien der materiellen Gerechtigkeit nicht ohne jede Einschränkung auf sämtliche Bereiche des sozialen Daseins ausweitbar. Hier – und dies bildet die primäre Aufgabe gerechtigkeitstheoretischer Ansätze – gilt es, für die differenten Formen des sozialen Lebens jeweils valide Indikatoren der materiellen Gerechtigkeit zu ergründen.

Materielle Gerechtigkeit manifestiert sich demnach als Reflexionsfläche gesellschaftlicher Moralvorstellungen. Die Sozialmoral ist dabei aber sozialsphärenspezifisch, was wiederum bedeutet, dass sie auch veränderbar ist und etwa durch historische Faktoren beeinflusst werden kann. Dennoch besteht zumindest ein minimaler Grundkonsens moralischer Vorstellungen, die ahistorisch jedem Individuum qua seines Menschseins angeboren sind und durch unterschiedliche soziale Kontexte und Umwelten lediglich ihre Ausdifferenzierung erfahren.

Zusammenfassend können die grundlegenden Divergenzen zwischen materieller und formeller Gerechtigkeit folgendermaßen auf den Punkt gebracht werden:

> „Die formale Gerechtigkeit […] läßt völlig offen, wie die anzuwendende Gerechtigkeitsregel inhaltlich ausgestaltet ist, ist eher ein logisches Prinzip, das für die korrekte Anwendung jedweder materialer Gerechtigkeitsregel sorgt. Dagegen behandelt die materiale Gerechtigkeit den Gerechtigkeitsgehalt von Rechtsregeln und nicht den logischen Aspekt." (Waldner 1991, 19)

26.3 Recht und Gerechtigkeit – Voraussetzung oder Widerspruch?

Gerechtigkeit gilt in seiner allgemeinen Lesart als die zentrale Leitprämisse für die Konzeptionierung von Recht und Gesetz schlechthin. Wer sich in seinem Tun, seinem Handeln, seinen Denkweisen auf die von Niklas Luhmann solcherart titulierte „Norm der Normen" berufen kann, der darf sogar das positive Recht selbst mit kritischen Worten zerpflücken und für sich Richtig- und Rechtmäßigkeit seines Handelns reklamieren. Mit sukzessivem Bedeutungsverlust sozialer Utopien, staatstragender Ideologien sowie visionärer Leitbilder blieb zu guter Letzt die Gerechtigkeit einer der wenigen konstanten legislativen Parameter.

Folgt man dieser Argumentationslogik, erkennt man eine weitere, noch wichtigere Aufgabe der Gerechtigkeit: Sie legitimiert letztendlich das Recht und somit indirekt auch den Staat selbst. Geht man bei der dialektischen Betrachtung von Recht und Gerechtigkeit zu den Anfängen der Rechtssetzung zurück, so lässt sich dabei konstatieren, dass die Gerechtigkeit ebenso alt ist wie das Recht selbst. Die Gerechtigkeit setzt dabei Schranken, indem sie die Gesellschaft vor rechtskonformem, jedoch den Prämissen der Gerechtigkeit widerstrebendem staatlichen Handeln bewahren möchte.

Kann Recht aber jemals dem hohen Anforderungsprofil der Gerechtigkeit vollständig Genüge leisten? Selbst wenn man im demokratischen Verfassungsstaat bei der Beantwortung dieser Frage intuitiv zu einer bejahenden Antwort tendieren würde, so folgt daraus zwangsläufig die nächste, freilich erheblich schwieriger zu beantwortende Frage nach dem konkreten Aussehen von gerechtem Recht. Man muss demzufolge dem Recht die Chance und den Gehalt einer gewissen Moralität zugestehen, um Debatten über die Bedeutung von gerechtem Recht ernsthaft in Angriff nehmen zu können. Gerechtigkeit als Teilmenge der Moral verhält sich analog wie das Rechtssystem als Teilmenge der Gesellschaft. Sie sind über weite Strecken deckungsgleich, aber dennoch nicht vollkommen identisch. Diese dann in weiterer Folge noch eingehender zu definierende Moralität des Rechts wird in der rechtstheoretischen Tradition auch häufig mit „praktischer Vernunft" umschrieben. Diese bedeutet nichts anderes als ein fundiertes Antworten auf solche Fragen, die auf die Richtigkeit von Handlungsimplikationen abzielen.

Denkt man also über das spannungsgeladene Verhältnis von Recht und Gerechtigkeit nach, so kann auch auf eine wichtige sprachwissenschaftliche Differenzierung hingewiesen werden. Moralische Forderungen, die zwischenmenschliche Rechte und Pflichten begründen sollen, lassen sich idealtypisch in zwei größere Begriffsgruppen untergliedern: zum einen in die Gruppe des Rechten, das mit den Attributen „recht", „unrecht", „das Rechte" oder „das Unrechte" assoziiert wird, und zum anderen in die Gruppe der Gerechtigkeit, die eng mit den Beifügungen „gerecht", „ungerecht", „Gerechtigkeit" oder „Ungerechtigkeit" konnotiert ist. Fragt man nunmehr nach einer Rangordnung zwischen den beiden Gruppen, so lässt sich erkennen, dass der Begriff des Rechts – qua seiner allgemein gehaltenen Natur – als Oberbegrifflichkeit fungiert, währenddessen Gerechtigkeit als ein spezieller Unterbegriff gedeutet werden kann. So kann ein Sachverhalt, der als gerecht erachtet wird, auch in gleichem Atemzug recht genannt werden.

Abgesehen also von rechtspositivistischen Extrempositionen, die einen begriffsnotwendigen Zusammenhang zwischen Recht und Moral strikt negieren, postulieren alle anderen normativen Gerechtigkeitstheorien zumindest einen moralischen Grundgehalt des Rechts. Ohne ein Anzeichen von Moral entbehrt nämlich das Recht gänzlich seiner Natur. Bejaht man sohin einen Mindestgehalt von Moral als integralen Bestandteil der Gesetze, so legt dieser Umstand auch notwendigerweise Handlungsimplikationen für den Gesetzgeber nahe. Gerechtigkeitsvorstellungen in das positive Recht zu transformieren, erweist sich dabei keineswegs als unproblematisch, da rasch die Grenzen der Kodifikationsmethodik erreicht sein können. Dennoch lassen sich auch im Rahmen des positiven Rechts durchaus Elemente kodifizierter Gerechtigkeit erkennen. Hervorgehoben kann an dieser Stelle der Gleichheitssatz werden, dem zumindest ein immanenter Grundgehalt von Gerechtigkeit keineswegs fremd erscheint. Solche Erwägungen lassen sich aber auch in anderen Grundrechten mit Prinzipiencharakter und sogar in einfachen Gesetzesmaterien finden. Blickt man auf die ereignisreiche Zeit der allgemeinen Kodifikationsgeschichte zurück, so legt man nicht selten deren gerechtigkeitsindizierten, naturrechtlichen Wesensgehalt offen.

Rechtsnormen sind also, allgemein und abstrakt gesprochen, Antworten auf bestimmte gesellschaftliche Frage- bzw. Problemstellungen, die möglichst zweckmäßigen und sinnvollen Lösungen zugeführt werden sollen. Rechtsnormen weisen – zumindest ihrer idealen Bestimmung nach – die Tendenz zur Realisierung spezifischer Rechtswerte, unter anderem auch jenes der Gerechtigkeit, auf. Gerechtigkeitsfragen im Rahmen der Rechtsordnung tangieren auch den Ausgleich von Interessenlagen, was Gerechtigkeit – wie bereits weiter oben erwähnt – zu einer Frage und Aufgabe der Rechtserzeugung werden lässt. Im Falle der Ausgestaltung von Normen kann es dabei zu einem evidenten Zielkonflikt zwischen Gerechtigkeit und anderen wünschenswerten und verfolgungswürdigen Idealen kommen. Wäre demnach in einem Strafverfahren die effektive Verfolgung von Straftaten die einzige Zieldeterminante, so müsste dabei jedes nur erdenkliche Mittel recht sein, um zu einer Überführung des Täters zu gelangen. In Extremfällen könnte man sogar vermeinen, dass man zum Zwecke generalpräventiver Vorkehrungen sogar Unschuldige bestrafen oder foltern dürfe, nur um andere von der Begehung von Straftaten abhalten zu können. Gerechtigkeit korrigiert diesbezüglich allzu überzogene Interessen, indem sie eine Zulässigkeitseinschränkung der Beweismittel vorgibt und einen expliziten Schuldbeweis seitens der Anklagebehörden verlangt; im Zweifel ist für den Angeklagten zu entscheiden.

Wird ein Rechtsanwender dazu genötigt, in einem gerechten bzw. einem ungerechten Sinne entscheiden zu müssen, bedürfte er – wenn er dies mit einer zur Gebote stehenden Ernsthaftigkeit betreiben wollte – einer soliden und fundierten Vorbereitung. Dem Rechtsanwender müssen alle relevanten alternativen Entscheidungsnormen sowie auch die in diesem Kontext wichtigen Leitjudikate bekannt sein, denn er wird dazu angehalten, letztlich eine Entscheidung zu treffen, die seiner Ansicht nach dem hehren Ideal der Gerechtigkeit am ehesten dient und entspricht. Es soll dabei jene Norm gewählt werden, die das höchste Sozialnutzenniveau, das aus sämtlichen Einzelnutzenniveaus aggregiert wird, aufweist. Das verlangt eine höchstmögliche Expertise in dem zur Entscheidung befindlichen Bereich, sowohl was die theoretisch-rechtlichen Grundlagen als auch die empirischen Erfahrungswerte anbelangt.

Gerechtigkeit im Rahmen von Rechtsordnungen sieht sich somit mit einem offensichtlichen, nicht zu verleugnenden Gefahrenpotential konfrontiert. Gerechtigkeit wird allseits behauptet und verstrickt sich dabei aber selbst in einem intransparenten, diffusen Dickicht zwischen Gerichtsverfahren, gesetzgeberischer Tätigkeit und privatrechtlichen Verträgen. Durch seine zumeist unproduktive Selbstreferentialität und Selbstreflexivität läuft das Recht damit Gefahr, sich sukzessive von seinen sozialen Umwelten zu entfernen und selbst zu Ort und Quelle tiefgreifender Ungerechtigkeiten zu mutieren.

Die Gerechtigkeit ist dabei nur eine Zieldeterminante einer strukturellen Koppelung des Rechts, jedoch längst nicht die einzig relevante. Daneben kann das Recht noch für einen Transfer von Wissen, zur Steuerung gesellschaftlicher und ökonomischer Prozesse sowie der notwendigen Vermehrung politischer Partizipationsmöglichkeiten dienen. Diese Koppelungs- und Steuerungsoptionen sind in ihrer Bedeutung dem hohen Ideal der Gerechtigkeit oftmalig übergeordnet.

Selbst wenn man also im Recht ein probates Instrumentarium und Mittel zur Erzielung von Gerechtigkeit erkennt, so muss man dem Recht auch zugestehen, dass es nicht als alleiniges Allheilmittel zur Erzielung gesellschaftlicher Gerechtigkeit fungieren kann, da es auch anderwärtige Macht- und Einflussströmungen gibt, die eine durch das Recht intendierte Gerechtigkeit noch perpetuieren können. So leidet etwa das System des Rechts daran, dass am Ende des Tages eine Entscheidung getroffen werden muss. Ein Rechtskonflikt kann – abgesehen von Vergleichsgesprächen – nicht ewig in einem Zustand unsicheren Schwebens verharren. Eine Partei hat im überwiegenden Ausmaße Recht zu bekommen; und die andere notgedrungen eben nicht. Gerechte, weil für beide Seiten akzeptable, Lösungen vermag ein Richterspruch nur in den seltensten Ausnahmefällen zu bewirken. Im Rechtsstaat müssen allerdings die getroffenen, auf das Recht basierten Entscheidungen stets von einer umfangreichen Begründung ummantelt sein. Das bedeutet, dass das rechtsprechende Organ sich bei der Suche nach Gerechtigkeit stets innerhalb der Rahmenbedingungen der Rechtsordnung zu bewegen und etwaige außerrechtliche, alternative Begründungslogiken hintanzuhalten hat. Darüber hinaus ist die durch die Technik der Subsumtion vorgenommene Reduktion der komplexen Fallsituation unter eine viel zu generell formulierte Norm weitgehend unbefriedigend und bildet nicht die beste Voraussetzung dafür, allumfassende Gerechtigkeit in letzter Konsequenz auch zu generieren. Der hehren Anforderung nach Gerechtigkeit wird daher trotz der hochkomplizierten und hochkomplexen Ausdifferenzierung des Rechts somit nur in den seltensten Fällen auch entsprochen werden können.

Eine der zentralen Aufgaben in der Alltagspraxis der Juristerei besteht abschließend ohne Zweifel darin, der abstrakten Begrifflichkeit der Gerechtigkeit im Dunstkreis der Rechtsdogmatik zum Durchbruch zu verhelfen. Klaus Tipke weist dabei auf die zentrale Gefahr des inflationären Gebrauchs von Gerechtigkeit in Bezug auf das Recht hin:

> „Da der Wertungsbegriff der Gerechtigkeit der fundamentalste und abstrakteste Begriff des Rechts ist, lädt er besonders dazu ein, mit rhetorischem Blendwerk oder leeren Phrasen ausgefüllt zu werden oder mit Formeln, die kaum mehr bieten, als der Gerechtigkeitsbegriff selbst." (Tipke 2000, 13)

Das von der Gerechtigkeit beeinflusste Gesetzesrecht darf dabei die Messlatte und den Indikator nicht selbst konterkarieren.

27 Die erste große Analyse von Gerechtigkeit bei Aristoteles

27.1 Die Rezeption des platonischen dikaiosynê-Begriffes

Aristoteles hat auch was das Verhältnis von Recht und Gerechtigkeit anbelangt – so wie in vielen anderen Feldern der Wissenschaft und Philosophie – wahre und eindrucksvolle Pionierarbeit geleistet. In Abgrenzung zu seinem Lehrer Platon und dessen Thesen über die metaphysische Ideenwelt wählte Aristoteles einen möglichst praktischen Zugang und stellte sich die Frage, wie Gerechtigkeit in der antiken Polis durch das von Platon noch so geschmähte Medium des Rechts bestmöglich realisiert werden könnte. Aus diesem Grund sei bereits an dieser Stelle vorweggenommen, dass er einen bis dato noch nicht dagewesenen formalistischen Gerechtigkeitsbegriff propagiert hat.

Seine Betrachtungen über die Gerechtigkeit fasste Aristoteles allesamt im fünften Buch der Nikomachischen Ethik zusammen. Für Aristoteles stellt Gerechtigkeit eine nachstrebenswerte menschliche Tugend dar, die auf das sittlich Gute des Menschen abzielt. Nach Aristoteles kann der Mensch sich Tugenden sowohl durch den Gebrauch seines rationalen Verstandes als auch durch praktische Gewohnheit und Übung aneignen und erlernen. Zu ersterer Form, der rationalen Tugend, zählt Aristoteles etwa die Weisheit, die Auffassungsgabe oder die Klugheit und zur zweiten ethischen Ausprägungsform der Tugend die Generosität, die Besonnenheit und eben auch die betont praktisch gehaltene Gerechtigkeit.

Gerechtigkeit als eine vollkommen verstandene Tugend ist bei Aristoteles immer nur denkmöglich in der Bezugnahme auf andere Gesellschaftsmitglieder. Die Tugend ihrerseits ist wiederum ein Bestandteil des Rechts (nomos) und legt daher die Konsequenz nahe, dass derjenige, der sich nach dem Wortlaut der Gesetze richtet, auch gerecht handelt.

Aristoteles rezipierte die platonische dikaiosynê-Begrifflichkeit, verfeinerte sie jedoch mit einer von Platon unterlassenen, aber entscheidenden Differenzierung. Aristoteles entwickelte in diesen Differenzierungsschritten dabei jene Theorie, die noch bis zum heutigen Tage den Ausgangspunkt jeder ernsthaften Auseinandersetzung mit Gerechtigkeitstheorien darstellt. Ganz entscheidender und auch zentraler Wesenskern seiner Aussagen über die Gerechtigkeit ist dabei die Gleichheit. Aristoteles erkannte schon damals, dass die bloße Formulierung formaler Gleichheiten durch Gesetzesrecht eindeutig zu wenig ist, um in den sozialen Lebensrealitäten der Menschen transformiert werden zu können. Das proportional Gleiche bei Aristoteles, die erstrebenswerte Mitte zwischen dem Zuviel und dem Zuwenig, muss seiner Meinung nach materiell verstanden werden. Aristoteles fasste dies im Streben nach möglicher Proportionalität in einer an die Mathematik angelehnten Formel in etwa so zusammen: Das Gleiche ist das Mittlere, so muss auch das Recht das Mittlere sein. Das Recht ist demnach proportional, denn das Proportionale ist die Mitte und das Gerechte ist das Proportionale.

Ganz im Sinne der von ihm begründeten Metoteslehre stellt auch die Gerechtigkeit eine Mitte zwischen zwei Extremen dar. An einem Pol steht dabei die Charakterschwäche, mehr zu nehmen, als einem Individuum in realiter zustehen würde (Unrecht tun), und am anderen Ende aus freien Stücken weniger anzunehmen, als einem tatsächlich zustehen würde (Unrecht erdulden). Während beide Pole bei Aristoteles Horte der Ungerechtigkeit darstellen, wird die Gerechtigkeit von ihm als proportional ausgleichendes Mittelmaß befunden.

Ein prägendes Charakteristikum der aristotelischen Theorie besteht mitunter in dem permanenten Streben nach eben dieser Ausgewogenheit. So erlangte auch in den Aristotelischen Gerechtigkeitstheorien eine weitere Begrifflichkeit große Bedeutung: die pleonexia. Diese lässt sich frei als ein Charakterzustand deuten, welcher zu ungerechten Handlungen führt und letztendlich auf der menschlichen Gier gründet, wenn jemand nach Gütern strebt, die ihm gar nicht zustehen. Der Gerechte geriert sich in diesem Falle genau als Antithese des Ungerechten, indem er fremde Güter respektiert und keinesfalls mehr besitzen oder sich aneignen möchte, als ihm auf Grundlage seiner gesellschaftlichen Stellung auch tatsächlich zusteht.

27.2 Das Verhältnis von allgemeiner und besonderer Gerechtigkeit

Aristoteles differenziert im fünften Buch der Nikomachischen Ethik pointiert und mit aller Klarheit zwischen einer allumfassenden, tugendhaften Gerechtigkeit und eben einer speziellen Gerechtigkeit, die für ihren Teil nur einen kleinen Teil bzw. Ausschnitt der Gesamtgerechtigkeit ausmacht.

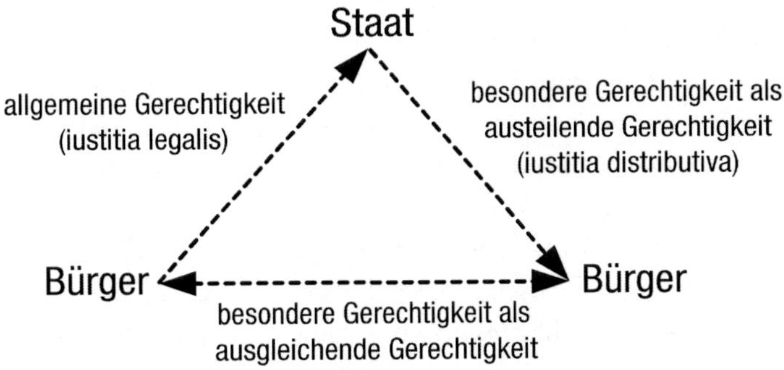

Abb. 13: **Allgemeine und besondere Gerechtigkeit bei Aristoteles**

Ist nun Gerechtigkeit im aristotelischen Verständnis gleichzusetzen mit vollkommener Gesetzesloyalität? Wiederum verlangt dies eine etymologische Herangehensweise. Die Identität von Gesetzestreue mit Gerechtigkeit kann mit der in den aristotelischen Gerechtigkeitsdiskursen häufig verwendeten iustitia legalis oder universalis erklärt werden. Aus heutiger Sicht ist ein schlichter Legalismus ohne die Einbeziehung moralischer Werte schlichtweg unpraktikabel. Man tut dabei Aristoteles insofern unrecht, da das im zweiten Teil dieses Buches behandelte Recht zur Zeit der griechischen Antike weiter und allumfassender zu verstehen war. Nicht nur die positiv gesatzten Normen, sondern auch die vielen moralisch beeinflussten, ungeschriebenen, aber latent vorhandenen Gesetzlichkeiten waren für Aristoteles verbindliche Bestandteile des gesamten Rechtskanons. Dies lässt sich des Weiteren auch daran erkennen, dass Gerechtigkeit in ihrer Ausprägungsform als loyale Gesetzestreue für Aristoteles eine Grundvoraussetzung sowohl für die politische Ordnung als auch für die Entwicklung der individuellen Tugend darstellt.

Weitaus bekannter als die iustitia legalis ist bei Aristoteles die Lehre von der sog. iustitia partikularis, welche sich ihrerseits wiederum aus zwei weiteren Gerechtigkeitskategorien konstituiert: nämlich der Verteilungsgerechtigkeit (iustitia distributiva) sowie der ausgleichenden, kompensierenden Gerechtigkeit (iustitia commutativa oder correctiva).

Die distributive (austeilende) Gerechtigkeit wird bei Aristoteles als Ordnungsmaxime bei der Güterverteilung von sozialen Gütern herangezogen. Soziale Güter werden dabei sehr extensiv und weit ausgelegt. Es handelt sich hierbei um alle gesellschaftlich möglichen Vorteile wie Ämter oder Zuweisungen von Gütern bzw. anderen Ehren, welche die gesellschaftliche Stellung einer Person positiv zu beeinflussen vermögen. Aristoteles geht dabei von den mathematischen Lehren der perfekten Proportionalität aus. Die Menge der in einem Verteilungsprozess zugeteilten Güter entspricht hierbei exakt der Würdigkeit bzw. dem Verdienst und verhält sich dabei strikt proportional zu der Güterzuteilung-Verdienst-Relation jedes beliebigen Dritten innerhalb der Gesellschaft. Demnach sollen soziale Güter nicht strikt numerisch verteilt werden, sondern vielmehr – ganz im Sinne von Aristoteles – proportional, also verhältnismäßig.

Die kommutative (ausgleichende) Gerechtigkeit verortet Aristoteles im Kontext von sozialen Interaktionen. Soziales, auf Freiwilligkeit basierendes Interagieren, also freiwillige Tausch- und Vertrags-, aber auch deliktische Unrechtsbeziehungen sind Anwendungsgebiete der ausgleichenden Gerechtigkeit. Im Falle von Tauschbeziehungen offenbart sich diese Gleichwertigkeit in einem äquivalenten Leistungs- und Gegenleistungsverhältnis; in den deliktischen Unrechtsfällen soll begangenes bzw. erfahrenes Unrecht mit einer entsprechenden Strafe wiederum ausgeglichen werden.

Die kommutative (ausgleichende) Gerechtigkeit kennt hingegen zwei Teilaspekte, die wiederum später zu den Grundfundamenten des Vertrags- und Deliktsrechts des römischen Privatrechts wurden. Zum einen soll bei einer gesellschaftlichen Transaktion eine Äquivalenz von Gabe und Gegengabe, ähnlich einer mathematischen Gleichung, vorherrschen. Wer von einem anderen eine Sache erhält, schuldet diesem eine entsprechende Gegenleistung. Analog verhält es sich im Falle eines Verbrechens. Die Kompensation für diese Malversationen soll genau der zu tätigenden Entschädigung entsprechen. Sowohl im Falle der freiwilligen Transaktion als auch der Unrechtstaten haben alle Involvierten unabhängig von ihrem gesellschaftlichen Status Anspruch auf Ausgleich bzw. Restitution des vor der Transaktion vorherrschenden Ausgangszustandes. Die korrektive Gerechtigkeit wirkt daher kompensatorisch; d.h., der auf Übervorteilung beruhende Gewinn soll abgeschöpft und der Schädiger einer gerechtfertigten Bestrafung zugeführt werden. Ganz im Sinne der Metoteslehre wird die korrektive Gerechtigkeit von Aristoteles in der Mitte zwischen Schaden und restitutiver Wiedergutmachung verortet, weshalb sie vom antiken Rechtsphilosophen, der sich bekanntermaßen auch auf dem Gebiet der Mathematik seine Meriten verdienen konnte, als arithmetische Gerechtigkeit bezeichnet wurde.

Das wohl augenscheinlichste Unterscheidungsmerkmal zwischen der kommutativen und korrektiven Ausprägung der Gerechtigkeit besteht darin, dass die austeilende Gerechtigkeit in ihrer praktischen Handhabung nolens volens eine mit einer Autorität ausgestattete (staatliche) Instanz erforderlich werden lässt, während bei der korrektiven Gerechtigkeit die darin involvierten Parteien direkt miteinander interagieren können.

Noch ein weiteres Element der aristotelischen Gerechtigkeitstheorien bedarf in diesem Kontext einer näheren Betrachtung. Gegen Ende des fünften Buches der Nikomachischen Ethik sinniert Aristoteles bemerkenswert stringent über die den Menschen anhaftende Billigkeit. Sollte sich das Recht in der griechischen Polis im Rahmen seiner Anwendung oder Interpretation dennoch als teleologisch unvollständig erweisen, so soll die persönliche Urteilskraft jedes Einzelnen diese Mängel nach dem Prinzip der Billigkeit substituieren.

28 Der Kategorische Imperativ als Ausdruck von Moralität im Recht bei Immanuel Kant

28.1 Kants Auffassungen über das Recht

Bevor man Überlegungen über das Kant'sche Gerechtigkeitsverständnis anstellen kann, muss zunächst einmal sein Zugang zu Recht und dessen Funktionen einer näheren Klärung unterzogen werden. Rechtssätze, die nach Kant aus sämtlichen bis dato geführten philosophischen Rechtslehren hervorgetreten sind, sind primär Vernunftgesetze. Die philosophisch fundierten Vorschriften des Naturrechts reklamieren für sich die Funktion einer kritischen Instanz, an der sich die positive Gesetzgebung auf der Suche nach ihrer Legitimität stets zu orientieren hat. Obzwar sich alle Gesetze an den Indikatoren des Naturrechts messen lassen müssen, muss andererseits auch schon bei Kant denjenigen positiven Normen Gehorsam entgegengebracht werden, die a priori den hohen Anforderungen des natürlichen Vernunftrechts nicht entsprechen. Im Einklang mit der später noch eingehender zu durchleuchtenden Theorie des Rechtspositivismus sieht Kant das Primat des positiven Gesetzes gegenüber dem Recht der praktischen Vernunft. Sobald sich die Grundsäulen menschlicher Verfasstheit in einer positivrechtlichen Verfassung manifestiert haben – mögen sie dem Wesen des Rechts der praktischen Vernunft auch noch so sehr widersprechen –, ist es eine Forderung der Vernunft, dieser Verfassungsordnung zu gehorchen.

Die Kant'sche Rechtstheorie ist somit in der Tradition des Rechtspositivismus zu verorten. Er sieht die Pflichten, die aus dem Ideal der Gerechtigkeit entspringen, nicht als Ergebnis individueller persönlicher Neigungen und Vorlieben, sondern auch als Resultat von eigenen (Rechts-)Ansprüchen, die es wiederum ins Verhältnis zu anderen (Rechts-)Ansprüchen zu setzen gilt. Kant erkennt dessen ungeachtet bereits das Legitimitätsdilemma der positiven Gesetze, wenn sie nicht den Prämissen der natürlichen Vernunftordnung folgen. Kant bedient sich bei seiner Analyse des Prinzips der Gerechtigkeit der damals noch vorherrschenden aristotelischen Differenzierung zwischen einer iustitia distributiva (austeilende Gerechtigkeit) und der iustitia commutativa, einer zwischen den Menschen inter pares auszubedingenden Gerechtigkeit. Die iustitia distributiva stellt einen Teilaspekt des durch Vernunft wahrnehmbaren Rechts dar. Es konstituiert jedoch nur den ersten Schritt im Positivierungsprozess. Für Kant ist das durch den Ausspruch einer dritten Partei objektivierte Urteil, welches vor seinem Ausspruch durch die Vernunft bereits erkennbar gewesen wäre, die Vorstufe des öffentlichen Rechts. Die öffentliche Gerichtsbarkeit steht somit an der Schnittstelle zwischen öffentlichem und privatem Recht. Diesem Akt der Positivierung ist aus der Sicht Kants das Ideal der Gerechtigkeit inhärent:

> „[...] was und wovon der Ausspruch vor einem Gerichtshofe in einem besonderen Falle unter dem gegebenen Gesetze diesem gemäß, d.i. ist Rechtens (lex iustitiae), wo man denn auch jenen Gerichtshof selbst die Gerechtigkeit eines Landes nennt, und, ob eine solche sei oder nicht sei, als die wichtigste unter allen rechtlichen Angelegenheiten gefragt werden kann [...]"

oder als Postulat des öffentlichen Rechts in der Logik und Diktion des Kategorischen Imperativs:

> „[...] du sollst im Verhältnisse eines unvermeidlichen Nebeneinanders mit allen anderen aus jenem heraus in einen rechtlichen Zustand, d.i. den einer austeilenden Gerechtigkeit, übergehen. – Der Grund davon lässt sich analytisch aus dem Begriffe des Rechts im äußeren Verhältnis im Gegensatz der Gewalt (violentia) entwickeln." (Kant 1977, 307)

28.2 Der Kategorische Imperativ

Kant sieht Recht als einen der Garanten für Freiheit, denn es ermöglicht das menschliche Zusammenleben auf Basis der moralischen Subjektivität. Der Mensch als Subjekt wird durch das Recht zur Selbstbestimmung befähigt und kann durch die Mediatisierung der Freiheit durch das Recht dem Freiheitsideal nachstreben. Kant deutet dabei Recht als philosophische Begrifflichkeit ganz im Sinne des Kategorischen Imperativs: „Das

Recht ist also der Inbegriff der Bedingungen, unter denen die Willkür des einen mit der Willkür des anderen nach einem allgemeinen Gesetze der Freiheit zusammen vereinigt werden kann." (Kant 1977, 230)

Für Kant steht Recht unter der zentralen Fragestellung: Kann durch ein bestimmtes Recht die Handlung des einen mit der Freiheit des anderen nach einem allgemeingültigen Gesetz vereinigt werden? Die Replik auf diese Fragestellung offenbart auch die fundamentale Problemstellung der Kant'schen Rechtsphilosophie. Freiheit setzt die Selbstbestimmung subjektiver Handlungsmaximen zwingend voraus. Begreift man nunmehr diese individuelle Maximenbestimmung als einen Akt der Selbstgesetzgebung und als Ausdruck der individuellen Freiheit und transferiert man die Logik dieses Modells auf die Ebene der Gesamtgesellschaft, so wird diese zur Selbstgesetzgebung nach allgemeinen Gesetzen. Es kommt – ähnlich wie bei Rousseau – zu einem Akt der Entindividualisierung.

Aufgrund des möglichen Auseinanderklaffens von positivem Recht mit den Grundideen des Naturrechts kommt Kant in weiterer Folge seiner „Metaphysik der Sitten" auf das Thema des Widerstandes zu sprechen. Eines sei gleich vorweggenommen: Kant ist ein erklärter Gegner des Widerstandsrechts gegen den Staat und seine Verfassung. Zum einen, weil solche Gesetze den in Zeit und Raum gültigen bürgerlichen Zustand, den sog. „status civilis", infrage stellen würden; zum anderen aus Gründen der Rechtssicherheit. Für Kant ist die Idee einer Staatsverfassung heilig und unwiderstehlich. Gleichzeitig ist es „ein absolutes Gebot der nach Rechtsbegriffen urteilenden praktischen Vernunft", keinen Widerstand gegen geltende Gesetze zu leisten, mögen sie auch nach den Maßstäben der Vernunft noch so ungerecht erscheinen, denn der Widerstand gegen eine geltende Verfassung würde das, was er erstrebt, nämlich einen „status civilis" nach vernünftigen Gesetzen, gerade unmöglich machen, da er die aus den letzteren entwickelte Notwendigkeit eines bürgerlichen Zustandes mit statutarischen und machtunterstützten Regelungen als solche negiert.

Widerstand würde nach der Kant'schen Logik unweigerlich dazu führen, dass an der Stelle von Rechts- und Staatsordnung wiederum der Naturzustand etabliert werden würde. Kant sieht hierin aber die weitaus größere Gefahr. Dem Widerstand ist Gewalt inhärent. Eine neue Rechtsordnung darf jedoch unter keinen Umständen auf Gewalt basieren, da sonst der immanente Rechtszweck einer fortdauernden Friedensstiftung konterkariert werden würde.

29 Der Rechtspositivismus – eine Antithese zur Gerechtigkeit?

29.1 Ein von Gerechtigkeitsskeptizismus durchdrungener Theorieansatz

Theoretischer Ausgangspunkt aller im weiteren Verlauf dieses Kapitels zu erörternden Theoretiker ist die Fiktion der rechtspositivistischen Trennungsthese, welche den begriffsnotwendigen und existentiellen Zusammenhang zwischen Recht und Moral leugnet. Nach Ansicht der „Reinen Rechtslehre" kann das Recht, solange es formell richtig zustande gekommen ist, jegliche beliebige Form einnehmen. Das wohl eindrücklichste Bekenntnis zu dieser absolut anmutenden These stammt von einem der Mitbegründer der Wiener Schule des Rechtspositivismus, Hans Kelsen:

> „Eine Rechtsordnung mag vom Standpunkt einer bestimmten Gerechtigkeitsnorm aus als ungerecht beurteilt werden. Aber die Tatsache, daß der Inhalt einer wirksamen Zwangsordnung als ungerecht beurteilt werden kann, ist jedenfalls kein Grund, diese Zwangsordnung nicht als Rechtsordnung gelten zu lassen." (Kelsen 1960, 51)

Die eben zitierte Passage aus der „Reinen Rechtslehre" Hans Kelsens untermauerte die Trennungsthese, wurde aber bedauerlicherweise allzu oft missverstanden und fehlinterpretiert. In dieser These ist ein gewisser Gerechtigkeitsskeptizismus evident. Es würde allerdings zu weit gehen, würde man den Rechtspositivismus nur wegen seiner nach Reinheit trachtenden Lehrsätze als theoretischen Wegbereiter totalitärer Regime denunzieren. Gerechtigkeit kann nämlich durchaus kritisch vorhandene Unzulänglichkeiten im positiven Recht aufzeigen; es bedarf aber laut dem Rechtspositivismus nicht der Gerechtigkeit zur ultimativen Begründung des Rechts.

Ob nun eine Gehorsamsverpflichtung gegenüber ungerechten Gesetzen existiert oder nicht, unterliegt auch der jeweiligen Herangehensweise an die Heterogenität der Gerechtigkeitsbegrifflichkeit. So wäre es beispielsweise abwegig – und es würde auch nahezu jeder so empfinden – die finale Verbindlichkeit eines ordnungs- und rechtmäßig zustande gekommenen Gesetzes von der Tatsache abhängig zu machen, ob der konkrete Normadressat die Rechtsvorschrift für gerecht oder ungerecht hält. Wenn es nicht einmal den Wissenschaftstheorien gelingt, uniforme und rational überprüfbare Parameter innerhalb gerechtigkeitstheoretischer Erwägungen zu generieren, so kann dies von subjektiven Gerechtigkeitstheorien keinesfalls verlangt werden. Der Rechtspositivismus zieht diesbezüglich nur die logische Konsequenz, indem er die unabdingbare Trennung von Recht und Moral einfordert und jeder Rechtsnorm grundsätzlich einen beliebigen Regelungsinhalt gewährt. Hierzu noch einmal Hans Kelsen:

> „Daß Gerechtigkeit kein das Recht von anderen Zwangsordnungen unterscheidendes Merkmal sein kann, ergibt sich aus dem relativen Charakter des Werturteils, demzufolge eine Gesellschaftsordnung gerecht ist. […] Wird Gerechtigkeit als Kriterium der als Recht zu bezeichnenden normativen Ordnung angenommen, dann sind die kapitalistischen Zwangsordnungen der westlichen Welt, vom Standpunkt des kommunistischen Gerechtigkeitsideals, und die kommunistische Zwangsordnung der Sowjetunion, vom Standpunkt des kapitalistischen Gerechtigkeitsideals, kein Recht. Ein zu solcher Konsequenz führender Begriff des Rechts kann von einer positivistischen Rechtswissenschaft nicht akzeptiert werden. Eine Rechtsordnung mag vom Standpunkt einer bestimmten Gerechtigkeitsnorm aus als ungerecht beurteilt werden. Aber die Tatsache, daß der Inhalt einer wirksamen Zwangsordnung als ungerecht beurteilt werden kann, ist jedenfalls kein Grund, diese Zwangsordnung nicht als Rechtsordnung gelten zu lassen." (Kelsen 1960, 50)

Die zentrale metatheoretische Leitfrage, die von den Rechtspositivisten im Rahmen ihrer theoretischen Überlegungen zu beantworten versucht wird, stellt sich also wie folgt dar: Gilt das positive Recht tatsächlich völlig unabhängig von überpositiv moralischen Gesetzlichkeiten? Lassen sich Rechtsordnungen als Zusammenschluss aller gesatzten und in Geltung stehenden Rechtsnormen tatsächlich als empirische Gegebenheit der sozialen Realität verstehen? Gilt das positive Recht auch dann noch bedingungslos, wenn es in seiner extremsten Form die basalen Prinzipien der Gerechtigkeit konterkariert? In einer ausdifferenzierten Betrachtung der nachstehenden theoretischen Positionen werden all diese Fragen nun zu beantworten versucht.

29.2 Hans Kelsen und sein Problem mit der Gerechtigkeit

Anknüpfend an die soeben angestellten Überlegungen gilt es, sich nun eingehender mit dem Gerechtigkeitsskeptizismus Hans Kelsens zu beschäftigen. Kelsen charakterisiert das Recht und letztlich auch den Staat sowie seine Ordnung als eine Kompilation von Zwangsnormen, die einer naturrechtlichen, vorpositivistischen Legitimation nicht bedürfen und in realiter auch gar nicht zugänglich sind. Solange demnach die Rechtsnorm in ihrem erzeugenden Akt formell richtig zustande gekommen ist, fordert sie eine selbstreferentielle Gültigkeit, ohne dabei auf andere Parameter zu rekurrieren. Denn was Gerechtigkeit nun genau ist, entzieht sich der menschlichen Imagination. Es gibt demnach immer nur relative, jedoch niemals universell zufriedenstellende Lösungen des „Problems der Gerechtigkeit“. Dieser unverhohlen zur Schau getragene Skeptizismus gegenüber der Gerechtigkeit und ihren Implikationen durchdringt das gesamte Kelsianische Werk: „Wenn die Geschichte der menschlichen Erkenntnis uns irgendetwas lehren kann, ist es die Vergeblichkeit des Versuches, auf rationalem Weg eine absolut gültige Norm gerechten Verhaltens zu finden.“ (Kelsen 1960, 40)

Aus der eben dargelegten Trennungsthese darf allerdings unzulässigerweise nicht abgeleitet werden, dass Gerechtigkeit im Rahmen einer positiven Rechtsordnung nicht existent wäre. Es gibt nur divergierende, sich oftmals auch wechselseitig ausschließende Ansichten von Gerechtigkeitsmaßstäben, sodass die unverbrüchliche Wirksamkeit der Rechtsordnung nicht von einem Einzelnen abhängen könne.

Hans Kelsen widmet sich dem Phänomen und der Idee der Gerechtigkeit eingehender im Rahmen eines Annexes seines rechtspositivistischen Hauptwerkes, der „Reinen Rechtslehre“, in dem er die potentiellen Spannungsmomente zwischen dem Phänomen der Gerechtigkeit und den in Rechtsgeltung stehenden Normen auf eine radikale und kompromisslose Weise zu beantworten wagt. Kelsen versucht dabei, offen nachzuweisen, welche weitreichenden Konsequenzen es haben kann, wenn einzelne Rechtsnormen mit dem Prädikat „gerecht“ oder „ungerecht“ etikettiert werden. Moral wie auch das Recht sind zwei in sich selbst abgeschlossene soziale Erscheinungen, die in einem friktionsreichen Verhältnis zueinander stehen. Das Sollen, welches die Normen innerhalb einer Rechtsordnung gebieten, gerät dabei mit dem Sollen, das sich aus dem Substrat von moralischen Werten ergibt, in Konflikt. Dieses Konfliktszenario kann letztlich nur durch eine zu treffende Entscheidung befriedet werden. Entweder man entscheidet sich für die absolute Geltung des positiven Rechts oder man präferiert die Geltung moralischer Werte, die man über das positive Recht stellt. Kelsen beantwortet im Rahmen seiner Theorie diese Frage für sich selbst eindeutig. Nach Kelsen – und dies ist die Kernaussage seines ganzen theoretischen Schaffens – kann die absolute Geltung des positiven Rechts nicht von den gesellschaftlichen Gerechtigkeitsvorstellungen abhängig gemacht werden, von denen unter Heranziehung der wissenschaftlichen Methodik keine als wahr und richtig bezeichnet werden kann. Kelsen gesteht zwar freimütig zu, dass es durchaus vorkommen kann, dass zwischen Recht und bestimmten Gerechtigkeitsvorstellungen eine gewisse Kongruenz herrscht, jedoch negiert er die Gerechtigkeit als einen Geltungsmaßstab für die Rechtsordnung.

Hans Kelsen spricht der Gerechtigkeit im Rahmen der Rechtsordnung also keinesfalls ihre Existenzberechtigung ab. So könne Gerechtigkeit durchaus als Motiv und Leitmaxime zur Gestaltung des positiven Rechts dienen. Er betont aber auch im selben Atemzug, dass es sinnlos und unnötig wäre, eine Debatte über Gerechtigkeit zu führen, da Gerechtigkeit nun mal keine absolute, universelle Wirkung und Gültigkeit für sich reklamieren kann. Das Attribut der Gerechtigkeit wird von Kelsen vor allem in den zwischenmenschlichen Beziehungsräumen verortet; im Rahmen der Normentheorie besitzt sie jedoch keinerlei Relevanz. Der absoluten Gerechtigkeit bescheinigt Kelsen nämlich ein hohes Maß an Irrationalität, da sie auf keinem tragfähigen intersubjektiven Konzept beruhen würde. Dennoch lassen sich, wenn man sich schon über Gerechtigkeit Gedanken machen möchte, zwei divergierende Typen von Gerechtigkeit eruieren. Zum einen der metaphysische Idealtypus, der seine Legitimität transzendent von einer absoluten Gerechtigkeitsnorm ableiten kann, und zum anderen ein rationaler Typus, dem eine ebensolche Transzendenz fremd ist. Letzterer basiert auf menschlich nachvollziehbaren Erfahrungswerten, die von den Menschen rational begriffen werden können.

29.3 Das Verhältnis von Recht und Gerechtigkeit bei Gustav Radbruch

Bevor die berühmte mit Gustav Radbruch assoziierte Formel zur Sprache kommen soll, werden zu Beginn einige allgemeine Auffassungen Radbruchs zum Rechtspositivismus wiedergegeben.

In einem Frühwerk des Radbruch'schen Schaffens, in der sog. „Vorschule der Rechtsphilosophie", formulierte er bereits seine relativistische Rechtsauffassung. Die Aufgabe von Recht als primär sozialer Regelung manifestiert sich darin, dass die Rechtsidee, für den frühen Radbruch im weitesten Sinne ein Synonym für Gerechtigkeit, im gesellschaftlichen Alltag realisiert werden sollte. Die Rechtsidee selbst hat dabei – in Analogie zur Gerechtigkeit – sowohl eine materielle als auch eine formelle Dimension und oktroyiert verschiedensten gesellschaftlichen Akteuren auch verschiedenste Verpflichtungen auf. Sie soll dabei auf einer möglichst breiten Rechtsdefinition innerhalb der Rechtsordnung fundieren und formell für die notwendige Rechtssicherheit sorgen, die bei Radbruch ganz in Übereinstimmung mit der ihn prägenden rechtspositivistischen Tradition letztlich entscheidungsrelevant sein sollte.

Um hier jedoch kein falsches Bild zu zeichnen: Radbruch ist ein Vertreter des Rechtspositivismus und nicht, wie man meinen könnte, des Relativismus. Für Radbruch ist der eben dargelegte Relativismus letztlich sowohl Ausgangspunkt als auch Resultat eines rechtspositivistischen Prozesses. Der Rechtspositivismus fungiert bei ihm als Erklärungsgrundlage für die allgemeine Geltung von Rechtsnormen, aus denen sich dann normative Ideen wie Rechtsstaatlichkeit, Gewaltenteilung, Liberalismus und Demokratie deduzieren lassen.

Charakteristisch für den Rechtspositivismus ist die inhaltliche und erzeugungsmäßige Bedingtheit einer höherrangigen Norm im Stufenbau der Rechtsordnung. Wie ist aber zu verfahren, falls das Gesetz in unerträglicher Weise gegen die allgemeinen Maximen der materiellen Gerechtigkeit verstößt? Laut Gustav Radbruch (1878–1949) hat der Rechtsanwender ein unerträglich ungerechtes Gesetz zu negieren, denn das Wesen eines Gesetzes beinhaltet auch das prinzipielle Postulat nach Gerechtigkeit. Steht der Regelungsinhalt eines Gesetzes mit den Grundinhalten der Gerechtigkeit in einem eklatanten Widerspruch, so kann gesetzliches Unrecht niemals in den geltenden Rechtsbestand übernommen werden; nein, ihm ist sogar gänzlich die Rechtsqualität zu verwehren. All diese

Überlegungen transformierte Gustav Radbruch in die berühmte Radbruchsche Formel, die er erstmals im Jahr 1946 im Aufsatz „Gesetzliches Unrecht und übergesetzliches Recht“ in der Süddeutschen Juristenzeitung wie folgt definiert hat:

> „Der Konflikt zwischen der Gerechtigkeit und der Rechtssicherheit dürfte dahin zu lösen sein, daß das positive, durch Satzung und Macht gesicherte Recht auch dann den Vorrang hat, wenn es inhaltlich ungerecht und unzweckmäßig ist, es sei denn, daß der Widerspruch des positiven Gesetzes zur Gerechtigkeit ein so unerträgliches Maß erreicht, daß das Gesetz als unrichtiges Recht der Gerechtigkeit zu weichen hat. Es ist unmöglich, eine schärfere Linie zu ziehen zwischen den Fällen des gesetzlichen Unrechts und den trotz unrichtigen Inhalts dennoch geltenden Gesetzen; eine andere Grenzziehung aber kann mit aller Schärfe vorgenommen werden: wo Gerechtigkeit nicht einmal erstrebt wird, wo die Gleichheit, die den Kern der Gerechtigkeit ausmacht, bei der Setzung positiven Rechts bewußt verleugnet wurde, da ist das Gesetz nicht etwa nur unrichtiges Recht, vielmehr entbehrt es überhaupt der Rechtsnatur. Denn man kann Recht, auch positives Recht, gar nicht anders definieren als eine Ordnung und Satzung, die ihrem Sinne nach bestimmt ist, der Gerechtigkeit zu dienen.“ (Radbruch 1946, 107)

In der als Radbruchsche Formel bekannten Thesis wird bei näherer Betrachtung nach drei inhaltlich anders strukturierten Arten von ungerechtem Gesetzesrecht differenziert. Ist zum Ersten das Gesetz bloß ungerecht oder unzweckmäßig, so muss es dennoch angewendet werden. Radbruch gibt in diesem Fall der formell richtigen Rechtserzeugung den Vorzug gegenüber der bloß einfachen Ungerechtigkeit. Erst wenn zweitens ein Gesetz „unerträglich ungerecht“ wird, muss es der Gerechtigkeit weichen (Unerträglichkeitsformel). Verfolgen drittens Gesetze nicht einmal im Ansatz den Anspruch, der Gerechtigkeit Folge zu leisten, so wird diesen die Rechtsqualität vollständig aberkannt (Verleugnungsformel). Adressat der Radbruchschen Formel sind primär Rechtsprechung und Richter. Die oft auf die Verleugnungsformel verkürzte Ausführung der Radbruchschen Formel greift eindeutig zu kurz. Radbruch hat nämlich sehr wohl erkannt, dass die durch den Rechtspositivismus gewährleistete Rechtssicherheit für das Funktionieren einer Rechtsordnung essentiell ist. Es gilt grundsätzlich das Primat des positiven Rechts. Bloßen Ungerechtigkeiten kann keinerlei Beachtung geschenkt werden. Radbruch sieht im positiven Gesetz und in der Gerechtigkeit die beiden Seiten der Rechtsidee verwirklicht, die so lange auf einer Stufe stehen, bis die Ungerechtigkeit eine unerträgliche Intensität erhält.

Die Radbruchsche Formel verblieb nicht nur im Stadium einer rechtstheoretischen Idee, sondern wurde im Laufe der deutschen Nachkriegsgeschichte tatsächlich von den Gerichten mehrfach angewandt. Im Folgenden sollen sowohl ein Urteil eines Kriegsverbrecherprozesses in der unmittelbaren Nachkriegszeit als auch die Mauerschützenprozesse nach der deutschen Wiedervereinigung näher beleuchtet werden:

Unmittelbar nach dem Zweiten Weltkrieg war man mit dem Problem konfrontiert, wie man mit den Delinquenten des NS-Regimes auf gerichtlicher Ebene verfahren sollte. Genau genommen hatten diese ja nicht gegen positives (NS-)Recht verstoßen und somit auch nicht rechtswidrig gehandelt. Darüber hinaus ging es ganz allgemein um die Anwendbarkeit gesetzlicher Bestimmungen des NS-Regimes, da es ganz und gar unpraktikabel gewesen wäre, den gesamten nationalsozialistischen Rechtskorpus zu suspendieren. Andererseits gab es in der damaligen deutschen Rechtsordnung naturgemäß ideologisch verwerfliche Normen, die von der deutschen Nachkriegsjustiz als evident ungerecht erachtet worden sind.

Ein beispielgebender Sachverhalt soll hier stellvertretend für die vielen anderen nachgezeichnet werden: Der deutsche Bundesgerichtshof war im Juli des Jahres 1951 berufen, ein Urteil über ein ehemaliges Mitglied des deutschen Volkssturms zu fällen. Der ehemalige Bataillonskommandant musste sich für die Erschießung eines Deserteurs rechtfertigen und berief sich dabei auf einen Katastrophenbefehl seines ehemaligen Vorgesetzten Heinrich Himmler, der jeden Waffentragenden mit dem Recht ausstatte-te, Flüchtige ohne weitere Konsequenzen zu exekutieren. Er plädierte für seine Unschuld, da es sich dabei um eine Zwangslage im Krieg gehandelt habe. Sein Anwalt fügte hinzu, dass es sich bei diesem Befehl um damals positives Recht gehandelt habe und bei einem möglichen Widerstand seines Mandanten mit Repressalien seitens seiner Vorgesetzten zu rechnen gewesen wäre. Diese Form der Rechtfertigung ließ jedoch der deutsche Bundesgerichtshof nicht gelten. In einem beachtenswerten Urteil kritisierte er über den konkreten Einzelfall hinaus die Gesetzesqualität der NS-Normen und bezog sich bei der Urteilsausfertigung explizit auf die von Gustav Radbruch entworfene Formel:

> „Selbst wenn dieser Befehl als Gesetz oder Rechtsverordnung verkündet worden wäre, wäre er nicht rechtsverbindlich. Das Gesetz findet dort seine Grenze, wo es in Widerspruch zu den allgemein anerkannten Regeln des Völkerrechts oder zu dem Naturrecht tritt oder der Widerspruch des positiven Gesetzes zur Gerechtigkeit ein so unerträgliches Maß erreicht, daß das Gesetz als unrichtiges Recht der Gerechtigkeit zu weichen hat. Wird der Grundsatz der Gleichheit bei der Setzung des positiven Rechts überhaupt verleugnet, dann entbehrt das Gesetz der Rechtsnatur und ist überhaupt kein Recht. Zu den unveräußerlichen Rechten eines Menschen gehört, daß er nicht ohne Gerichtsverfahren seines Lebens beraubt werden darf. An diesem Rechtsgrundsatz hat sogar die Verordnung über die Errichtung von Standgerichten vom 15. Februar 1945 noch festgehalten. Danach kommt dem sogenannten Katastrophenbefehl keine Gesetzeskraft zu. Er ist keine Rechtsnorm; seine Befolgung wäre objektiv rechtswidrig." (BGHZ 3, 94 [107])

Neue Aktualität erlangte die Radbruchsche Formel im Zusammenhang mit den sogenannten Mauerschützenprozessen nach der deutschen Wiedervereinigung im Jahr 1990. Zwei Jahre später sollte es schließlich zu einem Prozess kommen. Es ging dabei um die Beurteilung der Strafbarkeit ehemaliger deutscher Grenzsoldaten und deren Vorgesetzter, die sogenannte Republikflüchtlinge bei der Flucht aus der DDR in die Bundesrepublik Deutschland erschossen bzw. den Befehl dazu gaben. Die Grenzsoldaten als unmittelbare Schützen und Täter waren wegen Totschlags angeklagt worden. Den Vorgesetzten wurde Anstiftung bzw. Beihilfe zur Last gelegt. Die Angeklagten beriefen sich dabei auf einen in § 27 des Grenzgesetzes der DDR normierten Rechtfertigungsgrund: „Die Anwendung der Schußwaffe ist gerechtfertigt, um die unmittelbar bevorstehende Ausführung oder die Fortsetzung einer Straftat zu verhindern, die sich den Umständen nach als ein Verbrechen darstellt."

Dennoch erkannte der deutsche Bundesgerichtshof den Tatbestand des Totschlags nach § 212 dStGB als verwirklicht an und verwarf den Rechtfertigungsgrund als nicht anwendbar. Das strafrechtliche Rückwirkungsverbot sah der Gerichtshof auch nicht als verletzt an, da es keinen Vertrauensschutz im Bereich staatlich institutionalisierten Unrechts geben könne:

„Der in § 27 Abs. 2 des Grenzgesetzes genannte Rechtfertigungsgrund, wie ihn die damalige Staatspraxis, vermittelt durch die Befehlslage, handhabte, hat, sofern der Grenzübertritt auf andere Weise nicht verhindert werden konnte, das (bedingt oder unbedingt) vorsätzliche Töten von Personen gedeckt, die nichts weiter wollten, als unbewaffnet und ohne Gefährdung allgemein anerkannter Rechtsgüter die Grenze zu überschreiten. Die Durchsetzung des Verbots, die Grenze ohne besondere Erlaubnis zu überschreiten, hatte hiernach Vorrang vor dem Lebensrecht von Menschen. Unter diesen besonderen Umständen ist der Rechtfertigungsgrund, wie er sich in der Staatspraxis darstellte, bei der Rechtsanwendung nicht zu beachten [...] Ein zur Tatzeit angenommener Rechtfertigungsgrund kann vielmehr nur dann wegen Verstoßes gegen höherrangiges Recht unbeachtet bleiben, wenn in ihm ein offensichtlich grober Verstoß gegen Grundgedanken der Gerechtigkeit und Menschlichkeit zum Ausdruck kommt; der Verstoß muß so schwer wiegen, daß er die allen Völkern gemeinsame, auf Wert und Würde des Menschen bezogene Rechtsüberzeugung verletzt. Der Widerspruch des positiven Gesetzes zur Gerechtigkeit muß so unerträglich sein, daß das Gesetz als unrichtiges Recht der Gerechtigkeit zu weichen hat.“ (BGHSt 39, 1)

Die Radbruchsche Formel gilt mit Recht als das wohl bekannteste Vermächtnis des deutschen Rechtsphilosophen. Unter dem Eindruck der nationalsozialistischen Unrechtserfahrungen relativierte Radbruch seine zunächst strenge rechtspositivistische Position. Der Autor wertet diese Relativierung und Distanzierung jedoch mehr als eine Weiterentwicklung denn als eine Zäsur in der Stringenz der rechtspositivistischen Theorie Gustav Radbruchs.

30 Gerechtigkeit als Kontingenzformel des Rechts bei Niklas Luhmann

Bereits ganz zu Beginn seines breiten Schaffens, in einem seiner Frühwerke, behandelt Niklas Luhmann ausführlich prozedurale Parameter von Gerechtigkeit und bringt darin schon eindrücklich seine grundsätzlichen Ressentiments gegenüber derselben zum Ausdruck. Gerechtigkeit wird bei Luhmann autopoietisch innerhalb von Systemoperanden generiert. Luhmann fokussiert sein Interesse somit nicht auf das richtige und davon deduzierte gerechte Handeln, sondern vielmehr auf systeminterne Ergebnisse, die bei den Betroffenen solange Akzeptanz und Gehorsam finden werden, solange auch die zuvor ausbedungenen Verfahrensregeln für die allgemeine Entscheidungsfindung eingehalten werden.

Luhmanns zentrales Anliegen erschöpft sich demnach nicht in der Begründung von Gerechtigkeit in und durch Verfahren, sondern einzig und alleine in einer adaptierten Erwartungshaltung an die Lösungskompetenz und -fähigkeit des Rechtssystems. Legitimation wird somit zur Selbstlegitimation des autonomen Systems des Rechts. Ob eine Entscheidung allerdings nach den herkömmlichen Parametern richtig und gerecht ist, bleibt von sekundärer, untergeordneter Bedeutung. Verfahren fungieren sohin nicht als Produzent und Garant von Gerechtigkeit, sondern sollen die Inkohärenz wie Systemkomplexität reduzieren und somit Orientierungshilfen zur Verfügung stellen.

Nach Luhmann wird die Maxime der Gerechtigkeit derart in das System des Rechts integriert (ohne aber selbst ein eigenständiger Bestandteil des Rechtssystems zu werden), dass sich diese schließlich als Idee, Prinzip oder auch Wert für dieses als identitätsstiftend erweist. Gerechtigkeit soll dabei durch und innerhalb der Normen des Rechts zum Durchbruch verholfen werden. Dabei ordnet Luhmann zentralen Grundfesten des Rechts, wie etwa dem Gleichheitssatz oder dem privatrechtlichen „Gebot der Guten Sitten", eine bedeutungsvolle Rolle zu, da sich diese letztlich als systemstabilisierende Elemente darstellen.

Gerechtigkeit bei Niklas Luhmann zeigt sich in Form der berühmten Kontingenzformel des Rechtssystems. Zu Beginn muss demnach das Luhmann'sche Verständnis von Kontingenz einer peniblen und genauen Klärung zugeführt werden. Die Suche und Thematisierung der Gerechtigkeit im Rahmen der Rechtsordnung verursacht mittel- und unmittelbare Dynamiken, die die kontingente Darstellung eines nach Gerechtigkeit strebenden Rechts gnadenlos offenlegen. Das Recht realisiert den hohen gesellschaftlichen Anspruch nach Gerechtigkeit – wie bereits erwähnt – nur in ungenügendem Ausmaß. Die Irritationen zwischen Gerechtigkeit und Recht werden bereits beim ursprünglichen Auftauchen sozialer Konflikte sicht- und auch erkennbar. Das immanente Spannungspotential eines sozialen Konflikts lässt sich nur ungenügend in die formalistisch dominierte Sprache des Rechts transformieren. Unterschiedliche Rechtsauffassungen, welche durch mögliche Gestaltungs- und Interpretationsmöglichkeiten entstehen, sowie unverhältnismäßige Exekutionsverfahren können Geburtsstunden von missverstandenen Ungerechtigkeiten sein, die sodann zum Ausgangspunkt gesellschaftspolitischer Revolten werden können. Wo lässt sich die Gerechtigkeit im Labyrinth rechtsdogmatischer Tricks finden? Wo versteckt sie sich? In solchen Fällen kann Gerechtigkeit weder als Regel noch als Prinzip noch als Wert und somit auch nicht als relevantes Entscheidungskriterium des Rechts fungieren. Die regulative Idee von Gerechtigkeit wird selbstpervertierend ad absurdum geführt, denn Gerechtigkeit wird nach Luhmann in Form eines positiven Gesetzes keinerlei Abwägung zugänglich gemacht. Mag demnach in anderen Kontexten Gerechtigkeit ein Wert unter vielen sein, so ist und bleibt sie im Recht die eine Kontingenzformel, d.h., Gerechtigkeit ist für das Recht nach Luhmann die zentrale, wichtigste und bedeutungsvollste Orientierungsmaxime, ohne jedoch stets vollkommene Realisierung erfahren zu können.

Gerechtigkeit als Kontingenzformel des Rechts geriert sich somit als notwendiges Schema der Suche nach Gründen oder Werten, die nur in Form von Programmen Rechtsgeltung gewinnen können. Gerechtigkeit tritt daher nicht als rechtsinternes bzw. rechtsexternes Prinzip zum Vorschein, sondern äußerst sich in einem Prozess der Selbstanalyse und Selbstkontrolle der Rechtsordnung auf Basis seiner inhaltlichen Programme. Diese Überlegungen machen auch die kurz-prägnante Luhmann'sche Gerechtigkeitsdefinition als „adäquate Komplexität des konsistenten Entscheidens" erklärlich (Luhmann 1993, 225).

Konsistenz im Rahmen der Entscheidungen innerhalb eines Rechtssystems hat für Luhmann primäre Relevanz. Sie begründet auch die ausgeprägte Luhmann'sche Wertschätzung der Mechanismen und Operationen des Rechtssystems des Common Law. Der soeben illustrierte, nahezu infinite Gedankenkreis zur Begründung von Gerechtigkeit wird im Rahmen des Common Law geradezu paradigmatisch vorzelebriert, da Entscheidungen zumeist unter Bedachtnahme und unter Heranziehung von bereits ergangenen Leitjudikaten getroffen werden. Die Konsistenz legt daneben eine weitere Prämisse der systemtheoretischen Gerechtigkeitskonzeption offen, nämlich das Konzept der Redundanz. Die Redundanz ist dabei auch ein protektiver Garant, der vor einer Überfrachtung des Rechtssystems bewahren soll, indem sie allgemeine Grundprinzipien des Rechts permanent verfeinert und dadurch verhindert, dass immer wieder neue Entscheidungsmuster entworfen werden müssen. Durch die ständig betriebene Ausdifferenzierung werden systemspezifische Codes und Begrifflichkeiten ausgebildet, welche die Geschlossenheit des Rechtssystems weiter zementieren.

Abschließende Bemerkungen

Wenn Sie diese Zeilen nun lesen, so bedeutet dies, dass Sie sich – und dies würde mich persönlich sehr freuen – durch den dichten Inhalt dieses für Sie hoffentlich interessant gestalteten Studienbuches durchgearbeitet haben. Intention und Zweck dieses mit Absicht auf breite Informationsgewährung aufgebauten Studienbuches ist es, den Studierenden der Politikwissenschaft, aber natürlich auch allen anderen interessierten Leserkreisen die vielfältige – teils empirische, teils theoretische – Relevanz des sozialen Phänomens des Rechts aufzuzeigen. Denn schließlich – und dies sollte wiederum an dieser Stelle keine große Verwunderung mehr hervorrufen – ist das Recht nun mal eine wesentliche, wenn auch nicht die ausschließliche Grundlage des politischen Handelns.

Die Frage nach den politikwissenschaftlichen Implikationen des Rechts zu beantworten scheint dabei ein nahezu ebenso schwieriges Unterfangen zu sein, wie einen tauglichen Definitionsversuch der Begrifflichkeit des Rechts zu unternehmen. Unter einer Rechtsordnung versteht man aus einer objektiven Perspektive betrachtet zunächst einmal eine äußerst willkürlich anmutende Ansammlung vielfältiger Normen von unterschiedlichster Qualität, die allesamt aus einem (politischen) Prozess hervorgetreten sind, der innerhalb einer gesellschaftlichen Ordnung als autoritativ anerkannt wird und daher für sich die Befolgung durch die Normadressaten reklamieren kann. Das Recht – und das wird wiederum vielfach innerhalb der rechtswissenschaftlichen Betrachtungsweise verkannt – dient dabei jedoch keinem Selbstzweck. Seine Qualität offenbart sich den Normunterworfenen regelmäßig erst dann, wenn es darum geht, sich flexibel an sich verändernde Lebenssachverhalte und dadurch wandelnde Gegebenheiten anpassen zu können.

Wollte man demnach den sozialwissenschaftlichen Gehalt des Rechts beschreiben, so könnte man es zunächst mit dem Antwortcharakter auf gesellschaftliche Frage- und Problemstellungen probieren, die möglichst adäquaten und vor allen Dingen sinnvollen Lösungen zugeführt werden sollen. Rechtsnormen sind jedoch zumeist auch andere Wertvorstellungen inhärent, wie Ideologie, Sitte, Moral, Interessen, Macht oder aber auch die eingehend erörterte Gerechtigkeit, wobei gerade letztere aktuell in den tagespolitischen Debatten omnipräsent erscheint. Fragen der Gerechtigkeit zielen ihrem Wesen und ihrer Bestimmung nach auch immer auf den materiellen Ausgleich innergesellschaftlicher Interessenlagen ab, was diese letztlich auch zu einer Angelegenheit des Prozesses der Rechtserzeugung und somit auch des diesbezüglich vorangestellten politischen Diskurses werden lässt.

Eine Norm als Resultat von verschiedenartigen gesellschaftlichen Interessen- und Machtkonstellationen findet ihren finalen Kristallisationspunkt im modernen Verfassungsstaat mit der Aufnahme in die Rechtsordnung. Eine Rechtsordnung umfasst dabei simple Durchführungsverordnungen für Steuergesetze, die den Behörden beim Vollzug der Steuern dienlich sein sollen, genauso wie die höchstmögliche Form von staatlichen Rechtvorschriften, die Verfassung. Letztlich sind aber alle Rechtsnormen, auch Verfassungen, Produkte und Resultate ihrer sozialen Realitäten und werden von politischen Akteuren unter anderem auch dafür verwendet, wiederum soziale Realitäten zu beeinflussen.

Jedoch heben sich Verfassungen in letzter Konsequenz dann doch in ihrer rechtlichen Qualität bedeutend von allen übrigen Rechtsnormen ab, da sie durch ihre Konzeptionierung und ihre Charakteristik den staatlichen Normwerdungsprozess determinieren, was in letzter Konsequenz zur viel zitierten Selbstbindung der politischen Akteure durch das Recht führt. Das Verfassungsrecht sollte demnach als Spielwiese für politischen Opportunismus tabu sein – ein Postulat, dem die österreichische Verfassungsrealität mit der von einer großen Koalition vorangetriebenen Politik der Verfassungszersplitterung und der Inthronisierung politischer (Partikular-)Interessen in den Verfassungsrang lange Zeit nahezu paradigmatisch widersprochen hat.

Neben dem ambivalenten Verhältnis zwischen Recht und Politik wurden im Zuge dieses Studienbuches mehrfach auch das schwierige Verhältnis zwischen der Rechts- und der Politikwissenschaft und deren jeweiligen verschiedenartigen Zugängen zum selben Analysegegenstand, dem Recht, andiskutiert. Die jahrelang vor allen Dingen in Österreich praktizierte Selbstfokussierung und Selbstreferentialität beider Wissenschaftsrichtungen kann natürlich mit der historisch bedingten Sympathie der österreichischen Rechtswissenschaft zur „Reinen Rechtslehre“ von Hans Kelsen erklärbar gemacht werden, die ja bekanntermaßen keine Rechtfertigung der Rechtsgeltung außerhalb der Rechtsordnung selbst zulässt. Diese

Reinheit der Rechtslehre wird auch heutzutage noch von der österreichischen Rechtswissenschaft und deren Vertretern in nahezu apologetischer Weise vertreten. Der Trend, der sich auch in der aktuellen Curriculaordnung der Rechtswissenschaft widerspiegelt, geht dabei eher in Richtung einer weiteren Verschließung und Kokonisierung der Rechtswissenschaft, die von einer vehementen Verteidigung ihres Analysemonopols begleitet wird, als in Richtung einer wünschenswerten Öffnung.

Aber auch die Politikwissenschaft war seit jeher um eine möglichst starke Abgrenzung gegenüber dem Recht im Allgemeinen und der Rechtswissenschaft im Besonderen bemüht. Analog zur Geringschätzung der Politik und diskursiver politischer Prozesse in der Rechtswissenschaft wird auch in der Politikwissenschaft nahezu reflexartig all jenes, was irgendwie mit Gesetz oder Recht zu tun haben könnte, kritisch beäugt; dies aber absolut zu Unrecht, denn die Politikwissenschaft besitzt seit jeher eine evidente Tangente zum öffentlichen Recht, deren Chance sie aber nur in den seltensten Fällen auszunutzen vermag. Es muss daher aus der Perspektive der österreichischen Politikwissenschaft zu den schmerzhaftesten Erfahrungen zählen, dass das Interpretationsmonopol in Verfassungsfragen bei den arrivierten Doyens der Rechtswissenschaft zu suchen ist, die in ihrer länger zurückliegenden Studienzeit der altehrwürdigen Studienrichtung der Staatswissenschaft noch gelernt haben, die sozialen Phänomene der Politik und des Rechts in einer analytischen Weise in Verbindung zu bringen. Die Politikwissenschaft kommt in der öffentlichen Wahrnehmung zu diesen Themenstellungen – so wie aber auch die jungen Vertreter der Rechtswissenschaft – nicht vor. Die Politikwissenschaft wird seitens der medialen Berichterstattung immer wieder auf den schmalen politikwissenschaftlichen Teilbereich der Demoskopie reduziert, abgesehen von ein paar versprengten Vertretern, die dann und wann das Glück haben, dass ihre jeweiligen Forschungsschwerpunkte gerade in den konjunkturellen Fokus der medialen Aufmerksamkeit geraten sind.

Eine solche Bestandsaufnahme kann daher von einem Vertreter der Politikwissenschaft weder als produktiv noch als zufriedenstellend erachtet werden. Ziel des vorliegenden Studienbuches war es deshalb, die von zahlreichen Ressentiments geprägte Vorurteilskultur zu überwinden und neben kurzen Exkursen zu grundlegenden Fragestellungen der Rechtsdogmatik vor allem jene Themenstellungen zu akzentuieren, die evidente Berührungspunkte zwischen Politik und Recht sichtbar werden lassen. Gerade solche Berührungspunkte wurden in allen Kapiteln ausgewählt und in ihren jeweiligen unterschiedlichen historischen und theoretischen Kontexten dargestellt.

Ein Epilog bietet neben der Gelegenheit für ein offenes Wort auch eine abschließende Möglichkeit für ein knappes inhaltliches Resümee. Zu Beginn des Studienbuches wurde zunächst einmal versucht, der im Alltag oftmalig unreflektiert gebrauchten Begrifflichkeit des Rechts schrittweise näherzukommen und diese zu entmystifizieren. Neben Definitionen und Definitionsversuchen, Rechtsquellen und der Suche nach dem Grund der Rechtsgeltung war es dem Autor primär daran gelegen, die Funktionen des Rechts für das gesellschaftliche Zusammenleben aufzuzeigen. Denn die gesellschaftlichen Funktionen, also die Aufgaben, die das Recht innerhalb gesellschaftlichen Entitäten einzunehmen vermag, werden wiederholt als selbstverständlich und daher als nicht weiter untersuchungswürdig abgetan. Wie der weitere Gang der Untersuchung zeigen sollte, ist es aber genau dieser Umstand, der das Phänomen des Rechts für die Politikwissenschaft so interessant und auch erst relevant werden lässt.

Im zweiten Teil wurden wesentliche staatsrechtliche Elemente eines politischen Systems, wie die Gesetzgebung, die Gerichtsbarkeit und die Gewaltenteilung, präsentiert. Das Recht geriert sich dabei als die normative Grundordnung eines Staates schlechthin. Verfassungen gelten als die formalistischen Grundgerüste der Staaten; die große Menge des Verwaltungsrechts haucht dem zunächst eher leblos wirkenden Körper in weiterer Folge erst Leben ein. Manch einer konstatiert aber gerade im Zusammenhang mit dem Verwaltungsrecht, dass der Trend zur Verrechtlichung unseres Lebensalltages bereits die Grenze des Erträglichen überschritten hat. Der Ruf nach Deregulierung wird deshalb von Zeit zu Zeit laut und manchmal sogar für die politischen Adressaten selbst unüberhörbar. Das öffentliche Recht in seiner beengten positivistisch und formalistisch ausgelegten Sichtweise verschließt sich zunehmend der potentiellen Anwendungsbreite des materiellen Staatsrechtes im Hinblick auf die Steuerungsmöglichkeit gesellschaftlicher Prozesse. Das formelle öffentliche Recht sowie die gelebte Verfassungswirklichkeit eröffnen aber erst in ihrer gemeinsamen, wechselseitig bedingenden Zusammenschau eine Ahnung von der gesamthaften Verfasstheit eines politischen Systems.

Im dritten Abschnitt wird das Verhältnis von Politik und Recht um inhaltliche Komponenten angereichert. Es geht dabei um zentrale Rechtsbereiche, wie das Strafrecht, Steuerrecht, Arbeitsrecht und dergleichen – also mit einem Wort: um das Tagesgeschäft der Juristerei. Mit der juristischen Alltagspraxis und deren vielfältigen Problemstellungen braucht sich die Politikwissenschaft nicht beschäftigen. Vielmehr gilt es für die Politikwissenschaft, das einst von Karl Renner ersonnene Konzept der Rechtsinstitute für sich selbst in neuen Kontexten zu operationalisieren. Denn ein Rechtsinstitut im Sinne Renners beschäftigt sich im Gegensatz zu dogmatisch bestimmten Rechtsfächern mit historischen Entwicklungstendenzen und den gesellschaftlichen und strukturellen Bedeutungsgehalten eines inhaltlich abgeschlossenen rechtlichen Themenkomplexes. Ein Rechtsinstitut ist dabei auf einer gesellschaftlichen Metaebene verortet, da es über einzelnen rechtlichen Bestimmungen zu schweben scheint; ein Grund sicherlich dafür, warum sich einzelne Rechtsinstitute über Jahrhunderte hinweg halten und bewähren konnten, auch wenn deren Inhalt, Aussehen und Bedeutung einer permanenten Änderung unterworfen gewesen sein mögen.

Für den abschließenden, vierten Abschnitt, in dem vorwiegend theoretisch das Verhältnis von Politik, Recht und Gerechtigkeit einer eingehenden Analyse unterzogen worden ist, kann als resümierendes Ergebnis zunächst festgehalten werden, dass dem Recht über die gesamte Zeitdauer der politischen Theoriegeschichte ein gewisser moralischer Mindestgehalt – abgesehen von den absolutistisch anmutenden rechtspositivistischen Ansichten, die zumeist aber auf einer Fehlinterpretation der jeweiligen Theorie beruhen – eigen gewesen ist. Die Verbindung der Gerechtigkeit mit der Politik erweist sich hingegen als äußerst ambivalent. Gerechtigkeit wurde zu einer der zentralen Leitprämissen des politischen Handelns auserkoren und wird in diesem Zusammenhang häufig mit plakativen Schlagworten wie Interessenabwägung, Fairness und Adäquanz assoziiert. Auf der anderen Seite tendieren politische Akteure dazu, ihr gesamtes Handeln nur allzu oft mit dem Prädikat der Gerechtigkeit zu behübschen und hoffen, durch diesen Verweis das eingehende Erörtern näherer Details zu ersparen.

Deshalb bleibt dem Autor am Ende nur ein Appell zur kritischen Reflexion, die immer dann geboten erscheint, wenn der Anspruch der Gerechtigkeit in absolutistischer Weise erhoben wird. Denn da Gerechtigkeit zunächst auf allgemein weit verbreitete und nahezu reflexartige Zustimmung trifft, verlangt dies immer einen weiteren, genaueren Blick hinter die Fassade der Gerechtigkeit. Diese Herausforderung gilt es sowohl für das politische System als auch für die Rechtsordnung anzunehmen und auf eine tunlichst hohe Involvierungsquote möglichst vieler Akteure bei der Ausgestaltung gerechter Lebensverhältnisse hinzuwirken.

Nun bleibt ganz zum Schluss noch Zeit und Platz für ein offen vorgetragenes Bekenntnis: All die gemachten und festgestellten Beobachtungen und Inhalte, die im Rahmen dieses Studienbuches referiert worden sind, kratzen in ihrer Untersuchungsmöglichkeit nur an der Oberfläche, denn der Autor hat sich mit Absicht für einen möglichst breiten Themenzugang entschieden, der aufgrund der gebotenen Knappheit eines Studienbuches bei der inhaltlichen Tiefe zwangsläufig zu Abstrichen führen musste. Dennoch war es die Intention des Autors, die Notwendigkeit einer befruchtenden und stimulierenden Konkurrenz herauszustreichen, die nicht von einem Verhältnis der Über- und Unterordnung, sondern vielmehr von dem offenen Verständnis eines Nebeneinanders der beiden der Sozialwissenschaft zuzuordnenden Disziplinen, der Rechts- und Politikwissenschaft, getragen wird, denn es existiert nun mal kein unpolitisches Recht. Das Verstehen von Politik setzt immer auch das Verstehen seiner rechtlichen Grundlagen voraus. Für die Schärfung dieses Verständnisses hofft der Autor mit dem vorliegenden Studienbuch einen kleinen Beitrag geleistet zu haben.

Abbildungen

Literatur

Alpmann-Pieper, Annegerd et al. (2010): Studienlexikon Recht. München.

Aristoteles (1990): Politik. Hamburg.

Beck, Ulrich (1986): Risikogesellschaft. Auf dem Weg in eine andere Moderne. Frankfurt am Main.

Becker, Michael/ Zimmerling, Ruth (2006): Einleitung. In: dies. (Hg.): Politik und Recht, Politische Vierteljahresschrift, Sonderheft 36. Wiesbaden, 9–29.

Berka, Walter (1999): Die Grundrechte. Grundfreiheiten und Menschenrechte in Österreich. Wien/New York.

Böckenförde, Ernst-Wolfgang (1976): Freiheitssicherung gegenüber gesellschaftlicher Macht. In: ders. (Hg.): Staat, Gesellschaft, Freiheit. Frankfurt am Main, 336–348.

Braun, Johann (2001): Einführung in die Rechtswissenschaft. Tübingen.

Bruer-Schäfer, Aline (2001): Der Internationale Strafgerichtshof. Die Internationale Strafgerichtsbarkeit im Spannungsfeld von Recht und Politik. Frankfurt am Main.

Cicero (1969): Über die Gesetze. Reinbek bei Hamburg.

Doralt, Werner/Ruppe, Hans Georg (2012): Grundriss des österreichischen Steuerrechts, Band 1. Wien.

Fuchs, Helmut (2008): Österreichisches Strafrecht. Allgemeiner Teil. Wien.

Funk, Bernd-Christian (1995): Einführung in das österreichische Verfassungsrecht. Graz.

Funk, Bernd-Christian (2012): Grund- und Menschenrechte im Spannungsfeld zwischen Politik und Recht. In: Ehs, Tamara et al. (Hg.): Politik und Recht. Wien, 51–71.

Griller, Stefan (2012): Grundlagen und Methoden des Verfassungs- und Verwaltungsrechts. Wien.

Grimm, Dieter (1985): Rechtsentstehung. In: ders. (Hg.): Einführung in das Recht. Aufgaben, Methoden, Wirkungen. Heidelberg, 40–94.

Grimm, Dieter (1987): Recht und Staat der bürgerlichen Gesellschaft. Frankfurt am Main.

Gschiegl, Stefan (2012): Von den sozialen Implikationen, gesellschaftlichen Funktionen und dem Gerechtigkeitsbezug des Rechts. In: Ehs, Tamara et al. (Hg.): Politik und Recht. Wien, 35–50.

Gschnitzer, Franz (1992): Allgemeiner Teil des bürgerlichen Rechts. Wien.

Habermas, Jürgen (1992): Faktizität und Geltung. Beiträge zur Diskurstheorie des Rechts und des demokratischen Rechtsstaates. Frankfurt am Main.

Habermas, Jürgen (1996): Die Einbeziehung des Anderen. Studien zur politischen Theorie. Frankfurt am Main.

Hagen, Johann Josef (1973): Soziologie und Jurisprudenz. Zur Dialektik von Gesellschaft und Recht. München.

Hart, Herbert Lionel Adolphus (1973): Der Begriff des Rechts. Frankfurt am Main.

Heckel, Martin (1997): Die Legitimation des Grundgesetzes durch das deutsche Volk. In: Isensee, Josef/Kirchhof, Paul (Hg.): Handbuch des Staatsrechts der Bundesrepublik Deutschland, Band 8. Tübingen.
Hobbes, Thomas (1970/1651): Leviathan. Stuttgart.
Höffe, Otfried (1987): Politische Gerechtigkeit. Frankfurt am Main.
Hofmann, Hasso (2000): Einführung in die Rechts- und Staatsphilosophie. Darmstadt.
Horn, Norbert (2004): Einführung in die Rechtswissenschaft und Rechtsphilosophie. Heidelberg.
Jakobs, Günther (1991): Strafrecht. Allgemeiner Teil. Berlin.
Kant, Immanuel (1977/1785): Grundlegung zur Metaphysik der Sitten. Stuttgart.
Kausch, Erhard (1985): Die gesellschaftlichen Funktionen des Rechts. In: Grimm, Dieter (Hg.): Einführung in das Recht. Aufgaben, Methoden, Wirkungen. Heidelberg, 1–39.
Kelsen, Hans (1960): Reine Rechtslehre. Mit einem Anhang: Das Problem der Gerechtigkeit. Wien.
Kelsen, Hans (1981/1929): Vom Wesen und Wert der Demokratie. Aalen.
Kienapfel, Diethelm/ Höpfel, Frank (2012): Grundriss des Strafrechts. Allgemeiner Teil. Wien.
Kohler-Gerig, Eleonora (1997): Einführung in das Recht. Heidelberg.
Koller, Peter (1997): Theorie des Rechts. Wien.
Koziol, Helmut (2002): Grundriss des bürgerlichen Rechts, Band 1. Wien.
Krejci, Heinz (2002): Privatrecht. Wien.
Krejci, Heinz (2008): Unternehmensrecht. Wien.
Kriele, Martin (1985): Recht und Macht. In: Grimm, Dieter (Hg.): Einführung in das Recht. Aufgaben, Methoden, Wirkungen. Heidelberg, 128–170.
Kunz, Karl-Ludwig/Mona, Martino (2006): Rechtsphilosophie, Rechtstheorie, Rechtssoziologie. Eine Einführung in die Grundlagen der Rechtswissenschaft. Bern.
Luf, Gerhard (2008): Grundfragen der Rechtsphilosophie und Rechtsethik. Wien.
Luhmann, Niklas (1972): Rechtssoziologie. Frankfurt am Main.
Luhmann, Niklas (1978): Legitimation durch Verfahren. Darmstadt.
Luhmann, Niklas (1993): Das Recht der Gesellschaft. Frankfurt am Main.
Merkl, Adolf (1931): Der rechtliche Gehalt der österreichischen Verfassungsreform vom 7. Dezember 1929. Wien.
Mizrahi, Esteban (2010): Die Wiederherstellung des Rechts. Zu Hegels Theorie der Strafe. In: Wischke, Mirko/Przylebski, Andrzej (Hg.): Recht ohne Gerechtigkeit? Hegel und die Grundlagen des Rechtsstaates. Würzburg, 227–241.
Montesquieu (2001/1748): Vom Geist der Gesetze. Stuttgart.
Neisser, Heinrich (2012): Bürokratieapparat und Verwaltungshandeln zwischen Politik und Recht. In: Ehs, Tamara et al. (Hg.): Politik und Recht, Wien, 173–194.
Nohlen, Dieter/Schultze, Rainer Olaf (2010): Lexikon der Politikwissenschaft. Theorie, Methoden, Begriffe, Band 1 und 2. München.
Öhlinger, Theo (1983): Verfassungsgerichtsbarkeit und parlamentarische Demokratie. In: Schäffer, Heinz et al. (Hg.): Im Dienst an Staat und Recht, Internationale Festschrift für Erwin Melichar zur 70. Geburtstag. Wien, 125–148.

Öhlinger, Theo (2009): Verfassungsrecht. Wien.
Öhlinger, Theo: (2012): Verfassung und Verfassungsrecht zwischen Politik und Recht. In: Ehs, Tamara et al. (Hg.): Politik und Recht, Wien, 51–70.
Otte, Gerhard (1985): Rechtsanwendung. In: Grimm, Dieter (Hg.): Einführung in das Recht. Aufgaben, Methoden, Wirkungen. Heidelberg, 171–209.
Pichler, Johannes/Giese, Karim (1993): Rechtsakzeptanz. Eine empirische Untersuchung zur Rechtskultur aus dem Blickwinkel der Ideen, Werte und Gesinnungen – dargestellt am Beispiel einer österreichischen Demoskopie. Wien.
Platzgummer, Winfried (1989): Strafe, Schuld, Persönlichkeitsadäquanz. In: Melnizky, Walter (Hg.): Strafrecht, Strafprozeßrecht und Kriminologie. Festschrift für Franz Pallin zum 80. Geburtstag. Wien, 319–332.
Pollak, Johannes/Slominski, Peter (2006): Das politische System der EU. Wien.
Radbruch, Gustav (1946): Gesetzliches Unrecht und übergesetzliches Recht. In: Süddeutsche Juristenzeitung (SJZ), Jg. 1, 105–108.
Raiser, Thomas (1995): Das lebende Recht. Baden-Baden.
Renner, Karl (1965/1929): Die Rechtsinstitute des Privatrechts und ihre soziale Funktion. Ein Beitrag zur Kritik des bürgerlichen Rechts. Stuttgart.
Rousseau, Jean-Jacques (2002/1762): Der Gesellschaftsvertrag oder die Prinzipien des Staatsrechts. Schutterwald/Baden.
Scholler, Heinrich/Tellenbach, Silvia (2001): Die Bedeutung der Lehre vom Rechtskreis und der Rechtskultur. Berlin.
Schrank, Franz/Mazal, Wolfgang (2008): Arbeitsrecht. Ein systematischer Grundriss. Wien.
Schratzenstaller, Margit (2012): Die gesellschaftlichen Funktionen und Herausforderungen des Steuerrechts. In: Ehs, Tamara et al. (Hg.): Politik und Recht. Wien, 249–266.
Stern, Klaus (1984): Das Staatsrecht der Bundesrepublik Deutschland, 1. Band. München.
Stolzlechner, Harald (2011): Einführung in das öffentliche Recht. Wien.
Streinz, Rudolf (2008): Europarecht. Heidelberg/München.
Tipke, Klaus (2000): Besteuerungsmoral und Steuermoral. Wiesbaden.
Ucakar, Karl (2005): Politik und Recht. Skriptum zur Vorlesung. Wien.
Ucakar, Karl/Gschiegl, Stefan (2012): Das politische System Österreichs und die EU. Wien.
Van Ooyen, Robert (2006):Politik und Verfassung. Wiesbaden.
Waldner, Rupert (1991): Steuergerechtigkeit als eine entscheidungstheoretische Interpretation. Diplomarbeit. Innsbruck.
Weber, Max (1956/1922): Wirtschaft und Gesellschaft. Tübingen.
Weber-Fas, Rudolf (2008): Lexikon Politik und Recht. Geschichte und Gegenwart. Paderborn.
Yoon, Zai-Wang (2009): Rechtsgeltung und Anerkennung: Probleme der Anerkennungstheorie am Beispiel von Ernst Rudolf Bierling. Baden-Baden.
Zippelius, Reinhold (2012) Das Wesen des Rechts. Eine Einführung in die Rechtstheorie. Stuttgart.